**Obst & Gemüse
als Medizin
Das Kochbuch**

Klaus Oberbeil

Obst & Gemüse
als Medizin
Das Kochbuch

Inhalt

Vorwort 6
    Die Heilkräfte der Natur nutzen 6

Einführung 8
    Der Gesundheitsaspekt 10
    Vitamine 11
    Mineralstoffe 14
    Sekundäre Pflanzenstoffe 17
    Kohlenhydrate 20
    Eiweiß 22
    Fette 26
    Warenkunde 28
    Saisonkalender 46
    Warum Bio besser ist 52
    Die Vorratshaltung 57
    Richtig zubereiten 64

Obstrezepte 70
    Ananas 72
    Apfel 76
    Aprikose 78
    Avocado 82
    Banane 86
    Birne 88
    Brombeere 92
    Cranberry 96
    Dattel 98

    Erdbeere 102
    Feige 106
    Grapefruit 108
    Hagebutte 110
    Heidelbeere 112
    Himbeere 116
    Holunder 120
    Johannisbeere 122
    Kirsche 124
    Kiwi 128
    Mango 130
    Melone 134
    Orange 138
    Papaya 140
    Pfirsich 144
    Pflaume 148
    Sanddorn 150
    Stachelbeere 154
    Wacholder 158
    Weintraube 160
    Zitrone 164

Gemüserezepte 168
    Agar-Agar 170
    Artischocke 172
    Blumenkohl 176
    Bohne 178

Alle Biostoffe, die wir täglich zu uns nehmen, stammen ursprünglich aus Pflanzen. Ein Speiseplan aus pflanzlichen Lebensmitteln enthält alles, was wir für unsere Gesundheit brauchen.

Brokkoli	182
Buchweizen	186
Chicorée	188
Endivie	190
Erbse	192
Feldsalat	194
Fenchel	198
Grünkohl	200
Gurke	202
Karotte	206
Kartoffel	210
Knoblauch	212
Kohlrabi	214
Kopfsalat	218
Kürbis	222
Linse	224
Mais	228
Mangold	230
Olive	234
Paprika	236
Porree	240
Radieschen	242
Rettich	244
Rhabarber	246
Rosenkohl	250
Rote Bete	254
Rotkohl	258
Rucola	260
Sauerkraut	264
Schwarzwurzel	266
Sellerie	270
Soja	272
Spargel	276
Spinat	280
Süßkartoffel	282
Tomate	284
Topinambur	288
Weißkohl	290
Zucchini	294
Zwiebel	298
Rezeptregister	300
Sachregister	302
Impressum	304

Vorwort

Die Heilkräfte der Natur nutzen

Einer der größten Irrtümer von uns modernen, zivilisierten Menschen ist, dass wir zwischen Ernährung und Heilmitteln unterscheiden. Wenn wir für uns und unsere Familie etwas zu essen brauchen, gehen wir in den Supermarkt. Wenn wir Beschwerden haben oder krank sind, gehen wir ein paar Schritte weiter in die Apotheke. Für die Natur sind Ernährung und Medizin hingegen seit vielen hundert Millionen Jahren ein und dasselbe. Was Tiere in Wäldern, auf Fluren oder Feldern fressen, befriedigt ihr Bedürfnis nach lebensnotwendigen Nährstoffen und enthält gleichzeitig Wirkstoffe für Vorbeugung und Heilung. Das uralte Prinzip der Natur: Nahrung stillt Hunger und hält gesund. Für unsere Vorfahren, die Steinzeitmenschen, waren eine Johannisbeere, eine Knolle, ein Gemüseblatt oder Holundersaft gleichzeitig Speisung und Medizin. Ist ja auch klar: Medikamente in Pillenform oder als Tropfen in hübsch etikettierten Fläschchen gab es damals nicht. Trotzdem – davon sind Anthropologen überzeugt – waren die Menschen seinerzeit gesünder als wir es heute sind. Zivilisationskrankheiten wie Adipositas, Übergewicht, Neurodermitis, Diabetes, zu hohes Cholesterin oder Arteriosklerose waren ebenso unbekannt wie depressive Verstimmungen, Schlafstörungen oder krankhafte Aufmerksamkeitsstörungen bzw. Hyperaktivität bei Kindern.

Vor rund vier Milliarden Jahren war die Erde ein noch öder Planet ohne Leben. Dann entwickelten sich in den Ozeanen allmählich Einzeller, Amöben, Plankton, Algen, dann Kleinlebewesen, schließlich höher und üppiger wachsende Landpflanzen wie Gräser, Farne, Sträucher oder Bäume, die auch größeren Lebewesen Schutz und Nahrung boten. Vor etwa 400 Millionen Jahren entstanden die ersten Säugetiere. Sämtliche Tiere, ob Würmer, Spinnen, Reptilien, Vögel, Wühlmäuse, Füchse und am Ende auch wir Menschen nahmen mit pflanzlicher Kost Biostoffe auf, die das Immunsystem stärkten und Organe, den Kreislauf oder das Nervensystem gesund erhielten.

Wenn ein Reh durch von Keimen befallene Nahrung infiziert ist, sucht es instinktiv nach abgefallenen Früchten, die bereits gären und Essigsäure entwickeln, eine der Heilkräfte der Natur. Tiere mit verletzungsbedingten Entzündungen suchen nach Pflanzen, die reich an Alkaloiden und Bitterstoffen sind, Hirsche vor der Brunftzeit nach Brennnesseln, deren Gerbstoffe und Histamin Fortpflanzungskräfte anregen. Tiere unter massivem Stress, wie z. B. nach der Jagd oder nach einer langen Phase des Gejagtwerdens, suchen nach Kräutern wie Rosmarin, Thymian oder Salbei, die bis zu zwei Prozent Kalzium enthalten, ein natürliches Beruhigungsmittel seit Millionen von Jahren.

Das biologische Zusammenspiel zwischen Flora und Fauna hat sich in Urzeiten geformt und ist bis heute als genetisches Gesetz unverändert geblieben. Pflanzen synthetisieren Abwehrstoffe gegen Bakterien, Viren, Pilze und andere krankheitserregende Mikroben oder auch gegen Insekten. Tiere suchen nach diesen Substanzen, um Infektionsherde in ihrem Körper abzutöten. Diese Symbiose von Pflanzen- und Tierwelt ist Grundlage allen Lebens auf der Erde und gleichzeitig Bestätigung dafür, dass Nahrung und Medizin stets ein und dasselbe waren und es auch geblieben sind. Wir modernen Menschen könnten von der Natur viel lernen, doch leider werden wir aber seit Jahrzehnten von der Pharmaindustrie fehlgeleitet. Hilfe gegen Befindlichkeitsstörungen wie Kopfschmerzen, Verdauungsprobleme, Hautausschlag oder erhöhter Blutdruck suchen wir in einer Kapsel oder Tablette, wo doch direkt vor unseren Augen die großartige Apotheke Natur nur darauf wartet, uns fit, jung, froh und rundum gesund zu erhalten.

Interessanterweise sind ohnehin rund 85 Prozent aller erhältlichen Medikamente pflanzlich, genauer gesagt, ihre Wirkmoleküle sind den Heilsubstanzen abgeguckt, die von Pflanzenzellen produziert werden. Viele therapeutische Nutzstoffe, die wir für viel Geld in Apotheken oder Drogerien kaufen, finden sich weitaus billiger in Tomaten, Artischocken, Äpfeln, Spinat, Stachelbeeren oder in Sellerie. Obst und Gemüse als Medizin – diesem Versprechen der Natur müssen wir wieder vertrauen. Ein Obstfrühstück, eine halbe Avocado als Snack, Mahlzeiten aus Hülsenfrüchten, Grüngemüse, Naturreis oder Salat sättigen lang anhaltend und wirken gleichzeitig vorbeugend und heilend gegen Beschwerden aller Art. In diesem umfangreichen Kochbuch finden Sie zahlreiche Rezepte für leckere Mahlzeiten und Snacks sowie wertvolle Ernährungstipps für ein kräftiges Immunsystem und für die mentale und körperliche Fitness. Das Motto: Die Heilkräfte der Natur für mehr Lebensfreude und Optimismus nutzen.

Klaus Oberbeil
(im Dezember 2010)

Einführung

Alle Biostoffe, die wir mit unserer Nahrung zu uns nehmen, stammen ursprünglich von Pflanzen. Selbst wenn wir Fleisch essen, haben die wichtigsten darin befindlichen Substanzen ihren Ursprung in dem überwältigenden Angebot pflanzlicher Lebensmittel. Eine ganz wesentliche Rolle spielen die Bioflavonoide, Pflanzenschutzstoffe, denen schon Auberginen, Erdbeeren, Zitronen oder Kräuter ihre Gesundheit verdanken. Diese Pflanzen synthetisieren Tausende solcher Immun- und Heilstoffe: Arzneimittel aus der Apotheke der Natur.

Der Gesundheitsaspekt

Ob Erdbeeren, Weintrauben, Orangen, Fenchel oder Paprika – Obst und Gemüse gehören möglichst fünf Mal am Tag auf den Tisch. Und zwar roh, z. B. als Rohkost, Salat oder einfach zum Knabbern, als Saft oder schonend gegart. Obst und Gemüse liefern unserem Körper reichlich lebensnotwendige Vitamine, Mineralstoffe, sekundäre Pflanzenstoffe und Ballaststoffe (wichtig für eine gute Verdauung) und können beispielsweise vor Stoffwechselerkrankungen und Bluthochdruck schützen.

Kerngesund durchs Leben

Für unsere Gesundheit spielen eine ganz wesentliche Rolle die Pflanzenschutzstoffe, die sogenannten Bioflavonoide, denen auch Kartoffeln, Kohlrabi, Radieschen, Erdbeeren, Aprikosen, Zitronen oder Kräuter ihre Gesundheit verdanken.

Unser Organismus ist auf eine regelmäßige Zufuhr von Vitaminen angewiesen.

Diese Pflanzen synthetisieren Tausende solcher Immun- und Heilstoffe, die sie nur allzu gern an uns Menschen weitergeben – vorausgesetzt natürlich, wir ernähren uns gesund. Was dabei ganz entscheidend ist: Ein Mangel an diesen Pflanzenstoffen stört und beeinträchtigt die genetisch programmierten Abläufe in unserem Organismus. Ganz einfach deshalb, weil unser Stoffwechsel auf Obst und Gemüse als Basiskost eingestellt ist. Was in Beeren, Birnen, Spargel oder Kohlgemüse in Magen und Darm nicht verwertet wird, trägt selbst noch in Form unverdaulicher Ballaststoffe zu unserer Gesundheit bei, beschleunigt die Verdauung, beugt Darmträgheit und Verstopfungen vor, bindet Schad- und Giftstoffe sowie überschüssiges Fett oder Cholesterin, die dann rasch über den Stuhl aus dem Körper abtransportiert werden. Um Tag für Tag kerngesund durchs Leben zu kommen, benötigen wir außerdem folgende sieben verschiedene Biostoffe:

- Vitamine
- Mineralien
- Spurenelemente
- Kohlenhydrate
- Eiweiß
- Fett
- Wasser

Vitamine

Was Obst und Gemüse so unübertroffen gesund macht, ist ihr Reichtum an Vitaminen. Darauf können Mirabellen, Hagebutten, Karotten oder Chicorée richtig stolz sein, denn sie stellen diese kostbaren Biostoffe in ihrem Pflanzenstoffwechsel schließlich selbst her. 13 verschiedene Vitamine aktivieren überall in unserem Organismus wichtige chemische Reaktionen, im Immunsystem ebenso wie in den Organen, dem Verdauungstrakt, im Gehirn oder in Hautzellen.

Vitamine machen vital

Die Einzigartigkeit der Vitamine liegt darin, dass sie tote Elemente zum Leben erwecken. Vor Milliarden Jahren gab es auf dem recht tristen Planeten Erde nur leblosen Kalk, Eisen, Magnesium, Phosphor und andere Mineralstoffe. Irgendwann gelang dann der Natur die wohl bedeutsamste Erfindung: Sie ließ Pflanzen aus Kohlenstoff, Wasserstoff und Sauerstoff reaktionsfreudige Moleküle synthetisieren. Wenn die auf Atome oder Ione (geladene Atomteilchen) treffen, z.B. von Chrom, Kalzium oder Mangan, entstehen springlebendige Coenzyme, die den Stoffwechsel in Schwung bringen. Je mehr Vitamine wir zu uns nehmen, desto aktiver wird unser Stoffwechsel. Und desto vitaler, frischer und optimistischer fühlen wir uns auch. Vitamine sind für einen funktionierenden Stoffwechsel unentbehrlich. Sie müssen mit der Nahrung aufgenommen werden, da der Körper sie mit wenigen Ausnahmen nicht selbst bilden kann. Grundsätzlich unterscheidet man zwischen den fettlöslichen Vitaminen (A, D, E und K) und den wasserlöslichen Vitaminen der B-Gruppe, Niacin, Folsäure, Pantothensäure und dem Vitamin C. Die fettlöslichen Vitamine können im Körper gespeichert werden und stehen somit auch bei geringerer Zufuhr zur Verfügung, während die wasserlöslichen regelmäßig zugeführt werden müssen. Wasserlöslich sind alle B-Vitamine und Vitamin C, das wohl bedeutendste dieser Biostoffe.

Folgenschwerer Vitaminmangel

Vitamin C ähnelt in seiner molekularen Struktur dem Glukose-Molekül. Die beiden Nährstoffe bilden Keim und Basis allen Lebens auf der Erde. Da wundert es nicht, dass Vitamin-C-Mangel zu mehr als 100 Befindlichkeitsstörungen und Beschwerden führt, von depressiven Verstimmungen und Nervenschwäche bis hin zu Allergien und Infektionen. Viele Menschen werden dick, weil ihnen Vitamin C fehlt, der wichtigste Fatburner unter allen Lebensmitteln. Obst und Gemüse zählen bei vielen Übergewichtigen nicht gerade zu den Favoriten, deshalb kommt bei ihnen die Lipolyse, die Freisetzung von Fett aus Speckdepots, nie richtig in Schwung.

Wie Vitamine wirken

Übrigens, Vitamine und Mineralstoffe sind sehr empfindlich. Schon bei der Lagerung und der Zubereitung geht ein Teil davon verloren. Deshalb gilt: Achten Sie auf erntefrische Produkte. Hier die Unterschiede der einzelnen Vitamine:

B-Vitamine

Acht B-Vitamine sorgen dafür, dass überall in unserem Organismus die belebende Stoffwechselmaschine auf Hochtouren läuft, sie kurbeln die Verwertung von Kohlenhydraten, Eiweiß und Fett an. Einzeln richten sie dabei nicht viel aus, sie wirken stets nur als eine Art Großfamilie, deshalb ist es sinnlos, in der Apotheke Monopräparate mit Vitamin B12 oder Folsäure zu kaufen. B-Vitamine kann unser Körper nicht speichern, sie müssen demnach ständig über die Nahrung zugeführt werden, damit wir nicht krank werden.

Vitamin A Dieses Vitamin wird auch Retinol genannt – kommt nur in tierischen Lebensmitteln vor. In pflanzlichen Produkten steckt es als Beta-Karotin, die Vorstufe von Vitamin A. Es ist wichtig für die Sehkraft, Haut und Schleimhäute. Vorkommen: Aprikosen (frisch und getrocknet), Hagebutten, Honigmelonen, Kakis, Mangos, Sanddornbeeren und -saft, Holunderbeeren, Mandarinen, Endivien, Feldsalat, Eichblattsalat, Fenchel, Frühlingszwiebeln, Grünkohl, Mangold, Karotten, Kürbis, Rucola, Chicorée, Sauerampfer, Paprika, Radicchio, Spinat und Süßkartoffeln.

Vitamin D Dieses hormonähnliche Vitamin ist für den Knochenstoffwechsel notwendig, und es muss nicht unbedingt mit der Nahrung aufgenommen werden. Im Körper befindet sich eine Vorstufe, die durch Sonne in die wirksame Form gebracht wird. Vorkommen: Spielt bei Obst und Gemüse keine Rolle, ist aber in Sojamilch, Hering, Heilbutt, Makrelen, Sardinen, Austern, Aal, Lachs und Eigelb enthalten.

Vitamin E Dieser Biostoff ist Bestandteil von Zellmembranen und kann als Antioxidans vor Krebs schützen. Vorkommen: in erster Linie in fettreichen Lebensmitteln wie Butter, Margarine, Öl, Nüssen und Samen.

Vitamin K Es wird teilweise im Körper selbst hergestellt und ist vor allem für die Blutgerinnung wichtig. Wer allerdings eine geringe Neigung zur Bildung von Blutgerinnungsfaktoren hat, sollte auf eine besonders Vitamin-K-reiche Ernährung achten. Vorkommen: Erdbeeren, Pflaumen, Avocado, Hagebutten, Kiwi, Staudensellerie, Blumenkohl, grüne Bohnen, Brokkoli, Grünkohl, Knollensellerie, Kopfsalat, Karotten, Paprika, Rhabarber, Petersilie, Schnittlauch, Rosenkohl, Chinakohl und Spinat.

Vitamin B1 Wissenschaftler bezeichnen dieses Vitamin als Thiamin. Es sorgt für die optimale Funktion von Nerven, nicht nur im Gehirn, sondern auch in den Muskeln. Vorkommen: Getreide, Reis, Weizenkleie, Eisbergsalat, Erbsen, Mais und Artischocken.

Vitamin B2 Auch unter dem Namen Riboflavin bekannt, ist dieser Biostoff wichtig für gesunde Schleimhäute und die Bildung von roten Blutkörperchen. Vorkommen: in Milch und Milchprodukten, Fleisch (insbesondere Leber), Hülsenfrüchten, Vollkornprodukten, Pilzen, Rosenkohl, Brokkoli und Spinat.

Vitamin B3 Dieser Biostoff – auch Niacin genannt – wird für den Abbau von Kohlenhydraten, Fetten und Eiweiß benötigt. Es hilft somit bei der Energiegewinnung und dem Sauerstofftransport in den Zellen. Vorkommen: in Vollkornprodukten, Hülsenfrüchten, Fisch (z. B. Sardinen,

Heilbutt und Thunfisch), Eiern, Trockenfrüchten, Passionsfrüchten, Mirabellen, Pfirsichen, Nektarinen, Erbsen, Grünkohl, Chinakohl, Kartoffeln, Kohlrabi, Auberginen, Frühlingszwiebeln, Soja, Mais und getrockneten Pilzen.

Vitamin B6 Pyridoxin ist für den Eiweißstoffwechsel und den Aufbau von Nerven erforderlich. Vorkommen: in Getreide, Haferflocken, Wildreis, Vollkornreis, Hülsenfrüchten, Fisch (z. B. Sardinen, Makrelen und Heringen), Fleisch und Geflügel, Bananen, Mangos, grünen Bohnen, Brokkoli, Grünkohl, Sauerkraut, Sellerie, Radicchio, Rosenkohl, Frühlingszwiebeln und Porree.

Vitamin B12 Cobalamin arbeitet im Stoffwechsel eng mit Vitamin B6 und Folsäure zusammen. Es wird für die Bildung von roten Blutkörperchen und die Funktion der Nervenzellen benötigt. Vorkommen: fast ausschließlich in tierischen Lebensmitteln wie Milch und Milchprodukten, Fisch, Fleisch (insbesondere Leber) und Eiern.

Folsäure Das B-Vitamin ist am Aufbau von Glückshormonen und an der Neubildung von Zellen beteiligt. Außerdem wird es für den Auf- und Abbau von Eiweiß sowie den Aufbau von roten Blutkörperchen gebraucht. Vorkommen: in fast allen Lebensmitteln, besonders aber in Getreide, Orangen, Erdbeeren, Kirschen, Mangos, Ananas, Birnen, Grapefruits, Blumenkohl, grünen Bohnen, Brokkoli, Chinakohl, Endivien, Feldsalat, Fenchel, Grünkohl, Spargel, Rosenkohl, Rote Bete, Sojasprossen, Auberginen, Radieschen, Chicorée und Hülsenfrüchten.

Pantothensäure Auch dieser Biostoff gehört in die Gruppe der B-Vitamine. Er ist z. B. am Aufbau des Blutfarbstoffes, des Bindegewebes und Farbstoffen in Haut und Haar beteiligt. Vorkommen: in Vollkornprodukten, Fleisch und Geflügel (insbesondere Leber), Eigelb, Preiselbeeren, Datteln, Wassermelonen, Grapefruits, Pilzen, Hülsenfrüchten, Mais, Blumenkohl und Brokkoli.

Biotin Dieses Vitamin der B-Gruppe sorgt für schöne Haare und eine gute Haut. Des Weiteren wird es für den Kohlenhydratstoffwechsel gebraucht. Vorkommen: in Vollkornhaferflocken, Kleie, Avocados, Champignons, Kohlrabi, Sojabohnen, Eigelb und Leber.

Vitamin C Dieser Nährstoff ist ein bedeutender Immunschutzfaktor, er schützt den Körper vor Erkältungskrankheiten und Zellschädigungen. Vorkommen: Besonders viel Vitamin C enthalten Orangen, Mandarinen, Erdbeeren, Guave, Hagebutten, Schwarze Johannisbeeren, Kiwis, Sanddornbeeren und -saft, Äpfel, Grapefruits, Cranberrys, Brokkoli, Blumenkohl, Fenchel, Grünkohl (roh als Salat), Kohlrabi, Paprika, Rosenkohl, Erbsen und Sauerampfer.

Mineralstoffe

Mineralien werden nicht vom Körper gebildet, sondern müssen, wie die Vitamine auch, regelmäßig mit der Nahrung aufgenommen werden. Dabei unterscheidet man generell zwischen Mengenelementen und Spurenelementen – je nachdem, wie hoch die Menge ist, die in unserem Körper vorkommt. Ein Geheimnis der Mineralstoffe besteht darin, dass sie sich in unserem Organismus gegeneinander ausbalancieren. Ein Zuviel ist also ebenso ungesund wie ein Zuwenig.

Power-Paket Mineralstoffe

Wir Menschen waren früher ebenfalls Tiere, unsere genetische Struktur deckt sich noch heute zu 98 Prozent mit jener der Schimpansen, unserer Urahnen im Tierreich. Unter dem Mikroskop unterscheiden sich unsere Körperzellen kaum von jenen der Tiere, selbst Pflanzenzellen weisen denselben Aufbau auf wie unsere Zellen. Die moderne Fast-Food-Kost, Pizza, Hamburger, Mikrowellen- und Fertig- oder Dosengerichte können eine gesunde Ernährung aus Obst und Gemüse niemals ersetzen. Denn nirgendwo anders als in Tomaten, Mais, Fenchel, Sellerie, Kohlrabi, Rettich, Zwiebeln oder auch in Brombeeren, Weintrauben, Birnen, Ananas, Orangen oder Kiwi reichern sich Mineralstoffe und Spurenelemente in einer solchen Dichte und Vielfalt an. Jeder Apfel, jede Aubergine oder Feige ist ein Power-Paket, in dem Mineralien, Vitamine, Eiweiß, Kohlenhydrate und kostbare Fettsäuren in idealer Zusammensetzung eingebunden sind.

Wie Mineralstoffe und Spurenelemente wirken

Die Einteilung erfolgt nach der Menge, wie sie im Körper vorkommen. Zu den Mineralstoffen gehören Natrium, Kalium, Kalzium, Phosphor, Magnesium, Schwefel und Chlor. Unter die wichtigsten Spurenelemente fallen Chrom, Eisen, Fluor, Jod, Kupfer, Zink, Mangan, Selen und Silizium. Welche Aufgaben sie haben und in welchen Lebensmitteln sie vorkommen, haben wir hier zusammengestellt:

Natrium und Kalium Diese beiden Mineralstoffe sind gemeinsam für den Wasserhaushalt im Körper verantwortlich. Natrium entzieht den Körperzellen das Wasser, und wir fühlen uns schlapp und müde. Kalium schleust das Wasser in die Zellen. Gleichzeitig werden dabei auch andere wichtige Nährstoffe im Körper transportiert, die für den Stoffwechsel notwendig sind. Dadurch werden wir fit und leistungsfähig. Deshalb gehören kaliumreiche Lebensmittel auf den Speisezettel, während man mit Natrium sparsam umgehen sollte. Vorkommen: Natrium ist Bestandteil vom Kochsalz und in allen Lebensmitteln. Besonders viel Natrium ist in tierischen Produkten wie Käse, Wurstwaren und Schinken sowie in Oliven enthalten. Größere Mengen Kalium stecken in allen Obst- und Gemüsesorten. Besonders viel allerdings in Trockenfrüchten und Bananen.

Kalzium Gemeinsam mit dem Mineralstoff Phosphor wird Kalzium für den Aufbau und die Erhaltung von Knochen und Zähnen benötigt. Außerdem ist dieser Mineralstoff für die Blutgerinnung

Mineralstoffe

Sie sind die großen Geschwister der Spurenelemente. Sieben dieser Mineralstoffe machen insgesamt vier Prozent unseres Körpergewichts aus – ein hoher Anteil, wenn man berücksichtigt, dass wir Menschen zur Hälfte oder noch mehr aus Wasser bestehen.

Wir können diese Elemente in unserem Stoffwechsel nicht selbst herstellen – wir müssen gesund essen, damit wir unserem Organismus jeden Tag ausreichend Kalzium, Natrium, Magnesium, Kalium, Phosphor, Chlor und Schwefel zur Verfügung stellen.

und die Muskeln notwendig. Vorkommen: hauptsächlich in Milch- und Milchprodukten, aber auch in Hagebutten, getrockneten Feigen, Datteln, Korinthen, Staudensellerie, Brokkoli, Mangold, Rucola, Kohlrabi, Eichblattsalat, Spinat und Wirsing.

Phosphor Dieses Mineral dient dem Aufbau und der Erhaltung von Knochen und Zähnen. Außerdem spielt Phosphor im Nervensystem und für die Beweglichkeit der Muskeln eine Rolle. Vorkommen: in allen Lebensmitteln, insbesondere in Süßigkeiten, Fleisch, Geflügel, Fisch, Käse und Wurstwaren sowie Trockenfrüchten, Knoblauch und Hagebutten.

Magnesium Dieser Mineralstoff ist ebenfalls am Aufbau von Knochen und Zähnen beteiligt. Gleichzeitig wird Magnesium für die Muskelarbeit sowie den Stoffwechsel benötigt. Vorkommen: in Nüssen, Hülsenfrüchten, Vollkornbrot, Fisch, Trockenfrüchten, Bananen, Hagebutten, Feigen, Mangold, Portulak, Knollensellerie, Kohlrabi, Frühlingszwiebeln, Feldsalat und Spinat.

Chlor Dieses Element liegt gebunden als Chlorid (Chlorsalz) vor und ist wichtig für den Wasser- und Elektrolythaushalt. Vorkommen: in Kochsalz.

Schwefel Dieser Mineralstoff ist an Aminosäuren gebunden und gelangt so in den Stoffwechsel. Schwefel sorgt für schöne Haut und Nägel, glänzendes Haar, straffes Bindegewebe und eine gute Durchblutung. Je eiweißreicher ein Lebensmittel ist, desto höher ist auch sein Schwefelgehalt. Dies gilt für pflanzliche und tierische Produkte. Vorkommen: in Eiern, Nüssen, Fleisch, Fisch, Milch- und Milchprodukten, Obst, Gemüse.

Chrom Dieses Spurenelement ist wichtig für den Kohlenhydratstoffwechsel und reguliert den Blutzucker. Vorkommen: in Hülsenfrüchten, Buchweizen, Gerste, Mais, Roggenbrot, Lammfleisch, Schweinefleisch, Hähnchenbrust, Äpfeln, Orangensaft, Orangen, Birnen, getrockneten Datteln, Grünkohl, Salatgurken, Kopfsalat, Tomaten, Zwiebeln und Rosenkohl.

Eisen Damit dieses Spurenelement vom Körper optimal aufgenommen wird, sollte man die Lebensmittel möglichst mit Vitamin C kombinieren. Achtung: Frauen benötigen deutlich mehr Eisen als Männer. Eisen ist unerlässlich für die Blutbildung und wichtig beim Transport von Sauerstoff im Blut. Vorkommen: in erster Linie in Fleisch, Fisch und Eigelb, aber auch in Tofu, Spinat, Artischocken, getrockneten Aprikosen, Datteln, Frühlingszwiebeln und Hülsenfrüchten.

Fluor Die Salze dieses Spurenelements, die Fluoride, werden für die Zähne und Knochen benötigt. Die Versorgung mit Fluoriden erfolgt über Trink- und Mineralwasser.

Spurenelemente

Wir brauchen sie nur in unendlich winzigen Mengen, von manchen im ganzen Leben nicht mehr als eine Erbse wiegt – trotzdem sind sie vor allem als Teil Leben spendender Enzyme für unsere Gesundheit unersetzlich. Spurenelemente finden sich in der Erdkruste und auch in den Ozeanen, wie z. B. Kupfer, Kobalt, Nickel, Molybdän, Bor, Vanadium, Chrom oder Lithium. Im Laufe der Evolution, über Milliarden Jahre hinweg, haben Pflanzen und Lebewesen diese Mini-Nährstoffe genutzt, um ihren Stoffwechsel zu optimieren.

Jod Für die Bildung von Schilddrüsenhormonen, die an Stoffwechselvorgängen beteiligt sind, ist das Spurenelement Jod unerlässlich. Vorkommen: in jodiertem Speisesalz und vor allem in Fisch, Krabben, Austern, Muscheln, Algen, aber auch in Melonen und Champignons.

Kupfer Ein Spurenelement, das sich im Körper mit Eiweiß verbindet und Enzyme und Hormone bildet. Es ist z.B. für das Bindegewebe, die Knochen und Haut zuständig. Außerdem schützt Kupfer das Immunsystem. Vorkommen: in getrockneten Sojabohnen, Sojamehl, Getreideprodukten, Trockenfrüchten, Avocado, Hagebutten, Artischocken, Hülsenfrüchten, Schwarzwurzeln, Weißkohl, Rote Bete, Wirsing, tierischen Produkten wie z.B. Muscheln, Garnelen, Hummer, Kalb- und Schweinefleisch sowie Käse.

Zink Dieses Spurenelement hat im Stoffwechsel viele Aufgaben zu erfüllen. Beispielsweise sorgt Zink für ein festes Bindegewebe, hat Einfluss auf die Wasserausscheidung und ist an der Produktion von Glückshormonen beteiligt. Vorkommen: in fast allen Lebensmitteln; bei Obst und Gemüse sind folgende Produkte hervorzuheben: getrocknete Aprikosen und Datteln, Avocado, Bananen, Feigen, Hagebutten, Himbeeren, Johannisbeeren, Brombeeren, Papayas, Pflaumen, Süßkartoffeln, Blumenkohl, grüne Bohnen, Brokkoli, Chinakohl, Endivien, Erbsen, Hülsenfrüchte, Feldsalat, Kartoffeln, Rote Bete, Rhabarber, Knoblauch, Porree, Spargel, Rettich, Radieschen, Spinat, Chicorée und Soja.

Mangan Dieses Spurenelement hilft beim Abbau von Fett und Aminosäuren mit und wird für das Wachstum der Knochen benötigt. Außerdem ist es an der Bildung von Enzymen und dem Aufbau von Bindegewebe beteiligt. Vorkommen: in Getreide und Getreideprodukten (z.B. Buchweizen), Ananas, frischen und getrockneten Aprikosen und Feigen, Brombeeren, Heidelbeeren, Johannisbeeren, Rosinen, Hülsenfrüchten, Artischocken, Schwarzwurzeln, Spinat, Rhabarber, Weißkohl, Rote Bete, Chicorée, Knoblauch und Soja.

Selen Das typische Mangel-Spurenelement schützt den Körper vor freien Radikalen und Gefäßerkrankungen und lindert Rheuma und Gelenkbeschwerden. Vorkommen: in Vollkornprodukten, Hülsenfrüchten (z.B. getrockneten weißen Bohnen, Sojabohnen und Linsen), weißen Rüben, Weißkohl, Steinpilzen, Auberginen, Käse und Fisch.

Silizium Besonders wertvoll ist Silizium aus pflanzlichen Lebensmitteln. Es ist gut für die Haut, Haare, Knochen und ein straffes Bindegewebe. Vorkommen: in Getreide, z.B. Hafer, Hirse, Weizen und Gerste, und in Kartoffeln.

Sekundäre Pflanzenstoffe

Sie sind Produkte aus der unvergleichlichen Apotheke der Natur, synthetisiert in Pflanzenzellen, zum Schutz der Pflanze und zur Abwehr gegen Bakterien, Viren, Pilze, Keime und andere krankheitserregende Mikroben, aber auch gegen allzu gefräßige Insekten, Würmer, Käfer oder auch gegen Vögel. Wenn wir diese sekundären Pflanzenstoffe mit der Nahrung aufnehmen, bekämpfen sie auch in unserem Körper Bakterien und andere pathogene Mikroorganismen.

Schutz für die Pflanze – Schutz für den Menschen

Für Wissenschaftler sind viele der pflanzlichen Substanzen Giftstoffe, die in Fressfeinden und Krankheitserregern lebenswichtige chemische Reaktionen blockieren. Insgesamt sind inzwischen mehr als 30 000 solcher Abwehrstoffe bekannt, darunter etwa 10 000 Terpene, z. B. als Bestandteile von ätherischen Ölen, wie Kampfer oder Menthol, außerdem mehr als 3 000 Alkaloide, wie Koffein, Nikotin, Morphin, Strychnin oder Quinin, die einen pharmakologischen Effekt auf Menschen und Tiere haben. In Minikonzentrationen sind solche Pflanzenstoffe heilsam, und sie wirken vorbeugend, z. B. gegen Infektionen und Allergien. Im Übermaß konsumiert, werden sie freilich zum Gift, weil sie Enzyme blockieren, die körpereigene Reparatur von Genen verhindern, Zellschutzwände angreifen und die Übertragung von Nervenreizsignalen beeinträchtigen. Derlei Gefahren bestehen allerdings nicht, wenn wir regelmäßig in ausreichender Menge Obst und Gemüse essen. In Hülsenfrüchten, Grüngemüse, Porree, Papaya oder Äpfeln sind pflanzliche Wirkstoffe in gesundheitsfördernden Mengen enthalten. Sie schützen und helfen uns Menschen ebenso, wie sie dies bereits in den Pflanzen selbst tun.

Obst und Gemüse – damit die Familie gesund bleibt

Ein Speiseplan, zusammengestellt aus pflanzlichen Lebensmitteln, enthält grundsätzlich alle Biostoffe, die wir und unsere Kinder für unsere Gesundheit benötigen. Dies garantiert schon die genetische Struktur unserer Zellen, Organe, von Gewebe und Immunsystem, die sich über Jahrmillionen hinweg auf die Verwertung der enthaltenen Vitamine, Spurenelemente, Fettsäuren oder sekundären Pflanzenstoffe aufgebaut haben. Entscheidend dabei sind die Nährstoffdichte und die enthaltenen Wasseranteile. Dementsprechend wird z. B. eine Mahlzeit aus Kohlrabi und Kartoffeln zu hundert Prozent verdaut und im Körper verwertet. Dasselbe gilt für einen Gemüseeintopf, für Spinat mit Naturreis, Vollkornpfannkuchen mit Früchtefüllung oder eine Rohkostplatte. Hingegen sind nahezu alle Fertig- oder Mikrowellengerichte, Dosengemüse und Mahlzeiten, bei denen der Fleischanteil dominiert, arm an wertvollen Inhaltsstoffen.

Apotheke Natur

Nach einer Mahlzeit aus Schweinebraten mit Klößen oder einem Pfeffersteak mit Pommes frites werden den Zellen über den Blutkreislauf nicht

Pflanzenschutzstoffe

Diese Stoffe sind in pflanzlichen Lebensmitteln enthalten und werden aufgrund ihrer chemischen Struktur und Eigenschaft in verschiedene Gruppen (wie z. B. Polyphenole, Carotinoide, Phytosterine, Saponine, Terpene, Glucosinolate oder Sulfide) eingeteilt. Die sekundären Pflanzenstoffe haben in vielerlei Hinsicht einen positiven Einfluss auf unsere Gesundheit. Sie können beispielsweise vor bestimmten Krebsarten schützen, den Blutdruck und Cholesterinspiegel senken und Entzündungen hemmen.

ausreichend Nährstoffe zugeführt. Dies kann sich bedenklich potenzieren, weil unser Stoffwechsel der Gesamtkomposition von Biostoffen angepasst ist, wie sie ausschließlich in naturbelassenen Nahrungsmitteln existiert. Ein Beispiel: Eiweiß wird ohne die Anwesenheit von Fruchtsäuren aus Obst oder Gemüse schlecht vorverdaut, dann können Spurenelemente nur bedingt zu den Zellen transportiert werden. Eisen, Zink, Mangan oder Jod brauchen für ihre Beförderung winzige »Eiweißschiffchen«, die kleinen Aminosäuren, die erst durch die völlige Zersetzung von Nahrungsproteinen freigesetzt werden. Eisen braucht die Anwesenheit von Vitamin C aus frischem Obst oder Gemüse, um im Stoffwechsel hochwirksam zu sein. Nährwasser in Tomaten, Melonen, Gurken oder Beeren ist auf das Mineral Kalium angewiesen, das für den Transport in Zellen sorgt. Die »Apotheke Natur« steckt also in jeder Knolle, jeder Frucht, in jedem Mangoldblatt oder Getreidekorn – wir müssen dieses großartige Angebot nur für unsere Gesundheit und die unserer Kinder nutzen.

Gesundheit aus der Pflanzenzelle

- Dass Obst und Gemüse vorbeugend gegen Beschwerden helfen, verdanken sie ihren eigenen Immunkräften, die Blätter, Stängel, Wurzeln oder Blüten schützen, so z. B. vor freien Radikalen. Eine Sonderrolle spielen dabei Phenolsäuren in den Schalen von Früchten, Hülsenfrüchten und Getreide.
- Rund 100 verschiedene Flavonoide, wie etwa Farbstoffe in roten und blauen Beeren (Anthocyane, Karotene, Flavonole etc.), wirken antioxidativ, bilden Schutzbarrieren für Körperzellen, beugen selbst schweren Erkrankungen wie Krebs vor, wirken als Fatburner im Körper, senken zu hohe Cholesterinwerte und verbessern die Gedächtnisleistung.
- Sulfide in Zwiebeln, Knoblauch oder Spargel sind Schwefelstoffe, die unser Immunsystem kräftigen und insgesamt für eine bessere Durchblutung sorgen.
- Phytin in allen Getreidearten, Mais, Soja, Naturreis, Samen und Kernen hilft bei der Regulierung eines gesunden Blutzuckerspiegels. Dadurch werden vor allem Nerven gleichmäßig mit ihrem Energiebrennstoff Glukose versorgt, der Pflanzenschutzstoff beugt somit Nervosität, innerer Unruhe, depressiven Verstimmungen und Schlafstörungen vor.
- Bohnen, Erbsen, Linsen und Sojabohnen, Tofu, Spargel, Kastanien, aber auch Wurzeln, Knollen, Samen und Kerne sind reich an Sapo-

ninen, einer Klasse sekundärer Pflanzenstoffe mit Hunderten oder gar Tausenden unterschiedlicher Abkömmlinge. Sie wirken gegen Entzündungen und Körperpilze, aktivieren die Drüsensekretion und stimulieren wirksam das Immunsystem.

- Phytosterone sind besonders hoch in lipidreichen Pflanzenarten konzentriert, wie Avocado, Oliven, Hülsenfrüchten usw., sowie in allen Kernen und Samen. Sie hemmen die Cholesterinaufnahme im Darm und regulieren Blutfettwerte.
- Phytohormone sind bestes natürliches Vorbeuge- und Heilmittel bei Menstruationsbeschwerden, sie können Östrogen-Verluste während und nach den Wechseljahren teilweise oder ganz ersetzen und einer Osteoporose entgegenwirken. Als Teil des Nervensystems von Pflanzen sind sie besonders reich in allen Kräutern, aber auch in Tofu, Kastanien, Fenchel, Knoblauch, Zwiebeln, Samen und Kernen sowie in pflanzlichen Ölen enthalten. Als beste Nahrungsergänzung gelten Kürbiskerne und Leinsamen.
- Eine krebs- und entzündungshemmende Wirkung haben Polyphenole in Weintrauben, Samen, Kernen, Getreide, Naturreis, allen farbkräftigen roten oder blauen Beeren sowie in Grüntee. Aber auch alle anderen Obst- und Gemüsesorten enthalten diese präventiv wirkenden Substanzen, die bereits in geringsten Dosierungen Beschwerden und Krankheiten vorbeugen: Grüngemüse, Spargel, Rotkraut, Radieschen und grüne bzw. rote Salatblätter.

Frische Kräuter sind prall gefüllte Biostoffpakete mit zum Teil beachtlicher Heilwirkung.

Kohlenhydrate

Keim allen Lebens auf der Erde ist Glukose, der kleinste Baustein der Kohlenhydrate. Dieses unkompliziert aufgebaute, relativ kleine Molekül ist Motor sämtlicher Stoffwechselprozesse in allen unseren rund 70 Billionen Körperzellen. Pflanzen fangen Sonnenstrahlen ein und speichern deren Energie in Form von Kohlenhydraten, die sie selbst synthetisieren. Diese Kohlenhydrate werden dann zur Energiequelle für sie und somit auch für alles Leben auf der Erde.

Die Lebensmoleküle

Kohlenhydrate versorgen auch uns Menschen mit Energie, Frische und Tatkraft. Die Einfachzucker oder sogenannten Monosaccharide, wie Glukose oder der Fruchtzucker (die Fruktose), bestehen aus Kohlenstoff, Wasserstoff und Sauerstoff, also den Basisstoffen der Erde. Sie sind so etwas wie die Urform allen Lebens, in Wäldern, auf Feldern oder in den Ozeanen. Wenn Kohlenhydrate in Magen und Darm abgebaut werden, entsteht nach und nach deren kleinste Einheit, die Glukose. Dieses Molekül schmeckt zuckersüß, es ist besonders reich im Kolostrum enthalten, der Muttermilch der ersten Tage. Babys würden nicht an der Brust der Mutter saugen, wenn Glukose nicht so verführerisch süß schmecken würde. Wenn Kühe auf der Weide liegen, können sie Stunden mit dem Wiederkäuen von Gras verbringen, das in ihrem Magen enzymatisch zersetzt wird und dabei immer süßer schmeckt. Bienen suchen die Süße von Fruchtzucker in Blütenkelchen. Auch für uns

Aus Glukose wird Blutzucker

- Die kleinen Glukose-Teilchen schlüpfen durch die Darmschleimhaut ins Blut, sie werden fortan als Blutzucker bezeichnet. Eine Konzentration zwischen 85 und 105 Milligramm Blutzucker pro Deziliter Blut ist nötig, damit alle unsere Körperzellen ausreichend mit diesem Lebensspender gefüttert werden.
- Schnell lösliche Glukose, z. B. in Weißbrot, hellen Mehlprodukten, Zucker und allem Süßen, wird im Eiltempo abgebaut und dem Blut zugeführt. Dadurch steigt der Blutzuckerspiegel zunächst steil an. Die Bauchspeicheldrüse produziert dann viel von ihrem Hormon Insulin, das Glukose, also den Blutzucker, möglichst rasch in Zellen einbaut. Dadurch sinkt der Blutzuckerspiegel schnell ab, meist auf einen ungesund niedrigen Wert. Darunter leiden vor allem unsere Gehirn- und Nervenzellen, die praktisch keinen anderen Energiebrennstoff als Blutzucker verwenden können. Die Folge: innere Unruhe, Zerfahrenheit, Nervosität, chronische Müdigkeit. Viele Menschen greifen in solchen Situationen zu Süßigkeiten, die den Blutzuckerspiegel kurzfristig

Menschen schmeckt ein Bissen Brot immer süßer, je länger wir ihn kauen und auf diese Weise die Glukose freisetzen. Weil Geschmacksknospen von Gaumen- und Zungenschleimhaut so intensiv auf dieses Molekül ansprechen, wird es zum Lebensspender. Ganz anders etwa als ein Putenschnitzel oder eine Rinderroulade enthalten Obst und Gemüse hohe Konzentrationen dieses Power-Biostoffs. Grund genug also, Speisepläne aus Gemüse, Kartoffeln, Hülsenfrüchten, Salat oder Obst zusammenzustellen.

In Kartoffeln stecken im Verhältnis zu anderen Kohlenhydratlieferanten wie Reis oder Getreide viel mehr Vitamine, Mineralstoffe und sekundäre Pflanzenstoffe.

anheben, ehe er wieder steil absinkt. Auf diese Weise kann sehr schnell ein Suchtverlangen nach Schokolade, Pralinen oder anderen Süßigkeiten entstehen.

- In Obst und Gemüse sind die Glukose-Moleküle fest in Pflanzenzellen eingekapselt, Wissenschaftler sprechen von komplexen Kohlenhydraten. Die werden in Magen und Darm unter dem Einfluss des Enzyms Amylase in einem oft Stunden währenden Prozess freigesetzt und dem Blut zugeführt. Dadurch verbleibt der Blutzuckerspiegel in einem konstant gesunden Referenzbereich, vor allem Nervenzellen sind dann gut mit ihrem Lieblingsfutter versorgt. So vermitteln uns Obst und Gemüse körperliche und mentale Frische.

- Frisches Obst und rohes Gemüse helfen wirksam beim Abnehmen, denn bis auf einige Ausnahmen, z. B. Avocado, sind die meisten Sorten arm an Kalorien und können ohne Reue in größeren Mengen als gesunde Zwischenmahlzeit gegessen werden. Der Vorteil: Der Magen wird gefüllt, doch der gefürchtete Heißhunger bleibt aus.

Eiweiß

Knochen, Bindegewebe, Muskeln und Gefäße bestehen weitgehend aus Eiweiß, dasselbe gilt für einen Großteil von Hormonen, Enzymen, Blutbestandteilen oder Nerven. In jeder unserer Körperzellen werden aus Aminosäuren in sogenannten Ribosomen unablässig Zellproteine aus Aminosäuren zusammengeknüpft, bei gesunder Ernährung kommt es auf diese Weise pro Tag zu Trillionen chemischer Reaktionen, die unseren Stoffwechsel in Schwung bringen. Wenn jedoch Eiweiß fehlt, fühlen wir uns schlapp anstatt vital.

Positives Körpergefühl

Was sich indes schlimmer auswirkt: Bei Eiweißmangel holt sich der Stoffwechsel die für lebensnotwendige Organfunktionen benötigten Aminosäuren aus dem Bindegewebe. Das Kollagen dünnt dann aus: Falten, Runzeln, Krähenfüße bilden sich. Auch Muskeln bilden einen Teil der Proteinreserven. Myosin- und Aktinfasern im Bizeps oder den Beinmuskeln sind Speicherdepots für den Energierohstoff Glukose. Bei Mangelernährung bauen Muskeln Eiweiß ab, sie werden dann schwächer, binden weniger Glukose, also jenen Biostoff, der Muskeln überhaupt erst ihre Kraft verleiht. Weil jedes Glukose-Molekül drei Moleküle Wasser bindet, sind Muskeln dann auch nicht mehr üppig, sondern dünn und schlaff. Kohlenhydrate, Eiweiß und Wasser tragen also gemeinsam zu jugendlichem Aussehen und einem positiven Körpergefühl bei.

Gute-Laune-Hormone

Eine sehr wichtige Rolle für unser Wohlbefinden spielen Eiweißbausteine in unserem Nervensystem. Sogenannte Neurotransmitter, Glückshormone, die eine positive Stimmungslage vermitteln, werden vorwiegend aus Aminosäuren in Neuronen synthetisiert. Dazu zählen Noradrenalin und Dopamin, die euphorisch stimmen bzw. für eine heiter-harmonische Stimmungslage sorgen, als auch Serotonin, das beruhigt und gleichzeitig Rohstoff für das Schlafhormon Melatonin aus der Zirbeldrüse ist. Proteine haben also eine doppelte Funktion in unserem Organismus: Sie machen uns einerseits körperlich fit, andererseits stimulieren sie die Produktion von Gute-Laune-Hormonen. Darüber hinaus sind Aminosäuren für unser Blutbild, das Immunsystem und einen gesunden Kreislauf unverzichtbar. Weil die Oberhaut, Haare und Nägel zu mehr als 95 Prozent aus Eiweiß bestehen, sorgen Proteine auch für ein attraktives Aussehen.

Pflanzliches Eiweiß hilft beim Abnehmen

Es müssen aber nicht Schweineschnitzel oder Hähnchenschlegel sein, pflanzliche Kost ist gesünder und um ein Vielfaches reicher an kostbaren Biostoffen als Fleisch, Geflügel oder Fisch. Würstchen, Gulasch, Brotaufstrich oder andere Nahrungsmittel aus Tofu gewinnen immer mehr Freunde, mit Kräutern und Gewürzen pikant schmackhaft gemacht, entstehen leckere Mahlzeiten. Während gesättigte Fettsäuren in Fleisch, Hackfleischgerichten oder Wurst als Triglyzeride im Bauchspeck landen, ist Vegetarisches enorm reich an wertvollen ungesättigten Fettsäuren, die Zellstoffwechsel und Fettverbrennung aktivieren. In fernöstlichen Ländern wie Japan oder China ist Tofu, ein Produkt aus der nährstoffreichen Sojabohne, traditionell Grundnahrungsmittel und verantwortlich dafür, dass es in diesen Ländern viel weniger übergewichtige oder dicke Menschen gibt als bei uns. Gleichzeitig wirkt Tofu blutdruck- und cholesterinsenkend, beschleunigt die Darmpassage, beugt auf diese Weise Blähungen, Darmträgheit oder Verstopfung vor. Tofu ist ebenso proteinreich wie ein Filetsteak. Tofu ist auch wesentlich reicher an Vitaminen und wertvollen ungesättigten Fettsäuren als Fleisch, Hackfleisch oder Wurst. Naturkostgeschäfte bieten eine reiche Auswahl an Tofuprodukten wie Schnitzel, Gulasch, Würstchen oder Aufstriche, die genau so gut oder noch besser schmecken als Fleisch oder Wurst.

Ein vegetarisches Mittagessen macht nicht müde

Entscheidend ist der enorme Wasserreichtum pflanzlicher Nahrung. Melonen, alle Beeren, Weintrauben, Tomaten oder Gurken bestehen bis zu 85 Prozent aus kaliumreichem Wasser, das Vitamine, Mineralstoffe oder Enzyme in unsere rund 70 Billionen Körperzellen einschleust und die Stoffwechselrate erhöht. Die Folge: Es wird mehr Fett verbrannt und mehr Körperenergie erzeugt. Während eine typische Fleischmahlzeit, z. B. ein Schweinebraten mit Klößen und einer fett-salzigen Sauce, etwa eine Stunde nach dem Verzehr müde macht, fühlt man sich nach einem vegetarischen Mittagessen fit und aktiv. Der Reichtum an enthaltenen Biostoffen belebt und erfrischt den Organismus.

Jung und fit durch Pflanzenkost

Immer wieder gibt es Zeitgenossen, die erklären: »Ohne Fleisch kann ich nicht leben. Ich brauche das tierische Eiweiß für Fitness und Leistungskraft.« Dies ist natürlich Unsinn, denn schließlich besteht die Gerüstsubstanz von Pflanzenzellen weitgehend aus Proteinen. Großtiere wie Elefanten oder Giraffen brauchen wesentlich mehr Nahrungseiweiß als wir Menschen, beziehen es aber ausschließlich aus Blättern, Gräsern oder Knospen. Hinzu kommt, dass Kalbssteaks, Putenschnitzel oder ein Fischfilet für sich selbst überhaupt keinen Eigengeschmack haben, diese Nahrungsmittel schmecken stets nur in der Kombination mit Fett und Salz. Gerade das Salz aber

Tofu

Bester pflanzlicher Fleischersatz ist Tofu, ein Produkt aus proteinreichen Sojabohnen. Es enthält alle 20 Aminosäuren in ähnlich reicher Zusammensetzung wie Heilbutt oder anderer Fisch, Rinderbraten, Schinken oder Hähnchenkeulen. Vor allem die acht essenziellen Aminosäuren liegen in Tofu in hoch konzentrierter Form vor. Diese Aminosäuren können wir in unserem Stoffwechsel nicht selbst synthetisieren. Wir müssen sie deshalb, um gesund und leistungsfähig zu bleiben, unbedingt mit unserer Nahrung aufnehmen.

entzieht unserem Gewebe Wasser, trocknet es aus, und die Zellen sind nicht mehr so leistungsfähig. Die Folge sind Unruhe, nervöse Störungen, Muskelschwäche und chronische Müdigkeit.

Den Alterungsprozess stoppen

Entscheidend ist nicht nur, was wir essen, sondern wie wir unsere Nahrung verdauen. Dabei spielen zunächst Fruchtsäuren eine Rolle, die in allen Obst- und Gemüsesorten enthalten sind. Sie stimulieren die sogenannten Belegzellen in der Magenschleimhaut zur Abgabe von Salzsäure. Dadurch steigt der Säuregehalt im Magensaft, der Lebensspender Eiweiß wird besser zersetzt. Pflanzliche Kost ist zudem reich an Enzymen, die Kohlenhydrate, Fett, Proteine und auch die Nukleinsäuren abbauen, aus denen unsere Gene in den Zellkernen bestehen. Weil Eiweiß besser verwertet wird, baut sich nachts im Schlaf mehr polsterndes Bindegewebe auf, das Gefäße und Organe schützt und Falten glättet – deshalb sehen wir morgens auch meist jünger aus als am Abend zuvor. Nukleinsäuren reparieren nachts angegriffene Gene, wichtigster Verjüngungsprozess im Körper überhaupt. So lässt sich mit vegetarischer Nahrung die Altersuhr stoppen oder gar zurückdrehen.

Vegetarische Ernährung aus wissenschaftlicher Sicht

Das weltweit führende American Journal for Clinical Nutrition hat Ergebnisse von 25 Ernährungsstudien ausgewertet und ist zu dem Ergebnis gekommen, dass Vegetarier generell niedrigere Cholesterin- und Blutfettwerte sowie weniger Übergewicht haben und nicht so sehr an erhöhtem oder hohem Blutdruck leiden wie Fleischesser. Ihre Lebenserwartung liegt zudem um rund 15 Prozent höher. Pflanzliche Kost ist ballaststoffreich, bindet Fett und Cholesterin im Darm und verbessert – auch wegen ihrer komplexen Kohlenhydrate – die Blutzuckerkontrolle. Professorin Joan Sabate, Rektorin an der renommierten Loma Linda Universität für Ernährung in Kalifornien, erklärt, dass schon zwei oder drei vegetarische Tage pro Woche ausreichen: »Alle rein pflanzlichen Diäten sind jenen auf der Basis tierischer Proteine überlegen.« Erstes Indiz: Der oft unangenehme Stuhlgeruch typischer Fleisch- und Fettesser neutralisiert sich, der Blutdruck sinkt, man schläft abends schneller ein. »Während Salz alle Fleischgerichte geschmacklich gleichmacht, entwickelt man als Vegetarier nach und nach wieder ein Gespür für den unnachahmlichen Nuancenreichtum im Geschmack von Hülsenfrüchten, Gemüse, Salat oder Obst.«

Die Wissenschaft ist sich einig, dass Vegetarier gesünder leben. Aber auch zwei bis drei vegetarische Tage pro Woche reichen aus, um eine gesundheitsfördernde Wirkung zu erreichen.

Der Eiweißirrtum

- Viele Menschen halten Fleisch für den besten Eiweißspender und meinen, ohne Schweineschnitzel, Currywurst oder Hamburger nicht so richtig fit sein zu können. Dies ist jedoch ein arges Missverständnis. Pflanzliche Kost, wie Obst und Gemüse, sorgt viel eher für einen Proteinschub ins Gewebe als Fleisch, Fisch oder Geflügel.
- Großtiere wie Elefanten, Rinder oder Giraffen beziehen ihren Eiweißbedarf ausschließlich aus pflanzlichen Proteinen, aus Weidegras, Blättern oder Knospen. Dabei brauchen sie bis zu 200 Mal mehr Eiweiß als wir Menschen. Was entscheidender ist: Pflanzliches Eiweiß wird bis zu 60 Mal besser verdaut und verwertet als tierische Proteine.
- Während es doch zwei oder drei Stunden dauern kann, ehe so ein zäher Bissen Halsgrat in Magen und Darm endlich zersetzt ist, werden die Proteine in einem Spinatblatt, in Linsen, Kohl oder Rüben sehr schnell durch Proteasen, die Eiweiß abbauenden Enzyme aus der Bauchspeicheldrüse, abgebaut und übers Blut den Körperzellen zugeführt.
- Hilfsmittel für die Verdauung liefern pflanzliche Proteine – wie bereits erwähnt – nämlich gleich mit: Fruchtsäuren, die Belegzellen der Magenschleimhaut zur Abgabe von Salzsäure stimulieren. Dadurch wird der Magensaft säurehaltiger, wichtige Voraussetzung für eine optimale Vorverdauung von Eiweiß. Im Dünndarm erfolgt dann der restliche Abbau der Proteine zu Aminosäuren. Auf diese Weise wird Nahrungseiweiß vollkommen zersetzt. Typische Fleischesser hingegen leiden oft unter Blähungen, Darmträgheit, Verstopfung und üblem Stuhlgeruch, weil Proteine nicht vollkommen zersetzt werden, in tiefere Darmabschnitte gelangen und dort zu faulen beginnen.

Fette

Fett ist ebenfalls ein unverzichtbarer Nährstoff für unsere Gesundheit. Allerdings müssen wir zwischen gesättigten und ungesättigten Fettsäuren unterscheiden. Gesättigt bedeutet, dass die Fettmoleküle stabil sind, wie z. B. auch die sogenannten Triglyzeride, die als Depotfett in unseren Bauch- und Hüftpolstern landen. In unserem Stoffwechsel spielen sie keine stimulierende Rolle, sie dienen lediglich als Energiereserve. Ungesättigte Fettsäuren hingegen aktivieren unseren Stoffwechsel.

Lebensnotwendige Fettsäuren

Ungesättigte Fettsäuren sind in unseren Zellen stets unternehmungslustig auf der Suche nach Stoffwechselpartnern, mit denen sie zusammen chemische Reaktionen auslösen können. Während gesättigte Fettsäuren in allen tierischen Lebensmitteln wie Fleisch, Hackfleisch, Wurst oder Käse hochkonzentriert sind, sind die wertvollen ungesättigten Fettsäuren eine Domäne pflanzlicher Lebensmittel. Sie sind es unter anderem, denen Obst und Gemüse ihre herausragenden Heilkräfte verdanken.

Ähnlich wie bei den Eiweißbausteinen gibt es auch sogenannte essenzielle Fettsäuren: Sie sind essenziell, also lebensnotwendig, allerdings können wir sie in unserem Organismus nicht selbst herstellen. Sie müssen demnach regelmäßig mit der Nahrung aufgenommen werden. Dazu zählt die Gruppe der Omega-Fettsäuren, die zu den empfindlichsten Molekülen der Natur gehört, wie z. B. die Linolsäure, die Alpha- und Gamma-Linolensäure oder die Eicosapentaensäure. Sie werden ausschließlich von Pflanzenzellen synthetisiert, und hoch konzentriert stecken sie natürlicherweise vor allem in pflanzlichen Speiseölen, fettreichen Samen und Kernen, in Avocado, Oliven und Keimen, in Hanf, Sojabohnen, Hülsenfrüchten und Nüssen.

Obst und Gemüse liefern wertvolle Fettsäuren

Obst und Gemüse produzieren Fettsäuren für ihre eigene Gesundheit. So sind z. B. die glänzenden Schalen von Tomaten, Paprika, Erbsen, Äpfeln, Pflaumen, Kirschen, aber auch die Blätter von Mangold, Spinat oder Porree enorm reich an diesen kostbaren Stoffen. Sie schützen Pflanzen vor Austrocknung, und bei entsprechender Ernährung bleibt auch unsere Haut feucht, geschmeidig und faltenfrei. Tiere und auch wir Menschen nutzen diese sensiblen Fettsäuren für die Isolierung von Nervenzellen, die Signale über elektrische Impulse vermitteln. Ein Mangel führt zwangsläufig zu Nervenschwäche und nachlassender Gehirnleistung und zu Konzentrationsschwäche. Pflanzen brauchen die feinen Fettsäuren auch für den Aufbau ihrer Hormone. Blumen, Sträucher, Kräuter oder Sumpfgewächse verfügen über hundert Mal mehr Hormone als wir Menschen. Mit ihrer Hilfe registrieren sie noch tief in der Nacht die ersten Photonen der Sonne. Sie erkennen bedrohliche Insekten auf Hunderte Meter Entfernung und kommunizieren mit anderen Pflanzen über feinste Hormonsignale. Omega-Fettsäuren in lipidreichen Pflanzen tragen dazu bei, dass sich auch unser mentales und körperliches Potenzial reicher entwickelt.

Fit mit Fett

- Ungesättigte Fettsäuren sind Rohstoff sogenannter Phospholipide in den Membranwänden all unserer Körperzellen. Hier sorgen sie für eine gesunde ölig-feuchte Struktur als Voraussetzung für Nährstoffaufnahme und Stoffwechsel.
- Omega-Fettsäuren zählen zu den besten Schlankmachern der Natur. Sie senken Cholesterin und Blutfettwerte sowie den Einbau von Triglyzeriden in Fettpolster. Außerdem fördern sie den Blutfluss und damit den Nährstofftransport in der Zirkulation. Und sie hemmen auch die Blutgerinnung, machen das Blut dünnflüssiger, wirken gegen Durchblutungsstörungen und senken den Blutdruck.
- Die hilfreichen Fettsäuren aus der Pflanzenwelt beugen als Rohstoff für »gesunde« Prostaglandine auch Entzündungen vor. Prostaglandine und andere Gewebshormone aktivieren die Ausschüttung von Histamin aus sogenannten Mastzellen in Gefäßwänden. Dadurch kommt es zu Schwellungen, Rötungen oder Juckreiz. Aus tierischen Fettsäuren synthetisiert unser Stoffwechsel wiederum andere solcher Gewebshormone, die intensiver und anhaltender Entzündungen hervorrufen können. Obst und Gemüse werden somit zum Heilmittel gegen Ekzeme und Entzündungen im Magen-Darmtrakt und in Schleimhäuten.
- Unsere 300 Milliarden Gehirnzellen sind durch feinste sogenannte Dendriten miteinander verbunden, ein Netz von Verästelungen, über das Signale vermittelt werden. Pflanzliche ungesättigte Fettsäuren sind wichtigster Biostoff für den Aufbau dieser Verzweigungen, bei einem Mangel kommt es zum Abbau an Gehirnmasse und zu mentalen Alterserscheinungen. Lipidhaltige pflanzliche Lebensmittel und Öle können diesen Prozess stoppen und umkehren sowie bereits abgestorbene Dendriten wieder erneuern.
- Ungesättigte Fettsäuren sind jedoch extrem empfindlich. Wenn sie Licht, Luft und Hitze ausgesetzt sind, werden sie durch freie Radikale rasch zerstört. Deshalb: Pflanzenöle in dunklen Flaschen gut verschlossen lagern, fettreiche Lebensmittel (Avocado, Oliven usw.) im Kühlschrank aufbewahren oder rasch verzehren.

Warenkunde

In unseren Supermärkten, Gemüsegeschäften und Hofläden finden wir inzwischen eine riesige Auswahl an Obst- und Gemüsesorten. Sie kommen entweder aus dem heimischen Anbau oder werden aus aller Welt per Schiff oder Flugzeug importiert. Dadurch entsteht praktisch nie ein Engpass an knackig frischen Zutaten. Und damit keine Langeweile aufkommt, lassen sich die Erzeuger immer wieder etwas einfallen: Neue Züchtungen gelangen auf den Markt, was zur Folge hat, dass alte Sorten manchmal in Vergessenheit geraten.

Fruchtgemüse

Die Obst- und Gemüsesorten unterscheiden sich nicht nur in Aussehen, Geschmack, Herkunft, Vitamin- und Mineralstoffgehalt, sondern werden auch in ihre botanische Zuordnung unterteilt. Dafür gibt es eine Definition: Die Frucht einer Pflanze wird als Obst bezeichnet, Gemüse werden die Stiele, Blätter und Wurzeln genannt.

Tomate Die knallroten Früchte stammen aus südlichen warmen Ländern mit viel Sonnenschein. Sie wachsen aber auch bei uns, am besten an sonnigen, wettergeschützten Plätzen im Freiland und in Gewächshäusern. Es gibt inzwischen ca. 2 500 Sorten – von den kleinen Kirsch- bzw. Cocktailtomaten über Eiertomaten (auch Romatomaten genannt) bis hin zu Strauch- oder Fleischtomaten. Sie unterscheiden sich in Geschmack, Größe und Verwendung. Beispielsweise eignen sich Fleischtomaten besonders gut für Suppen und Saucen, Strauch- und Eiertomaten für Salate, Pizza und klein geschnitten in Pastagerichten oder Risottos. Die kleinen Kirsch- oder Cocktailtomaten sind je nach Sorte rot und gelb erhältlich und sind lecker pur als Snack oder halbiert auf einer Pizza.

Gurke Die Salatgurke, auch Kukumber genannt, stammt aus der Familie der Kürbisgewächse und ist vermutlich in Ostindien beheimatet. Da sie Wärme braucht und frostempfindlich ist, dauerte es bis zum späten Mittelalter, bis dieses Gemüse bei uns heimisch wurde. Mittlerweile werden Gurken auf der ganzen Welt angebaut und sind aus der Küche gar nicht mehr wegzudenken. Früher waren die Gurken am Ende oft leicht bitter, das ist heute aufgrund der Züchtungen kaum mehr der Fall. Sehr lecker schmecken die aromatischen Minigurken. Gurken werden meist roh gegessen, und wer mag, isst sie mit Schale. Dafür die Gurken vorher gut waschen. Bei der Zubereitung von Salaten sollte man die Gurken erst kurz vor dem Servieren schälen und in Scheiben schneiden, da sie schnell Wasser ziehen. Schließlich bestehen Gurken zu beinahe 95 Prozent aus Wasser. Etwas besser bleibt die Konsistenz erhalten, wenn man Gurken entkernt – dafür die Gurken der Länge nach halbieren, mit einem Messer einritzen und dabei einen ca. ½ cm breiten Rand stehen lassen. Dann die Kerne mit einem Teelöffel herauskratzen. Auch für die Zubereitung von Zaziki sollten die Gurken vorher entkernt werden.

Paprika Sie gehören zu den Nachtschattengewächsen und haben ihren Ursprung in Süd- und Mittelamerika. Heute wachsen sie aber im gesamten Mittelmeerraum und gelangen in unsere Geschäfte. Auch aus den Gewächshäusern

Hollands kommen Paprikaschoten nach Deutschland. Inzwischen werden auch in Dithmarschen Paprikaschoten in Gewächshäusern angebaut und geerntet. Beim Einkauf kann man zwischen grünen, gelben, roten und orangen Schoten wählen. Die grünen Paprika sind meist nicht ganz reif, die anderen Sorten dagegen sind aromatisch und etwas süßlich. Die Schoten sind besonders vielseitig in der Verwendung, denn sie schmecken im Salat, gedünstet als Gemüse oder in einer Suppe. Übrigens, wer die Schale von rohen Paprikas nicht verträgt, sollte das Gemüse zuerst mit einem Sparschäler hauchdünn schälen.

Zucchini Dabei handelt es sich um ein typisches Gemüse aus dem sonnigen Mittelmeerraum – und zwar von Griechenland, Türkei, Zypern, Spanien, Italien bis Frankreich. Natürlich wachsen Zucchini auch bei uns und gehören in fast jeden Garten. Am besten schmecken die kleinen, dünnen und festen Zucchini, denn je größer sie sind, desto wasserhaltiger werden sie. Eine besondere Delikatesse sind Zucchiniblüten z. B. mit einer Ricotta-Kräuter-Füllung. Die Blüten muss man meist beim Gemüsehändler bestellen.

Erbse Sie stammt wahrscheinlich aus dem Orient und hat sich heute in allen Küchen durchgesetzt. Nicht zuletzt, weil sie so vielseitig zu verwenden ist. Der Anbau erfolgt weltweit. Sehr zu empfehlen sind die jungen Erbsen im Sommer, die leicht süßlich schmecken. Die Zubereitung braucht allerdings etwas Zeit, denn die kleinen Körner müssen aus den Schoten herausgelöst werden. Wem dies zu umständlich ist, kann auch auf tiefgefrorene Erbsen zurückgreifen. Dabei

Da Gemüse schnell Vitamine und Mineralien verliert, sollten Sie stets auf Frische achten.

sollte man auf die unterschiedlichen Größen achten, denn die kleinen Erbsen sind am zartesten. Auch der Kauf von Zuckererbsen, auch Kaiser- oder Zuckerschoten genannt, lohnt sich. Diese knackigen Schoten müssen vor der Zubereitung nur gewaschen und entfädelt werden. Sie werden dann im Ganzen samt der kleinen unreifen Körner gegessen. Sie haben eine Garzeit von ca. 5 Minuten und passen super in asiatische Wokgerichte.

Bohne Diese Hülsenfrucht hat ihren Ursprung in Mexiko, Mittel- und Südamerika. Inzwischen wird sie überall angebaut, natürlich auch bei uns. Man unterscheidet zwischen den kleinen, zarten Prinzess- und Delikatessbohnen, den fleischigen Brechbohnen, Stangenbohnen und Schnittbohnen, die sich sehr gut für Suppen und Eintöpfe eignen. Die anderen Sorten kann man prima für Salate und als Gemüse verwenden. Außerdem gibt es dicke Bohnen und Saubohnen, die häufig auch in der mediterranen Küche verwendet werden. Wichtig: Bohnen nie roh essen. Sie enthalten Phasin, ein giftiges Glycosid, ein Eiweiß, das in rohen Hülsenfrüchten vorkommt. Dieser Stoff kann Durchfall und Erbrechen hervorrufen. Beim Kochen zerfällt das Phasin.

Kürbis Früher gab es Kürbis nur in Mittelamerika, bis er über Nordamerika nach Europa kam. Heutzutage existieren Kürbisse in allen Farben, Formen und Größen. Auch bei der Zubereitung in der Küche setzt der Kürbis keine Grenzen. Ob als Suppe, Curry, Püree oder eingelegt – dieses Gemüse lässt sich mit vielen anderen Zutaten und Gewürzen kombinieren. Dadurch entstehen immer wieder neue kulinarische Highlights. Übrigens, die Kerne kann man trocknen und später über einen Salat streuen.

Blattgemüse und Blattsalate

Spinat Ein Vorläufer des Spinats hat seinen Ursprung vermutlich in Persien und kam durch die Araber über Spanien nach Deutschland. Er galt früher schon als Heilpflanze. Heute wird er in Europa angebaut. Es gibt den feinen jungen Sommerspinat und den kräftigen langstieligen Winterspinat. Ideal ist junger Blattspinat für einen leckeren Salat, z. B. mit Kirschtomaten und gehobeltem Parmesankäse, oder als Gemüse ganz kurz in Olivenöl gedünstet. Der Winterspinat braucht etwas mehr Zeit für die Vorbereitung. Zuerst die Wurzeln und Stiele entfernen. Dann den Spinat gründlich waschen, da er meist sehr sandig ist. Anschließend als Gemüse zubereiten.

Mangold Dieses Blattgemüse ist mit dem Spinat verwandt und war schon bei den Römern be-

Wertvolle Fruchtsäuren

Die grünen Blätter von Gemüse oder Salat sind reich an Fruchtsäuren, die Belegzellen in der Magenschleimhaut zum Ausstoß von Magensäure stimulieren. Dadurch wird Eiweiß, aber auch Kalzium und Eisen besser vorverdaut bzw. ionisiert, also für den Zellstoffwechsel aufgeladen. So wird man mit kleineren Mahlzeiten schneller satt. Dies entspricht dem Millionen Jahre alten genetischen Naturgesetz der Sparsamkeit: wenig Kalorien und hohe Nährstoffdichte – Voraussetzung eines funktionierenden Stoffwechsels.

kannt. Es hat sich dann bis nach Norditalien, in die Schweiz und nach Frankreich ausgebreitet. Auch heute ist Mangold unter manch einem Gartenfreund beliebt. Da die Saison recht kurz ist, sollte man dann auch schnell zugreifen. Er wird ähnlich wie Spinat zubereitet.

Rucola Kaum ein anderes Blattgemüse ist in den letzten Jahren so bekannt und beliebt geworden wie Rucola. Aber schon bei den alten Griechen und Römern war er geschätzt und wurde dann auch in den Mittelmeerländern angebaut. Er wird lose, als Bundware und in Plastikschachteln angeboten. Beim Einkauf am besten die jungen, kleinen Blätter mit dünnen Stängeln wählen. Sie haben einen fein-aromatischen Geschmack, während die älteren oft bitter und scharf schmecken. Rucola ist vielseitig zu verwenden, z.B. für Salate, Pesto, Dips und als Topping für eine Pizza.

Kopfsalat Typischer, europäischer Blattsalat, der entweder im Freiland oder in Gewächshäusern angebaut wird. Es gibt verschiedene Sorten wie Eisbergsalat, Römersalat, Bataviasalat oder den grünen Salat. Alle haben sie eins gemeinsam: Sie dürfen auf keinem bunten Salatteller fehlen, denn sie füllen den Teller optisch in einer großen Menge und das mit wenig Kalorien.

Feldsalat Dieser Salat wird auch Ackersalat oder Rapunzel genannt und ist ein typischer Wintersalat. In den Geschäften findet man ihn lose oder abgepackt. Vor dem Verzehr müssen die kleinen Wurzeln entfernt, dann die Blättchen gründlich gewaschen werden und durch Abtropfen oder in einer Salatschleuder getrocknet werden.

Endivie Die Heimat dieses Salates liegt in südlichen Ländern wie Nordafrika, Griechenland und Spanien. Da die Endivie auch etwas kühlere Temperaturen verträgt, wird sie in nördlichen Regionen angebaut und bereichert auch im Winter unsere Gerichte. Erhältlich sind die krausblättrige bittere Endivie und die sogenannte Escariol, die breite, dicke glatte Blätter hat. Sie schmeckt nicht so bitter.

Chicorée Dieses Gemüse gehört in die Familie der Korbblüter und ist eine Zichorienart. Chicorée wird traditionell in Holland und Belgien angebaut. Er sieht kolbenförmig aus und läuft nach oben spitz zu. Die weißen Blätter liegen dicht aufeinander und haben gelbliche Spitzen. Chicorée kann durch Licht schnell welk werden. Vor der Zubereitung die äußeren Blätter entfernen und den bitteren Keil herausschneiden. Dann den Chicorée klein schneiden und z.B. für einen Obstsalat verwenden. Auch lecker in Aufläufen, Suppen oder als gedünstete Beilage zu Fisch.

Radicchio Dabei handelt es sich um einen Verwandten des Chicorée. Italien gilt als typisches

Anbauland von Radicchio. Die rot-weißen Köpfe sollten fest und knackig sein. Sein Geschmack ist leicht bitter und harmoniert sehr gut im Salat mit Orangen, klein geschnitten auf einer Pizza, in Pastagerichten oder im Risotto.

Kohlgemüse

Weißkohl Er stammt aus den Regionen, in denen es nicht so heiß ist, und ist das ganze Jahr über erhältlich. Die Haupterntezeit ist der Herbst. Die Blätter glänzen leicht und liegen fest um den Kopf. Bei dem jungen Sommerkohl sind die Blätter schön locker und eignen sich super für die Zubereitung von knackigem Krautsalat. Ein Verwandter des Weißkohls ist der Spitzkohl, der zartere gelblich-grüne Blätter hat und etwas feiner schmeckt. Er wird genauso wie Weißkohl oder Wirsing verwendet, hat aber eine kürzere Garzeit. Übrigens: Weißkohl dient der Herstellung von Sauerkraut. Dies geschieht durch Milchsäuregärung und Salz.

Rotkohl Dieser Kohl wird bei uns angebaut und ist ein ideales Wintergemüse. Die Köpfe sollten auf jeden Fall geschlossen sein und keine welken Blätter haben. Er muss aber nicht immer wie zu Omas Zeiten lange durchgekocht werden, denn er schmeckt auch als Rohkostsalat.

Wirsing Dieser Kohlkopf stammt ursprünglich aus dem Mittelmeerraum. Er hat dunkelgrüne, kräftige und krause Blätter, die lockerer aufeinander liegen als beim Weiß- oder Rotkohl. Im Frühjahr ist der Kohlkopf insgesamt etwas heller und schmeckt etwas milder, im Herbst gibt es den würzigeren Herbstwirsing.

Blumenkohl Auch Karfiol genannt, wird er in ganz Europa angebaut. Wichtig sind die knackigen äußeren Blätter, die den innen liegenden weißen Kopf schützen sollen. Eine Variante zu Blumenkohl ist der Romanesco mit seinen grünen Röschen.

Rosenkohl Er stammt aus der Familie der Kreuzblütengewächse und hat seinen Ursprung in Belgien. Beim Einkauf immer auf feste, geschlossene und knallgrüne Köpfe achten. Das sind Zeichen für die Frische.

Brokkoli Kleinasien ist der Ursprung dieser Kohlsorte, die aus der Familie des Blumenkohls stammt. Brokkoli wird hauptsächlich in den Mittelmeerländern, vorzugsweise in Italien angebaut, da er viel Wärme benötigt. Die grünen Knospen dürfen keine gelblichen Stellen aufweisen, und die Stiele müssen fest sein.

Grünkohl Er kommt vermutlich aus dem Mittelmeerraum und wird inzwischen auch bei uns in größeren Mengen angebaut. Dieser Kohl ist

Am süßesten schmecken junge Bundmöhren (mit Grün), die es ab Juni auf dem Markt gibt.

Wegen ihrer fettlöslichen Vitamine gehört zur Möhrenrohkost immer etwas Fett.

robust und verträgt die Kälte sehr gut. Die Blätter müssen schön knackig und grün sein. Häufig wird Grünkohl nur als traditionelles deftiges Essen serviert, aber er schmeckt auch als Salat.

Kohlrabi Vermutlich stammt dieser Gemüsekohl aus dem Mittelmeerraum, er wird das ganze Jahr über angeboten. Die feinsten Knollen gibt es im Frühjahr. Am besten wählen Sie die kleineren Knollen, da die großen manchmal holzig sein können. Außerdem sollte das Grün straff sein. Frischer Kohlrabi ist sehr lecker als Salat oder einfach roh zum Knabbern.

Wurzel- und Knollengemüse

Karotte Sie wird auch als Möhre oder Rübli bezeichnet und stammt aus der Familie der Doldenblütler. Karotten sind immer erhältlich mit Ausnahme der jungen knackigen Bundkarotten. Diese sind vorwiegend im Frühsommer auf dem Markt. Die knackigen orangefarbenen Rüben sind sehr vielseitig zu verwenden. Ob im Salat, zum Knabbern, für eine Suppe, als Püree oder Gemüsebeilage, sie passen einfach überall.

Rettich Ursprünglich stammt der Rettich aus den Ländern des Nahen Ostens und hielt dann Einzug in den Mittelmeerraum. Sein Geschmack ist durch die Senföle sehr scharf und würzig. Rettich muss richtig stramm und prall aussehen, dann ist er frisch.

Radieschen Die kleinen roten Kugeln werden in allen gemäßigten Klimazonen angebaut und kommen aus der Familie der Kreuzblütengewächse. Das Grün darf nicht schlapp aussehen, und die Radieschen müssen sich fest anfühlen. Nach dem Einkauf gleich das Grün abschneiden, damit die Radieschen nicht weich werden.

Sellerie Dieses Gemüse war früher ein Wildgemüse, das einfach zu kultivieren war. Sellerie verträgt ein raues Klima und wird deshalb das ganze Jahr über angeboten. Es gibt Knollensellerie und Staudensellerie. Beim Einkauf sollten die

Am besten schmecken Zwiebeln im Sommer, wenn sie hierzulande geerntet werden.

Blätter grün und knackig aussehen. Beide eignen sich auch zum Rohessen.

Rote Bete Hierbei handelt es sich um eine Verwandte von Zuckerrübe und Mangold – sie wird auch als rote Rübe bezeichnet. Ihren Ursprung hat die Pflanze im Mittelmeerraum und wurde von den Römern nach Mitteleuropa gebracht. Zum Schälen der Roten Bete sollte man Gummihandschuhe anzuziehen, da die Knollen die Hände rot färben.

Schwarzwurzel Dieses alte Gemüse wird auch als Winterspargel oder Skorzonenwurzel bezeichnet. Die Schwarzwurzeln hatten ihre Heimat in Nordafrika und Spanien und haben sich dann in Europa ausgebreitet. Wählen Sie möglichst dicke und gerade gewachsene Wurzeln. Zum Schälen Gummihandschuhe anziehen, da sich sonst die Hände verfärben.

Meerrettich Ursprünglich stammt er aus Ost- und Südeuropa und hat sich von dort ausgebreitet – die Wurzeln waren schon in der Antike bekannt. Meerrettich wurde erst als Heilpflanze, dann als Gewürz eingesetzt. In Bayern wird er auch als Kren bezeichnet. Er schmeckt intensiv und würzig-scharf. Meerrettich wird beispielsweise gerne für die Zubereitung von Tafelspitz mit Apfelkren und von Saucen zu Fischgerichten verwendet.

Fenchel Das Gemüse stammt aus dem Mittelmeerraum und wurde schon von den alten Griechen und Römern wegen seiner Heilkraft geschätzt. Die Knollen sollten hell sein und keine braunen Stellen aufweisen. Bei der Essenszubereitung die Knollen waschen, das Grün abschneiden, hacken und über das fertige Gericht streuen. Die Stängel abschneiden, die Knolle halbieren und den Strunk herausschneiden. Für einen Salat fein hobeln oder zum Dünsten klein schneiden.

Zwiebel- und Würzgemüse

Zwiebel Schon vor Tausenden von Jahren galten Zwiebeln als Heilmittel, waren in China, Indien oder im Vorderen Orient bekannt und haben sich überall ausgebreitet. Es gibt verschiedene Sorten wie Gemüsezwiebeln, weiße Zwiebeln, Küchenzwiebeln, Schalotten und rote Zwiebeln, die sich in ihrer Schärfe, in Größe und im Geschmack voneinander unterscheiden. Zwiebeln verleihen

Scharf ist gesund

Gemüsesorten, die scharf schmecken, wie beispielsweise Zwiebeln, Knoblauch, Bärlauch, Porree usw., sind reich an Allicin, einer schwefelhaltigen Verbindung, und anderen Phytosubstanzen, die das Blut dünnflüssiger machen. Auf diese Weise wird der Kreislauf angeregt und für eine bessere Nährstoffversorgung der Zellen gesorgt. Bei Naturvölkern gelten diese Nahrungsmittel traditionell und seit Jahrtausenden als Medizin gegen Herz-Kreislauf-Beschwerden, Durchblutungsstörungen oder Konzentrationsstörungen.

sowohl roh als auch angebraten vielen Gerichten den nötigen Pfiff.

Knoblauch Dieses Würzgemüse gelangte aus den Steppengebieten Zentral- und Südasiens nach Europa und war schon in der Antike als Heilmittel bekannt. Es gibt die frischen jungen Knoblauchzwiebeln mit der weiß-grünen Hülle sowie die Knollen mit den festen Zehen. Knoblauch ist aus der Küche gar nicht mehr wegzudenken, da er vielen Gerichten erst die richtige Würze gibt.

Frühlingszwiebel Sie wird auch als Winterzwiebel oder Lauchzwiebel bezeichnet und hat ihren Ursprung im Orient. Mittlerweile wird sie auch im häuslichen Garten angebaut. Sie wird im Bund verkauft und sollte ein kräftiges, frisch aussehendes Grün und kleine weiße Knollen haben. Die Frühlingszwiebeln haben eine feine Würze und passen beispielsweise fein geschnitten auf ein Quarkbrot.

Porree Seinen Ursprung hat dieses Lauchgewächs in den Mittelmeerländern. Inzwischen hat Porree in unserer Küche einen festen Platz erhalten, er ist Bestandteil vom Suppengemüse. Die klein geschnittenen Stangen schenken den Gerichten ein würziges Aroma. Am feinsten ist Porree im Frühsommer, im Herbst sind die Blätter etwas fester.

Kernobst

Äpfel Sie stammen ursprünglich aus Mittelasien und haben sich in alle Kontinente ausgebreitet. Sie gehören zu den Rosengewächsen. Im Laufe der Jahre entstanden immer mehr neue Sorten. Sie unterscheiden sich in Farbe, Konsistenz, Geschmack und Süße. Ob man einen ganz süßen oder einen Apfel mit mehr Säure wählt, ist reine Geschmackssache. Eines ist auf jeden Fall sicher: Äpfel sind sehr vielseitig einsetzbar. Sie schmecken als frisch gepresster Saft, in süßen und pikanten Salaten, in Pfannkuchen oder in Kuchen.

Birnen Ihren Ursprung haben sie in Asien, und sie zählen zu den Rosengewächsen. Sie wachsen in ganz Europa. Es gibt sehr viele Sorten, die sich außer im Geschmack auch in der Verwendung unterscheiden. Dieses säurearme Obst enthält beinahe so viel Zucker wie Äpfel und schmeckt daher schön süß. Gelbe Birnen mit braunen Flecken sind meist schon überreif und können schnell verderben.

Quitten Ursprünglich kommen sie aus dem östlichen Kaukasus und gelangten bald nach Griechenland und später bis nach Mitteleuropa. Diese Frucht liebt die Wärme. Bei uns spielt der Anbau von Quitten eine untergeordnete Rolle. Es gibt Apfel- und Birnenquitten, die sich in der Form, Festigkeit des Fruchtfleisches und im Aroma unterscheiden. Apfelquitten haben ein trockenes, hartes Fruchtfleisch mit aromatischem Geschmack, Birnenquitten schmecken milder und sind weicher. Die Quitten vor der Verarbeitung mit einem Küchentuch abreiben. Dann das Fruchtfleisch an allen vier Seiten am Kerngehäuse abschneiden und für Kompott, Marmeladen und Desserts verwenden.

Mispel Diese Frucht war im Mittelalter in Süd- und Mitteleuropa verbreitet und hat ihren Ursprung in Westasien. Die Früchte werden im November gepflückt und müssen dann noch einige Wochen nachreifen. Mispeln sind bronzefarben und schmecken fruchtig-säuerlich. Mispeln eignen sich gut für die Zubereitung von Kompott, Konfitüre und Saft.

Eberesche Auch Vogelbeere genannt. Die anspruchslosen Bäume wachsen auch im Norden. Sie sind in vielen Gärten und Parks auch als Hecken zu finden. Die orangeroten Beeren sollten nicht roh verzehrt werden, sondern immer gekocht, z. B. in Form von Marmelade.

Steinobst

Aprikosen Sie gehören in die Gattung der Rosengewächse und haben ihre Heimat in China. Die Römer brachten sie über Anatolien nach Europa. Aprikosen lieben die Wärme und werden deshalb in Deutschland weniger angebaut. Aprikosen sollten immer gut gewaschen werden. Wer die Schale nicht essen möchte, kann die Früchte häuten. Aromatische Aprikosen sind köstlich als Dessert, in süßen und pikanten Gerichten sowie

Achten Sie bei Steinobst, wie Aprikosen und Pflaumen, darauf, dass es voll ausgereift ist.

Flüssigkeit aus Obst und Gemüse

Ein Früchtemüsli am Morgen versorgt uns bereits mit ca. 250 Milliliter hochwertigem Nährwasser, z. B. Banane, halber Apfel kleingeschnitten, dazu eine Handvoll Beeren, Nüsse oder Samen und Rosinen. Ein Mittagessen aus Gemüse und Kartoffeln liefert weitere 250 Milliliter Wasser. Nachmittags dann noch mal etwas Obst und abends eine reich garnierte Rohkostplatte mit Knoblauchbaguette, die weitere 200 Milliliter Flüssigkeit beisteuert. Macht zusammen 700 Milliliter Flüssigkeit, die allein aus Obst und Gemüse stammen.

in Marmeladen. Außerdem spielen sie in der Spirituosenherstellung eine Rolle.

Pfirsiche Diese Früchte stammen aus China und werden jetzt im gesamten Mittelmeerraum angebaut. Sie wachsen an bis zu acht Meter hohen Bäumen und brauchen für die Reife viel Sonne und Wärme. Es gibt weiß-, gelb- und rotfleischige Pfirsichsorten sowie die platten Weinbergpfirsiche. Pfirsiche haben nur ihr volles Aroma, wenn sie die optimale Reife haben.

Nektarinen Sie sind mit den Pfirsichen verwandt und gehören ebenfalls in die Familie der Rosengewächse. Sie haben eine glatte, unbehaarte Schale, während die Pfirsiche samtartig behaart sind. Nektarinen bevorzugen zum Wachstum ebenfalls ein warmes Klima.

Pflaume & Co. Die Pflaumen haben ihren Ursprung im Vorderen Orient und gelangten dann systematisch nach Mitteleuropa. Pflaume ist der Oberbegriff für eine Familie. Dazu gehören die echten Pflaumen, Zwetschgen, Mirabellen und Renekloden. Sie unterscheiden sich in Form, Farbe, Geschmack und Verwendung. Die echte Pflaume spielt heute vorwiegend im häuslichen Garten eine Rolle. Sie ist rund, hat einen feinwürzigen Geschmack, und das Fruchtfleisch löst sich schlecht vom Stein. Da die echten Pflaumen beim Kochen schnell zerfallen, werden sie gerne für Kompott verwendet. Zwetschgen sind länglich, festfleischiger und lassen sich gut entsteinen. Sie eignen sich super zum Backen, da sie in Form bleiben. Mirabellen, die kleinsten Früchtchen in dieser Gruppe, sind grüngelb, reifen früh und haben ein süß-aromatisches Fruchtfleisch. Sie schmecken im Kuchen, werden aber auch gerne für die Obstbrandherstellung verwendet. Die Renekloden werden auch nur noch in geringeren Mengen angebaut. Sie haben ein festes, grünes bis gelbes Fruchtfleisch, das besonders aromatisch schmeckt.

Kirschen Ursprünglich stammen sie aus Vorderasien und Südosteuropa und gehören in die Familie der Rosengewächse. Es gibt Süß- und Sauerkirschen. Zu den Süßkirschen gehören die weichfleischigen Herzkirschen und die Knorpelkirschen, die ein festes Fruchtfleisch haben und aromatisch süß schmecken. Sauerkirschen sind sehr saftig und säuerlich bis herb. Beide Sorten erfreuen sich großer Beliebtheit und werden gerne für die Zubereitung von Konfitüre, Kompott, Kuchen und Torten oder Obstbrand verwendet.

Schlehen Die Heimat dieses Wildobstes erstreckt sich von Europa über Vorderasien bis nach Nordafrika. Die Schlehensträucher und -bäume wachsen am Wegesrand, am Waldrand und an Hängen und bevorzugen eine sonnige

Schalenobst

Nüsse werden auch als Schalenobst bezeichnet. Dazu zählen Kastanien, Walnüsse, Haselnüsse, Mandeln, Pistazien, Erdnüsse, Paranüsse, Pekannüsse, Macadamianüsse und Cashewnüsse. Sie haben allerlei Gutes gemeinsam: Sie enthalten reichlich Vitamin E, Vitamine der B-Gruppe und die Mineralstoffe Kalium, Eisen, Magnesium, Phosphor sowie hochwertiges Eiweiß. Schalenobst soll den Cholesterinspiegel senken können. Aber Achtung: In Nüssen steckt auch viel Fett und somit Kalorien.

Lage. Die blauschwarzen Früchte werden erst nach dem ersten Frost geerntet. Sie dienen der Herstellung von Marmelade, Fruchtwein, Likör, Fruchtsaft und Schnaps.

Beerenobst

Erdbeeren Sie haben ihre Heimat in Europa, spielten aber schon in der Steinzeit in der Ernährung eine Rolle. Außer den Walderdbeeren gibt es mittlerweile eine Vielzahl von Erdbeersorten. Beim Einkauf sollten Sie schöne rote Früchte ohne grüne Stellen bevorzugen. Sie schmecken dann herrlich süß und aromatisch. Übrigens, es macht im Sommer auch viel Freude mal auf einem Feld Erdbeeren selbst zu pflücken.

Himbeeren Diese Früchte stammen ursprünglich aus Südosteuropa und wachsen jetzt auch bei uns an Hecken und am Wegesrand sowie im eigenen Garten. Himbeeren sind bereits seit dem Mittelalter als Heilpflanze bekannt. Diese roten Früchte sollten immer gleich nach dem Einkauf gegessen oder verarbeitet werden, da sie auf Druck äußerst empfindlich reagieren und schnell schimmeln.

Hagebutten Dabei handelt es sich um die Früchte wild wachsender Rosenarten, die in Europa, Asien, Südamerika und Nordafrika angebaut werden. Sie können ab September bis zum Frühjahr gepflückt werden. Die reifen roten Hagebutten haben einen sehr hohen Vitamin-C-Gehalt. Sie eignen sich zum Rohessen und für die Zubereitung von Mus, Konfitüre, Fruchtwein und Likör. Wichtig: Vorher müssen die Kerne und Härchen entfernt werden.

Sanddorn Er gehört in die Familie der Ölweidengewächse, war in China zu Hause und hat sich dann in Europa ausgebreitet. An den anspruchslosen Sträuchern wachsen erbsengroße, gold- bis goldgelbe Früchtchen, in denen ein ungewöhnlich hoher Vitamin-C-Gehalt steckt. Die Beeren werden ab August/September bis zum ersten Frost gepflückt und für die Herstellung von Fruchtmus, Fruchtsaft, Nektar, Obstwein und Likör verwendet. Sie schmecken roh recht bitter und sauer.

Holunder Weltweit gibt es etwa 30 verschiedene Holunderarten, bei uns spielen nur die schwarzen Beeren eine Rolle. Sie wachsen an Sträuchern und lieben den Norden Deutschlands. Aufgrund ihres hohen Gehalts von Vitamin C und A galten Holunderbeeren schon in der Antike als Arznei. Dies hat sich bis heute gehalten, denn es wird immer noch gerne Holunderbeersaft bei Erkältungen gereicht. Im Herbst beginnt das Pflücken der Holunderbeeren, um Saft zu

Beerenobst liefert viele sekundäre Pflanzenstoffe und reichlich gesunde Ballaststoffe.

pressen, Gelee oder Sirup zu kochen. Sie schmecken aber auch als Dessert oder im Kuchen. Zum Rohessen sind sie nicht so empfehlenswert, da sie Darmprobleme hervorrufen können. Übrigens, Holunderbeeren werden als Dolden von den Sträuchern abgeschnitten. Dann die Beeren mit einer Gabel abstreifen und verarbeiten.

Brombeeren Diese Beeren stammen aus Asien und Nordamerika und haben sich nun in den mitteleuropäischen Wäldern ausgebreitet. Sie wachsen an Sträuchern und lieben z. B. geschützte Plätze an Zäunen und Hecken. Vielfach sind sie auch in den heimischen Gärten zu Hause. Brombeeren sind sehr druckempfindlich und sollten schnell verbraucht werden.

Heidelbeeren Ihren Ursprung haben sie in Vorderasien und Südeuropa. Diese kleinen Beeren werden auch Blaubeeren genannt. Und das nicht zu Unrecht: Sie färben Mund und Zähne blau. Diese Früchtchen wachsen an Sträuchern im Wald, in Gärten oder auf Plantagen. Die im Wald gesammelten Heidelbeeren sollten nicht an Ort und Stelle gegessen werden, da eine Infizierung mit dem Fuchsbandwurm möglich ist. Es gibt auch Kulturheidelbeeren, die deutlich größer sind und nicht färben. Alle Heidelbeeren sind zum sofortigen Verzehr bestimmt.

Johannisbeeren In Österreich werden sie Ribisel genannt. Bei den Roten Johannisbeeren handelt es sich um eine einheimische Frucht, die schwarzen stammen aus dem nördlichen Asien. In unseren Gärten wachsen die seltenen weißen, die roten und die schwarzen Johannisbeeren. Bei der Ernte werden die Rispen abgeschnitten und später die Beeren mit einer Gabel abgezogen. Da Johannisbeeren ziemlich sauer sind, wird für die Zubereitung viel Zucker benötigt. Besonders lecker: Johannisbeerküchlein mit Zimtjoghurt (siehe Rezept Seite 122).

Stachelbeeren Sie stammen aus dem Vorderen Orient, aus Südeuropa und den Mittelmeerländern. Sie wachsen in Gärten, Hecken und im Gebüsch und vertragen auch Schatten. Stachelbeeren gibt es meist beim Gemüsehändler, auf Wochenmärkten und manchmal in großen Supermärkten. Beim Einkauf sollten Sie grüne, noch nicht ganz reife Beeren wählen. Sie haben eine weichere Schale und lassen sich besser verarbeiten. Je reifer, desto fester ist ihre Schale.

Weintrauben Die Weinrebe ist eine der ältesten Kletterpflanzen. Als Urheimat der Trauben gilt Mittelasien. Die Reben wurden von den alten Ägyptern kultiviert und dienten überwiegend der Weinherstellung. Diese Tradition führten die Griechen und Römer fort. Auch heute noch werden im südlichen Europa Weintrauben produziert. Aber auch in Deutschland gibt es Regionen, wo die Trauben reifen – und zwar in den sonnigen Regionen wie Baden-Württemberg, am Rhein, an der Mosel und in Franken. Besonders gut schmecken die kleinen kernlosen Trauben. Weintrauben eignen sich nicht nur für Obstsalate, Marmeladen etc., sondern auch für warme Gerichte, z.B. im Sauerkraut oder in Saucen zu gebratenem Geflügel.

Südfrüchte/Exoten

Melone Sie gehört in die Familie der Kürbisgewächse und wächst in süd- und südosteuropäischen Ländern, in Israel und Nordafrika. Es gibt Wassermelonen und Zuckermelonen. Die Wassermelonen sind groß, rund oder oval mit grüner Schale und rotem Fruchtfleisch. Sie haben einen sehr hohen Wasseranteil (ca. 90 %) und sind gut gekühlt in einem heißen Sommer eine wahre Erfrischung. Wem eine ganze Wassermelone zu groß ist, kann mittlerweile jederzeit auf das Angebot von Portionsstücken zurückgreifen. Zu den Zuckermelonen zählen sehr viele Sorten wie z.B. Honigmelone, Netzmelone, Cantaloupe-, Ogen- oder Galiamelone. Sie unterscheiden sich einfach im Aussehen der Schale und des Fruchtfleisches und natürlich im Geschmack. Welche Melone man kauft, ist letztendlich reine Geschmackssache. Wichtig ist aber die Reife: Wenn die Zuckermelone auf leichten Fingerdruck am Blütenansatz nachgibt, ist sie reif. Eine Wassermelone ist reif, wenn sie sich beim Klopfen auf die Schale hohl anhört. Egal ob Wasser- oder Zuckermelone, beide schmecken nicht nur pur, sondern passen auch in herzhafte Salate mit Schinken, Käse oder Garnelen oder in eine sommerliche Kaltschale.

Kiwi Diese Frucht stammt aus China und wanderte nach Neuseeland und Australien. Dann setzte sie ihre Karriere in Kalifornien, Chile, Israel und Südeuropa fort. Das erklärt auch, warum Kiwis keine Saison haben. Beim Einkauf am besten Früchte wählen, die auf Fingerdruck ein wenig nachgeben. Sie schmecken angenehm süß-säuerlich. Kiwis haben das eiweißspaltende Enzym Actinidin und sollten deshalb nicht zusammen mit Milchprodukten verwendet werden. Sie schmecken dann bitter.

Südfrüchte bereichern unseren Speiseplan gerade in der kalten Jahreszeit. Kaktusfeigen reifen nicht nach, daher sollten sie beim Kauf schon weich und saftig sein.

Kaktusfeige Diese exotische Frucht hat ihren Ursprung in Mexiko. Sie schmeckt etwas süßlich und ist schön saftig. Zum Schälen sollte man am besten Handschuhe anziehen, da die Stacheln leicht in die Haut eindringen können. Dann oben und unten einen Deckel abschneiden, die Schale einritzen und mit einem Messer rundherum abziehen. Die Kaktusfeigen sind sehr lecker in Kombination mit Fleisch und Fisch sowie in einem Obstsalat.

Feige Die Früchte des Feigenbaums kommen aus dem Orient und werden inzwischen auch in den südlichen Mittelmeerländern angebaut. Feigen gibt es in unterschiedlichen Formen und Farben, frisch und getrocknet. Reife Früchte schmecken sehr aromatisch und süß und sollten nicht lange aufbewahrt werden, am besten bei um die null Grad lagern. Besonders lecker sind frische Feigen mit herzhaftem Schinken.

Dattel Die Dattelpalme hat ihren Ursprung in Nordafrika und Vorderasien. Die Früchte der Palme reifen bevorzugt bei starker Wärme und entwickeln dabei bis zu 5 Zentimeter lange, süße, saftige Früchte. Sie werden frisch und getrocknet angeboten. Eine beliebte Tapas-Variante sind z. B. gebratene Datteln mit durchwachsenem Speck umwickelt. Sonst gehören die getrockneten Früchte unbedingt in die Weihnachtsbäckerei.

Kaki Der Kakibaum zählt zu den ältesten Pflanzen Ostasiens. Die Früchte ähneln der Form einer Fleischtomate und haben eine glatte, hauchdünne orangefarbene Haut. Das Fruchtfleisch ist gelb bis rot und geleeartig. Kakis müssen richtig reif sein, denn nur so schmecken sie schön süß. Unreife Früchte sind dagegen herb und enthalten Tannine, die sich im Laufe des Reifeprozesses abbauen. Beim Einkauf kann man allerdings die Reife nicht erkennen. Zum Rohessen werden die Kakis halbiert und das Fruchtfleisch aus der Schale gelöffelt. Für einen Salat ziehen Sie einfach die Schale ab und schneiden die Frucht in Scheiben.

Kalium

Nur das Pflanzenmineral Kalium hat die Qualität, Nährwasser aus der sogenannten extrazellulären Flüssigkeit in die Zellen hineinzuschleusen. Wenn Kalium in der Nahrung fehlt, weil wir zu wenig Obst und Gemüse konsumieren, finden die Biostoffe nicht den Weg in den Stoffwechsel. Darunter leiden dann das Nervensystem ebenso wie Kreislauf, Verdauungsapparat, Organe, Drüsen oder auch unsere Haut. Gute Kaliumlieferanten sind Bananen, Datteln, schwarze Johannisbeeren, Grünkohl, Rosenkohl und Spinat.

Ananas Diese exotische Frucht stammt ursprünglich aus Brasilien, Südamerika und Paraguay. Mittlerweile wird sie auch von Mexiko über Thailand bis nach Australien angebaut. Damit die Ananas aromatisch und süß schmeckt, muss sie richtig reif sein. Deshalb gilt: Früchte mit grüner Schale am besten liegen lassen. Sobald sich die Blätter der Krone leicht herausziehen lassen, ist die Ananas reif. Wichtig: Ananas enthält das eiweißspaltende Enzym Bromelain. Es ist dafür verantwortlich, dass eine Creme mit Gelatine nicht richtig fest wird und bitter schmecken kann. Übrigens, es gibt auch Babyananas. Diese Früchte sind besonders praktisch für kleine Haushalte.

Banane Dieser Exot ist im Fernen Osten zu Hause. Bald wurden die Bananen überall dort angebaut, wo es warm und feucht ist. Sie werden unreif geerntet und in Kühlschiffen transportiert. Beim Kauf erkennt man ganz schnell den Reifegrad: Haben Bananen noch grüne Stellen, sind sie fest und wenig süß. Ist die Schale kräftig gelb mit braunen Stellen, sind die Früchte schon sehr reif und können bald faulen. Da Bananen auch zu Hause nachreifen, kann man auch nicht ganz reife kaufen. Übrigens gibt es auch Kochbananen, die in vielen tropischen und subtropischen Ländern als Grundnahrungsmittel gelten. Anders als die uns bekannten »normalen« Bananen ist die Kochbanane erst im vollreifen Zustand mit fast schwarzer Schale genießbar. Sie werden ähnlich wie Kartoffeln zubereitet, also gekocht, gebraten oder frittiert.

Mango Die Mangofrüchte wachsen an einem Baum und stammen aus Ostindien. Inzwischen werden sie überall dort angebaut, wo es heiß und feucht ist. Beispielsweise in Brasilien, Mexiko oder Afrika. Da Mangos wie viele andere Exoten unreif geerntet und verschickt werden, ist es manchmal gar nicht so einfach, eine reife Frucht zu bekommen. Nur reife Mangos haben ihr volles Aroma. Beim Einkauf ist auf das Zeichen »ready to eat« oder »Flugmango« zu achten, denn diese Früchte werden reif geerntet und direkt nach Deutschland geflogen. Unter der orangefarbenen, ledrigen Schale verbergen sich hellgelbes Fruchtfleisch und ein flacher Kern. Vor dem Servieren die Frucht schälen, das Fruchtfleisch an beiden Seiten vom Kern abschneiden und klein schneiden. Mango schmeckt auch in warmen Gerichten mit Fisch, Fleisch und Geflügel.

Maracuja Diese exotische Frucht ist auch unter der Bezeichnung Passionsfrucht bekannt. Sie kommt ursprünglich aus Brasilien, Südamerika und Paraguay. Die Schale der Maracujas verändert sich mit zunehmender Reife von Grünbraun nach Purpurviolett. Die Früchte sind apfel- bis pflaumengroß und unter der harten, oft schrumpeligen Schale befindet sich das gelblich-grüne, saftige geleeartige Fruchtfleisch. Es schmeckt süßsauer und ist mit vielen essbaren Kernen durchsetzt. Es wird entweder direkt aus der Schale herausgelöffelt oder auch für Obstsalate, als Fruchtsauce für Desserts oder die Zubereitung von Saft verwendet.

Papaya Sie hat ihren Ursprung in den tropischen Regionen Süd- und Mittelamerikas sowie in asiatischen Ländern. Die Früchte wachsen an Stauden und zählen zur Familie der Melonenbaumgewächse. Papayas gibt es in unterschiedlichen Größen, sie können bis zu zwei Kilogramm schwer werden, sehen birnenförmig aus und besitzen eine glatte grüne Schale, die mit zunehmender Reife gelb wird. Das lachsfarbene Fruchtfleisch schmeckt sehr süß, weil die Frucht selbst wenig Fruchtsäure besitzt. Deshalb sollte man immer etwas Zitronensaft darüberträufeln, um ihren Eigengeschmack hervorzuheben. Papayas werden vor der Zubereitung halbiert, dann werden mit einem Löffel die Kerne herausgekratzt und die Hälften geschält. Das Fruchtfleisch nach Belieben klein schneiden und für ein Dessert oder auch auf die pikante Art mit Räucherlachs und Meerrettichsahne genießen.

Zitrusfrüchte

Orange Die sonnenverwöhnten Orangenfrüchte kommen ursprünglich aus Asien und Südchina und werden inzwischen im Mittelmeerraum, in Australien und Südafrika angebaut. Es gibt verschiedene Sorten wie Blutorangen, Navel-

Orangen, Zitronen, Grapefruits und Limetten sind wichtige Vitamin-C-Spender.

orangen oder Valencia. Orangen werden meist gespritzt. Deshalb gilt: Wer die Schale mitverwenden möchte, sollte in jedem Fall unbehandelte Orangen kaufen. Diese müssen dann noch heiß abgewaschen und trockengerieben werden, bevor die Schale abgezogen wird. Die beliebte Winterfrucht schmeckt nicht nur pur oder als Saft, sondern auch in warmen Gerichten, wie der Klassiker Ente à l'orange beweist.

Mandarine Sie stammt voraussichtlich aus Nordostchina oder Südwestchina und gehört zu der großen Familie der Zitrusfrüchte. Heutzutage wird sie in den Mittelmeerländern kultiviert. Bei den Mandarinen handelt es sich um einen Sammelbegriff für viele Formen, Sorten und Geschmacksrichtungen der Zitrusfrüchte, die aus Kreuzungen entstanden sind. Darunter fallen beispielsweise auch kernlose Züchtungen von Clementinen und Satsumas.

Grapefruit Diese Zitrusfrucht hat ihre Heimat in den subtropischen Ländern Mittelamerikas und wurde später auch im Mittelmeerraum alltäglich. Es sind diverse Sorten und Größen erhältlich, die sich in Geschmack und Farbe des Fruchtfleisches unterscheiden. Unter der dicken Schale verbirgt sich ein herb-saures bis leicht süßliches Fruchtfleisch. Grapefruits passen sowohl in süße als auch pikante Salate.

Zitrone Die Heimat dieses Klassikers der Südfrüchte wird in China oder Indien vermutet. Der Anbau hat sich später in die Mittelmeerländer ausgebreitet. Sie wachsen an immergrünen Bäumen und werden meist gespritzt. Deshalb sollten Sie genau wie bei den Orangen unbehandelte Früchte kaufen, wenn die Schale verwendet wird.

Limette Die Frucht wird in Ländern wie Mexiko und Brasilien angebaut. Die kleinen grünen Limetten haben einen intensiv sauren Geschmack und werden genau wie Zitronen pur kaum gegessen. Sie werden aber gerne z. B. für Cocktails oder zum Abschmecken von Suppen, Saucen und Salaten verwendet.

Die alten Sorten

Es gibt einige Gemüsesorten, die früher eine große Bedeutung hatten, aber irgendwann in Vergessenheit geraten sind. Heute wurden diese alten Sorten wieder entdeckt und haben ihren festen Platz in unseren Küchen. Einige davon haben auch ihre Heimat in unseren Gärten. Dazu gehören beispielsweise Löwenzahn, Portulak, weiße Rüben, Kardonen, Topinambur, Giersch, Kürbis oder Meerrettich. Hier haben wir die wichtigsten Infos zu diesen alten Gemüsesorten zusammengestellt:

Pflanzliche Heilmittel

Bevor es bei uns Arztpraxen und Apotheken, Rezepte für Arzneien und Krankenkassen gab, wurde jede Art von Beschwerden stets mit pflanzlichen Heilmitteln aus der Natur behandelt. Pflanzenzellen synthetisieren einen enormen Reichtum an Selbstheilungssubstanzen oder Abwehrstoffen gegen Allergene, die Krankheiten auslösen können. Natürliche pflanzliche Heilstoffe können wir für unsere Gesundheit nutzen, um auf natürliche Weise Erkrankungen vorzubeugen und diese auch zu behandeln.

Portulak Ein Wildgemüse, dem eine heilende Wirkung nachgesagt wurde. Es sollte z. B. bei Sodbrennen helfen. Die kleinen Blätter schmecken leicht säuerlich, nussig und etwas salzig, die älteren Blätter dagegen bitter. Portulak kann man sehr gut für einen Salat verwenden oder fein geschnitten unter Quark rühren und als Brotaufstrich genießen.

Löwenzahn Der gewöhnliche Löwenzahn spielte früher in der Medizin eine Rolle. Er fand beispielsweise bei Verdauungsproblemen oder Appetitmangel seine Anwendung. Die Blüten dienen der Herstellung von Sirup und Gelee, aus den jungen Blättern kann ein Salat zubereitet werden. Aus den getrockneten Wurzeln wurde in der Nachkriegszeit Ersatzkaffee hergestellt, den es auch heute wieder zu kaufen gibt.

Weiße Rübe Auch Mairübe genannt, ist sie eine alte Kulturpflanze aus der Antike. Sie gehört zum Wurzelgemüse und ist sehr vielseitig in der Verwendung. Sie eignet sich für Suppen, Eintöpfe oder als gedünstetes Gemüse.

Kardone Auch Gemüse-Artischocke genannt, stammt aus dem Mittelmeerraum. Sie ist mit der Artischocke verwandt. Da die Köpfe der Kardonen wenig fleischig sind, werden nur die fleischigen Stiele für einen Salat oder als Gemüse verwendet. Ihr Geschmack ist leicht bitter.

Topinambur Sie werden gelegentlich auch als Erdbirne oder Erdäpfel bezeichnet und stammen aus Nord- und Mittelamerika. Die Knollen schmecken süßlich und passen sehr gut roh in einen Salat, als Gemüse oder frittiert. Früher wurde Topinambur in der Schnapsbrennerei verwendet.

Giersch Dieses Wildkraut ist schon seit Jahrhunderten als Heilpflanze bekannt und wurde zur Bekämpfung von Gicht und Rheuma eingesetzt. Sein Geschmack und Geruch erinnern an Spinat und Petersilie. Giersch wächst überall und ist in vielen Gärten zu Hause. Dort wird es als Unkraut herausgerissen, vermehrt sich aber immer wieder. Giersch schmeckt als Salat oder Gemüse.

Süßkartoffel Dieses Gemüse ist eine Nutzpflanze, die zu der Familie der Windengewächse gehört. Die rotschaligen Knollen sind mit »normalen« Kartoffeln nur sehr entfernt verwandt. Die Süßkartoffeln, auch Bataten genannt, stammen ursprünglich aus Lateinamerika und wurden von Peru aus von den Seefahrern verbreitet. Der Hauptproduzent ist China, aber auch im Mittelmeerraum werden sie kultiviert. Die Knollen werden aber bei uns immer bekannter und beliebter. Denn das gelblich-orangene Fruchtfleisch schmeckt durch seinen Zuckeranteil angenehm süßlich. In der Küche werden sie ähnlich wie Kartoffeln gekocht, gebacken oder frittiert.

Saisonkalender

Der Einkauf von Obst und Gemüse ist saisonabhängig. Wann gibt es die beste Ware aus heimischem Anbau, wann ist das größte Angebot inklusive der Importe erhältlich? Auf den nächsten Seiten haben wir die wichtigsten Sorten von A bis Z zusammengestellt. Dazu finden Sie nützliche Tipps für den Einkauf, die optimale Aufbewahrung und Informationen darüber, welche Vitamine und Mineralstoffe in den einzelnen Sorten in großen Mengen enthalten sind.

Sorte	Saison	Woran erkennt man den Reifegrad?	Wie lagern?	Besonders reich an
Ananas	ganzjährig (Importe)	reife Früchte duften aromatisch und die Blätter lassen sich leicht herausziehen	am besten sofort essen, nicht im Kühlschrank aufbewahren	Folsäure, Mangan
Äpfel	ganzjährig (Importe), September bis März (heimisch)	sie sehen prall aus, haben keine schrumpelige Schale und keine braunen Stellen	kühl aufbewahren	Vitamin C, Chrom
Aprikosen	Juni bis September (Importe), Mai bis August (heimisch)	reife Früchte dürfen nicht zu weich sein	am besten sofort essen, maximal 1 Tag im Kühlschrank aufheben	Vitamin A, Mangan
Artischocken	Mai bis Juni (Importe)	die Stängel sollten fest und die Blätter fleischig und saftig sein	schnell verbrauchen	Vitamin B1, Mangan, Eisen, Kupfer
Auberginen	März bis Oktober (Importe), Juli bis September (heimisch)	reife Früchte geben auf leichten Fingerdruck etwas nach	nur kurz im Kühlschrank haltbar	Niacin, Folsäure, Kalium, Selen
Avocados	ganzjährig (Importe)	reife Früchte geben auf Fingerdruck leicht nach	am besten sofort genießen, feste Früchte bei Zimmertemperatur nachreifen lassen	Vitamin D, K und Biotin, Kupfer, Zink
Bananen	ganzjährig (Importe)	mit grünen Stellen unreif, braune Flecken zeigen die Reife, sie sind dann sehr süß	nicht im Kühlschrank lagern, reifen bei Zimmertemperatur nach	Vitamin B6, Kalium, Magnesium, Zink
Birnen	ganzjährig (Importe), August bis Januar (heimisch)	reife Früchte duften, mit braunen Flecken sind sie überreif und faulen schnell	kühl und luftig aufheben	Folsäure, Kalium, Chrom
Blumenkohl	ganzjährig (Importe), März bis September (heimisch)	weißer Kopf mit festem Blattwerk	1-2 Tage im Kühlschrank haltbar	Vitamin C, K, Folsäure, Pantothensäure, Zink
Bohnen, grün	ganzjährig (Importe), Juni bis Oktober (heimisch)	knackig fest, schön dunkelgrün	2-3 Tage im Kühlschrank haltbar	Vitamin B6, K, Folsäure, Zink

Sorte	Saison	Woran erkennt man den Reifegrad?	Wie lagern?	Besonders reich an
Brokkoli	ganzjährig (Importe)	dunkelgrün und geschlossene, feste Röschen	1-2 Tage im Gemüsefach haltbar	Vitamin C, K, B2, B6, Folsäure, Pantothensäure, Kalzium, Zink
Brombeeren	Juni-September (Importe), Juli bis September (heimisch)	sie sind rundherum schön blauschwarz und fest	am besten sofort essen	Zink, Mangan
Chicorée	Dezember bis Mai (Importe und heimisch)	feste, weiße Stauden	3-4 Tage dunkel im Gemüsefach haltbar	Vitamin A, Folsäure, Zink, Mangan
Chinakohl	ganzjährig (Importe und heimisch)	knackige grüne Blätter und weißer Strunk	etwa 1 Woche im Gemüsefach haltbar	Vitamin K, Folsäure, Niacin, Zink
Cranberrys	September bis Oktober (Importe)	reife Früchte sind kräftig rot	bis zu 9 Monate im Kühlschrank haltbar	Vitamin C
Datteln	Oktober bis Februar (Importe)	auch tiefgefroren und als Trockenfrucht erhältlich	können bis zu 1 Woche im Kühlschrank gelagert werden	Pantothensäure, Kalzium, Kalium, Eisen
Eichblattsalat	Mai bis September (Importe und heimisch)	feste Salatköpfe mit grünen Blättern	1 Tag im Kühlschrank haltbar	Vitamin A, Kalzium
Eisbergsalat	ganzjährig (Importe), Juni bis Oktober (heimisch)	feste, geschlossene Köpfe	bleibt im Kühlschrank mehrere Tage knackig	Vitamin B1, Kalium
Endivie	September bis April (Importe), September bis November (heimisch)	der Strunk muss hell sein	krausblättrigen Salat schnell verbrauchen, die Escariolen mit dicken glatten Blättern sind bis 1 Woche im Kühlschrank haltbar	Vitamin A, Folsäure, Kalium, Zink
Erbsen	Mai bis August (Importe), Juni bis August (heimisch)	feste knackige Schoten schnell auspulen und verbrauchen	möglichst schnell verbrauchen	Vitamin C, B1, Niacin, Phosphor, Zink
Erdbeeren	März bis August (Importe), April bis Juli (heimisch)	knallrote Früchte	höchstens 1-2 Tage im Kühlschrank haltbar	Vitamin C, K, Folsäure, Kalium
Feigen	ganzjährig (Importe)	frisch, konserviert und getrocknet erhältlich	frisch am besten schnell verzehren, maximal 2 Wochen bei knapp über 0 °C haltbar	Magnesium, Zink
Feldsalat	August bis Februar und Mai (Importe und heimisch)	kleine zarte, dunkelgrüne Blätter	im Gemüsefach 1-2 Tage haltbar	Vitamin A, Folsäure, Zink
Fenchel	Januar bis Oktober (Importe), Juni bis Oktober (heimisch)	frische Knollen haben feines Grün und sind schön hell	2-3 Tage im Gemüsefach haltbar	Vitamin A, C, Folsäure, Kalium

Sorte	Saison	Woran erkennt man den Reifegrad?	Wie lagern?	Besonders reich an
Frühlingszwiebeln	April bis November (Importe und eimisch)	junge knackige Zwiebeln mit dunklem Grün	2 Tage im Gemüsefach haltbar	Vitamin A, B6, Niacin, Magnesium, Eisen
Grapefruits	November bis Mai (Importe)	reife Früchte fühlen sich fest an	kühl aufbewahren	Vitamin C, Pantothensäure, Folsäure
Grünkohl	November bis März (heimisch)	knackig grüne Blätter, meist in Beuteln abgepackt	hält sich im Kühlschrank 2 Tage	Vitamin A, C, K, B6, Niacin, Folsäure, Chrom
Gurken	ganzjährig (Importe), Mai bis Dezember (heimisch)	feste und knackige Salatgurken	im Gemüsefach bis 3 Wochen haltbar	Kalium, Chrom
Hagebutten	September bis Oktober (heimisch)	leuchtend rot (wachsen an Hecken)	schnell verbrauchen	Vitamin C, K, Kupfer, Kalzium, Zink, Magnesium, Phosphor
Heidelbeeren	Juni bis Oktober (Importe), Juni bis September (heimisch)	größere Zuchtheidelbeeren und kleine sehr aromatische Wildheidelbeeren, sie müssen trocken und fest sein	rasch verbrauchen	Mangan
Himbeeren	Juni bis September (heimisch und Importe)	müssen trocken und knallrot aussehen	sofort essen	Kalium, Zink
Holunderbeeren	September bis November (heimisch)	pralle Früchte, überreife Beeren platzen	schnell verbrauchen	Vitamin A, Kalium
Johannisbeeren	Juni bis September (heimisch und Importe)	weiße Johannisbeeren sind selten, rote und schwarze Beeren mit Rispen kaufen	möglichst gleich verzehren	Vitamin C, Mangan, Kalium, Zink
Kakis	Oktober bis Dezember (Importe) und März bis Juli (Importe)	die Früchte müssen eine glatte Schale haben, Reife lässt sich von außen nicht erkennen	feste Früchte bis zu 2 Wochen im Gemüsefach haltbar, reife Kakis sofort essen	Vitamin A
Karotten	ganzjährig (heimisch und Importe), im Frühjahr auch als Bundmöhren mit kräftigem Grün	sie sollten ohne braune Stellen und fest sein	im Gemüsefach ca. 1 Woche haltbar, Bundmöhren schnell verbrauchen	Vitamin A, K
Kartoffeln	ganzjährig (heimisch und Importe)	möglichst kleine Kartoffeln ohne grüne Stellen wählen	Frühkartoffeln mit hauchdünner Schale innerhalb von 3 Tagen verbrauchen, späte Sorten kühl und dunkel aufbewahren	Niacin, Kalium, Zink, Silizium
Kirschen	Mai bis September (Importe), Juni bis August (heimisch)	egal ob Süß- oder Sauerkirschen, beide Sorten müssen fest und intensiv gefärbt sein	maximal 1-2 Tage im Kühlschrank haltbar	Folsäure

Sorte	Saison	Woran erkennt man den Reifegrad?	Wie lagern?	Besonders reich an
Kiwis	ganzjährig (Importe)	reife Kiwis geben auf Fingerdruck leicht nach	2-3 Tage im Kühlschrank haltbar	Vitamin C, K, Kalium
Knoblauch	Juni bis November (Importe), Juli bis Oktober (heimisch)	frische Knollen sind fest und prall, getrocknete Knollen haben eine seidenpapierdünne Hülle	frischen Knoblauch im Gemüsefach lagern, getrocknete Knollen dunkel und kühl lagern, mehrere Wochen haltbar	Zink, Phosphor, Kalium, Mangan
Kohlrabi	April bis Oktober (Importe), Mai bis Oktober (heimisch)	Knollen müssen fest und prall sein und sollten zarte grüne Blättchen haben, kleine Knollen bevorzugen	im Gemüsefach bis zu 2-3 Tage haltbar	Vitamin C, Niacin, Folsäure, Biotin, Magnesium
Kopfsalat	ganzjährig (Importe), Mai bis Oktober (heimisch)	die Köpfe müssen frisch und knackig aussehen	in einem feuchten Geschirrtuch im Gemüsefach 1-2 Tage haltbar	Vitamin K, Chrom
Kürbis	August bis Oktober (Importe und heimisch)	die harte Schale darf nicht beschädigt sein	im Ganzen mehrere Wochen haltbar	Vitamin A, Kalium
Mais	Juli bis September (Importe und heimisch)	die Kolben sollten prall, gelb-orange leuchtend sein	3-4 Tage im Kühlschrank haltbar	Vitamin B1, Pantothensäure, Niacin, Kalium
Mandarinen/ Clementinen	November bis April (Importe)	gelbe Früchte ohne Druckstellen bevorzugen	kühl aufbewahren	Vitamin A, C, Kalium
Mangold	Mai bis Juli (Importe und heimisch)	die Blätter sollten grün und fest sein, die Stiele weiß	möglichst nur 1 Tag im Kühlschrank aufheben	Vitamin A, Eisen, Kalzium, Magnesium
Mangos	August bis April (Importe)	reife, nicht zu feste Früchte kaufen, am besten Flugmangos	gleich essen	Vitamin A, B6, Folsäure, Kalium
Melonen	ganzjährig (Importe)	Zucker- und Wassermelonen haben eine feste Schale, reife Zuckermelonen geben auf Druck am Stielansatz etwas nach und riechen aromatisch, Wassermelonen klingen beim Klopfen etwas hohl	gekühlt einige Tage haltbar	Vitamin A, Kalium, Jod
Mirabellen	Juli bis September (Importe und heimisch)	pralle, kleine Früchte	maximal 2 Tage im Gemüsefach haltbar	Niacin, Kalium
Nektarinen	Mai bis Oktober (Importe), Juli bis August (heimisch)	reife Früchte sind weich und duften gut	gleich essen	Niacin, Kalium
Orangen	Oktober bis Mai (Importe)	möglichst Bio-Ware kaufen	kühl und dunkel aufbewahren	Vitamin C, Folsäure, Chrom, Kalium

Sorte	Saison	Woran erkennt man den Reifegrad?	Wie lagern?	Besonders reich an
Papayas	ganzjährig (Importe)	reife Früchte haben eine grüngelbe bis gelbe Farbe, geben auf Druck leicht nach	möglichst schnell verbrauchen, im Gemüsefach kühl lagern	Kalium, Zink
Paprika	ganzjährig (Importe)	die Schale sollte glatt sein, am besten dicke und pralle Früchte wählen	einige Tage im Kühlschrank haltbar	Vitamin C, A, K
Pfirsiche	Mai bis Oktober (Importe), Juli bis August (heimisch)	reife Früchte sind weich, aber ohne Druckstellen	sofort essen	Niacin, Kalium
Pflaumen/ Zwetschgen	Juli bis Oktober (Importe und heimisch)	auf pralle Früchte achten	im Kühlschrank höchstens 2 Tage haltbar	Vitamin K, Zink
Porree	ganzjährig	Stangen mit jungen frischen Blättern kaufen	im Gemüsefach 1-2 Tage haltbar	Vitamin B6, Zink
Radicchio	ganzjährig (Importe), Juni bis November (heimisch)	auf feste Köpfe mit knackigen äußeren Blättern achten	1-2 Tage im Gemüsefach haltbar	Vitamin A, Vitamin B6
Radieschen	ganzjährig (Importe und heimisch)	müssen rot und fest sein und dürfen auf Fingerdruck nicht nachgeben, die Blätter sind kräftig grün	ohne Grün im Kühlschrank 2-3 Tage haltbar	Folsäure, Zink
Rettich	ganzjährig (Importe und heimisch)	muss fest mit frischem Grün sein	ohne Grün nur wenige Tage im Kühlschrank haltbar	Folsäure, Zink
Rhabarber	Januar bis Juli (Importe und heimisch)	Stangen müssen frisch und knackig aussehen	bleibt ca. 3 Tage im Gemüsefach frisch	Vitamin K, Kalium, Zink, Mangan
Rosenkohl	September bis März (Importe und heimisch)	die Röschen müssen geschlossen und sattgrün sein	1-2 Tage im Kühlschrank haltbar	Vitamin C, B1, B6, Niacin, Chrom
Rote Rüben/ Rote Bete	September bis März (Importe und heimisch)	die Knollen müssen schön prall sein	einige Tage im Kühlschrank haltbar	Folsäure, Kalium, Mangan, Zink, Kupfer
Rotkohl	September bis April (Importe und heimisch)	feste Köpfe wählen	kühl und trocken einige Wochen haltbar	Vitamin C, K, Folsäure, Niacin
Rucola	ganzjährig (Importe), Juni bis November (heimisch)	am besten junge kleine Blätter aussuchen, möglichst Bunde wählen	1-2 Tage im Gemüsefach haltbar	Vitamin A, Kalzium
Sanddorn	August bis November (vor dem Frost), heimisch	erbsengroße, goldgelbe Früchte	schnell verbrauchen	Vitamin A, C
Schwarzwurzeln	Oktober bis Februar (Importe und heimisch)	üppig-dicke Stangen wählen	im Gemüsefach 3-4 Tage haltbar	Eisen, Kalium, Kupfer, Mangan

Sorte	Saison	Woran erkennt man den Reifegrad?	Wie lagern?	Besonders reich an
Sellerie	September bis März (Importe und heimisch)	feste Knollen mit frischem Grün kaufen	im Kühlschrank ohne Grün ca. 1 Woche haltbar	Vitamin B6, Magnesium
Spargel	April bis Juni (heimisch), März bis Juli (Importe)	die Stangen müssen knackig sein, feuchte Enden haben und beim Berühren knirschen	in einem feuchten Tuch 1-2 Tage im Kühlschrank haltbar	Folsäure, Niacin, Kalium, Zink
Spinat	April bis Dezember (Importe und heimisch)	besonders fein ist der junge, feinblättrige Spinat, Blätter sollten dunkelgrün sein	schnell verbrauchen	Vitamin A, B2, K, Biotin, Zink, Mangan, Magnesium, Kalzium
Stachelbeeren	Juni bis Juli (heimisch), Juni bis September (Importe)	reife, unbeschädigte Früchte wählen	1-2 Tage im Kühlschrank haltbar, sehr reife Beeren sofort verbrauchen	Niacin, Folsäure, Pantothensäure, Kalium, Silizium
Süßkartoffeln	ganzjährig (Importe)	rotfleischige, glatte Knollen bevorzugen	mehrere Tage haltbar, dunkel und kühl lagern	Vitamin A, B6, E, Niacin, Pantothensäure, Kalium, Zink
Tomaten	ganzjährig (Importe), Juli bis September (heimisch)	knallrote, reife Früchte wählen	1-2 Tage bei Zimmertemperatur haltbar	Vitamin A, Niacin, Chrom
Topinambur	September bis Februar (Importe und heimisch)	meist nur im Bioladen erhältlich	einige Tage in Frischhaltefolie gewickelt im Gemüsefach haltbar	Niacin, Eisen
Weintrauben	August bis November (Importe), August bis Oktober (heimisch)	Trauben mit prallen Früchten ohne Druckstellen kaufen, lösen sich die Beeren schon von der Rebe, sind sie überreif	immer schnell verzehren	Folsäure, Mangan
Weißkohl	ganzjährig (Importe und heimisch), Haupterntezeit ist Herbst, im Sommer gibt es die lockeren Kohlköpfe	geschlossene, feste Köpfe aussuchen	kühl und trocken einige Zeit lagerbar	Vitamin C, K, B6, Mangan, Selen, Kupfer
Wirsingkohl	Mai bis Juni (Importe und heimisch), August bis November (Importe und heimisch)	die Blätter sollten kräftig grün und fest sein	bleibt 2-3 Tage im Gemüsefach frisch	Vitamin B6, Niacin, Folsäure, Zink, Mangan
Zitronen	ganzjährig (Importe)	möglichst Bio-Ware kaufen	kühl und dunkel lagern	Vitamin C
Zucchini	ganzjährig (Importe), Juni bis Oktober (heimisch)	kleine, feste Früchte bevorzugen	im Gemüsefach 3-4 Tage haltbar	Vitamin A, Niacin, Magnesium
Zwiebeln	ganzjährig (Importe), Juni bis Oktober (heimisch)	müssen fest sein und dürfen nicht keimen	kühl und trocken lagern	Biotin, Chrom, Fluor

Warum Bio besser ist

Wenn Pflanzen heranwachsen, reichern sie so viele Nährstoffe wie möglich an, wie z.B. Mineralien oder Spurenelemente. Sie synthetisieren in ihrem Stoffwechsel Vitamine, Kohlenhydrate, Enzyme oder Hormone, und sie bauen ein kräftiges Immunsystem gegen Bakterien, Pilze, Viren, Keime und andere Parasiten auf. Biologisch angebaute Tomaten, Äpfel, Kohlrabi oder Kartoffeln schenken uns den ganzen Reichtum der Natur, ein Power-Paket an Nährstoffen, das uns fit, schlank und gesund hält.

Pflanzen folgen dem genetischen Auftrag, ihre Samen und Keime mit möglichst vielen Nährstoffen zu umpacken. Bioprodukte enthalten mehr kostbare Omega-Fettsäuren, Lecithin, Coenzyme, essenzielle Aminosäuren (Eiweißbausteine) und vor allem auch sekundäre Pflanzenstoffe als Obst und Gemüse, das über Wochen oder Monate hinweg mit Herbiziden, Fungiziden, Insektiziden, Konservierungsstoffen, Wachstumsbeschleunigern, giftigem Dünger und Verschönerungsmitteln hochgezogen wurde. Entscheidend ist, dass Pflanzen ihren Reichtum an Biostoffen im Wesentlichen erst zum Ende ihrer Reifezeit produzieren. Einer Erdbeere oder Kirsche, einem Spinatblatt oder Radieschen bleibt dann nur kurze Zeit, um üppig-prall zu werden und viel Nährwasser anzureichern. Der umsichtige Biobauer gönnt seinen Pflanzen diese Zeit der Reife. In gigantischen Massenproduktionsplantagen südlicher Länder hingegen werden Erdbeeren, Rucola, Pflaumen oder Auberginen oft im Turbo-Effekt phosphatreicher Düngemittel hochgezogen, dann aber – nur wenige Tage vor der Ausreifung – rasch geerntet, mit Verschönerungswachs poliert, in Verpackungskisten gesteckt und für den Export abtransportiert. Nicht selten werden sogar noch künstliche Wachstumshemmer eingesetzt. So eine Tomate ist zwar prall und leuchtend rot, enthält aber viel Wasser und nur wenig Nährstoffe. Der Hintergrund: Ausgereiftes Gemüse übersteht die langen Transportwege zu uns nach Deutschland nicht, welkt meist bereits beim Abtransport mit dem Lastzug und lässt sich dann natürlich auf unseren Großmärkten nicht mehr gewinnbringend verkaufen.

Mit Bio 60 Prozent mehr Nährstoffe

Der Ernährungswissenschaftler Dr. Theo Clark von der Truman State University in St. Louis (US-Staat Missouri) fand heraus, dass biologisch angebaute Orangen bis zu 55 Prozent mehr Vitamin C enthielten als konventionell angebaute. Dr. Hoyt Macatee vom renommierten National Institute of Health in Bethesda (US-Staat Maryland) stellte fest, dass Biobirnen und -aprikosen um bis zu 60 Prozent reicher an Vitaminen und Mineralstoffen waren. Überraschend auch die Forschungsergebnisse des US-Ernährungsphysiologen Walter J. Crinnion: »Organisch angebaute Lebensmittel enthielten bis zu 78 Prozent mehr Chrom, 63 Prozent mehr Kalzium, 70 Prozent mehr Bor, 138 Prozent mehr Magnesium und sogar 390 Prozent mehr Selen, wichtigstes Spurenelement für unser Immunsystem.« Dr. Yvanne Spesack, namhafte Bio-Science-Expertin aus Eng-

Das EU-Biosiegel

Ab Juli 2010 hat die Europäische Kommission zusätzlich ein einheitliches EU-Bio-Logo für die Mitgliedsstaaten eingeführt: Es zeigt weiße Sternchen auf einem hellgrünen Grund. Bitte beachten Sie, dass logo- oder siegelfreie Hinweise auf Verpackungen, die den Begriff »bio« verwenden, nicht den strengen Vorgaben der EU-Kontrolleure entsprechen. Möchten Sie Bio-Ware kaufen, achten Sie daher immer auf das EU-Bio-Siegel, damit sie nicht durch nicht-zertifizierte Produkte getäuscht werden.

land, fand in einer Analyse heraus, dass typische Supermarktäpfel in ihrer Schale bis zu 30 verschiedene Giftstoffe aufwiesen – dies selbst noch nach mehrmaligem gründlichem Waschen.

Bio schmeckt besser

Ökologisch angebautes Obst und Gemüse stimuliert die Geschmacksknospen auf Gaumen- und Zungenschleimhaut mit all der Nuancenvielfalt der Natur. Geschmacksunterschiede stellt man z. B. beim Verzehr von Karotten fest. Die konventionell angebauten entwickeln kaum Eigenaromen, Biokarotten hingegen schmecken fein und viel süßer als die herkömmliche Massenware. Sie wachsen und reifen langsamer, enthalten weniger Wasser, dafür mehr Trockensubstanz, die für Geschmack und Duft sorgen. Studien haben ergeben, dass selbst Stalltieren biologisch angebaute Futtermittel lieber sind. Bei allzu raschem, mit chemisch-synthetischen Düngemitteln forciertem Wachstum kann pflanzliches Fruchtfleisch wertvolle Nährstoffe nur begrenzt anreichern. Pflaumenmassenware aus Portugal oder Griechenland hat hingegen oft nur einen geringen Eigengeschmack, voll ausgereifte Biopflaumen hingegen verführen mit Süße und wunderbarem Aroma.

Viele Menschen reduzieren ihren Konsum an Mangold, Blumenkohl, Fenchel oder Brokkoli, weil ihnen Gemüse zu wenig Geschmacksanreize bietet. Dadurch fehlt der therapeutische Effekt dieser natürlichen Lebensmittel, dies zeigt sich ganz besonders deutlich bei Kindern, die lieber zu Pommes oder Pizza greifen. Die Folge: Sie werden dick und entwickeln eine Disposition für allerlei Beschwerden. Das Umsteigen auf Biokost macht Gemüse wieder zum Favoriten im Speiseplan der Familie. Die sensorische Qualität dieser Nahrungsmittel spielt dabei eine große Rolle, bei Einkauf und Verzehr. Grundgeschmacksnuancen sind süß, sauer, salzig und bitter, über Gaumen und Zunge werden Textur, Saftigkeit und Schärfe wahrgenommen. Mehr als 6 000 unterschiedliche Geruchs- und Geschmackseindrücke vermitteln dem Konsumenten schließlich den positiven Gesamteindruck von biologisch angebautem Obst und Gemüse.

Was ist Bio – und was nicht?

Bei vielen Verbrauchern besteht Ungewissheit. Um für mehr Transparenz zu sorgen, hat die Europäische Kommission ein »EU-Biosiegel« mit der für den deutschen Markt zulässigen Bezeichnung »Biologische Landwirtschaft« oder »Ökologischer

Andere Biosiegel

Es gibt weitere Biogütesiegel auf dem Markt, z. B. Demeter, ein geschütztes Markenzeichen, unter dem Obst und Gemüse nach biologisch-dynamischen und anthroposophischen Grundsätzen des Gründers Rudolf Steiner angebaut werden. Bioland gehört zu den weiteren seriösen ökologischen Anbauverbänden mit mehr als 5 000 Mitgliedern. Im deutschsprachigen Ausland, in Österreich, existiert der Verband Bio Austria, unter dessen Dach 250 Kooperationsbetriebe mit mehr als 14 000 Mitgliedern zusammengeschlossen sind.

Landbau« herausgebracht. Das Logo gibt es in vielen Sprachen, je nach Ausgabeland sieht es unterschiedlich aus. In Deutschland hat sich weitgehend ein eigenes grün-schwarz-weißes sechseckiges Symbol durchgesetzt. Das Siegel darf von Herstellern verwendet werden, deren Produkte den Prüfkriterien der EU-Ökoverordnung entsprechen, jedoch nur dann, wenn bei der Produktion keine synthetischen Pflanzenschutzmittel oder leicht lösbarer mineralischer Dünger verwendet werden. Die Produkte dürfen auch nicht radioaktiv bestrahlt und nicht gentechnisch verändert sein. Inzwischen nutzen 3 633 Unternehmen dieses Siegel für insgesamt 59 229 Produkte.

Warum regionale Produkte punkten

In allen Regionen Deutschlands wird Obst und Gemüse angebaut, und auf dieses Angebot sollte man möglichst zurückgreifen. Denn diese Produkte werden im optimalen Reifegrad geerntet und schnellstmöglich zu den Verbrauchern gebracht. So haben sie das voll entwickelte Aroma und einen hohen Gehalt an Vitaminen und Mineralstoffen. Achten Sie also beim Einkauf darauf, wo die Frischezutaten herkommen. Denn die Waren müssen nach ihrer Herkunftsbezeichnung gekennzeichnet sein. Frisches Obst und Gemüse von den Landwirten Ihrer Region gibt es nicht nur auf dem Wochenmarkt, sondern auch in vielen großen Supermärkten und Discountern. Und nicht nur das: Hier werden mittlerweile auch Obst und Gemüse in Bioqualität angeboten. Denn sie haben ihren festen Platz in der Gunst der Konsumenten erreicht.

Besonders empfehlenswert ist der Einkauf bei den Erzeugern. Gerade in ländlichen Gebieten entstehen immer mehr Hofläden, die ihre eigenen Produkte vermarkten. Häufig beschränkt sich das Sortiment nicht nur auf Obst und Gemüse, sondern es werden auch andere Lebensmittel wie selbst gekochte Marmeladen, Wurstwaren oder Käsespezialitäten verkauft. Bei der Suche nach einem Hofladen ist das Internet behilflich, beispielsweise unter www.hofladen-katalog.de und www.bioland.de. Auf der Internetseite www.bioverzeichnis.de findet man viel Nützliches rund um das Thema Bio – und zwar von der Ernährung über den Ökolandbau bis hin zu den Biohöfen. Wer nicht rausfahren kann und wenig Zeit zum Einkaufen hat, braucht auf gesunde frische Bioprodukte auch nicht zu verzichten. Denn inzwischen gibt es verstärkt die Möglichkeit, bei einem Lieferservice direkt zu bestellen. Ganz nach dem Motto: Sie suchen sich Ihr Lieblingsge-

Schonung von Ressourcen

Wer auf dem Wochenmarkt oder direkt beim Erzeuger einkauft, unterstützt damit die Landwirtschaft und die Arbeitsplätze. Gleichzeitig wird Verpackungsmaterial eingespart. Das schont die Umwelt und belastet das Klima nicht so stark, da die Transportkosten und die Wege viel kürzer sind. Es werden also auch weniger Treibhausgase freigesetzt. Allerdings kann auch die heimische Produktion umweltbelastend sein, wenn beispielsweise außerhalb der Saison das Gemüse in Treibhäusern angebaut wird.

müse und Lieblingsobst aus und lassen sich eine Kiste per Kühlwagen nach Hause bringen. Infos über einen passenden Bio-Service in Ihrer Nähe erhalten Sie auch per Mausklick.

Was ist gesünder: Tiefkühl- oder Dosengemüse?

Für die Herstellung von Tiefkühlgemüse werden nur einwandfreie Produkte verwendet. Sie werden dann direkt nach der Ernte geputzt, gewaschen und blanchiert, damit Enzyme und Mikroorganismen inaktiv werden. Gleichzeitig bleiben dadurch die Vitamine erhalten, und Veränderungen in Geschmack und Farbe der Produkte werden verhindert. Nach dem Blanchieren kühlt man das Gemüse mit speziellen Verfahren auf minus 18 °C herunter, danach kommt es in ein spezielles Kühlhaus und wird von dort aus mit speziellen Kühltransportern ausgeliefert. Wichtig ist dabei, dass die Kühlkette nicht unterbrochen wird. Und wie sieht es mit dem Vitamingehalt aus? Erntefrisches Gemüse hat zwar einen höheren Vitamingehalt als Tiefkühlgemüse, aber schon einige Tage nach der Ernte gehen Vitamine verloren. Bei Tiefkühlgemüse bleibt der Nährstoffgehalt über Monate beinahe konstant. In Jahreszeiten, in denen das Angebot an frischem Gemüse geringer ist, wird auch auf Gemüsekonserven zurückgegriffen. Der Vitamingehalt ist allerdings meist geringer als bei Tiefkühlgemüse, aber trotzdem kann die Verwendung von Dosen sinnvoll sein. Beispielsweise bei Tomaten, denn sie gelangen dort sonnengereift hinein und haben viel mehr Geschmack als frische Tomaten im Winter und Frühjahr. Daraus lassen sich dann geschmackvolle Suppen und Saucen kochen. Oder auch weiße Bohnen, Kichererbsen, Mais oder Kidneybohnen sind sehr praktisch und oftmals besser bekömmlich als die Trockenprodukte. Übrigens, je größer eine Dose, desto geringer ist der Nährstoffgehalt. Das liegt daran, dass sie länger erhitzt wird. Wer Dosengemüse verwendet, sollte möglichst die Flüssigkeit nicht weggießen. Denn darin stecken auch noch einige Vitamine und Mineralstoffe.

Was wächst in Deutschland?

In Deutschland wächst eine bunte Vielfalt an Gemüse und Obst, und es kommen immer neue Züchtungen und Kreuzungen hinzu. Landwirtschaft wird in allen Bundesländern betrieben, wobei die Schwerpunkte etwas unterschiedlich sind. Die umfangreichsten Gemüseanbauflächen befinden sich in Nordrhein-Westfalen, Nieder-

In den letzten Jahren haben heimische Obstbauern verstärkt auf die Wünsche der Verbraucher reagiert und Apfelsorten wie Elstar, Gala, Braeburn oder Topaz angebaut.

sachsen, Bayern, Rheinland-Pfalz und Baden-Württemberg. Das liegt an dem günstigen Klima, da sich dort sich die Böden schneller erwärmen. Das Angebot heimischer Gemüse umfasst je nach Jahreszeit verschiedene Kohlarten, Wurzel- und Knollengemüse, Blatt- und Fruchtgemüse, Kräuter und Salate. Die bedeutendsten Gemüsesorten sind Spargel, Möhren, Weißkohl, Zwiebeln und Erbsen. Inzwischen werden auch vermehrt Brokkoli, Rucola und Kürbis angebaut. Der größte Teil des Gemüseanbaus erfolgt im Freiland. Im schleswig-holsteinischen Dithmarschen liegt beispielsweise ein großes Kohlanbaugebiet. Bei der Gemüseerzeugung mussten sich die Produzenten im Laufe der Jahre umstellen und sich zu Gemeinschaften zusammenschließen, um leistungs- und wettbewerbsfähig zu bleiben.

Beim Obstanbau liegen auch die Bundesländer Baden-Württemberg, Bayern, Niedersachsen und Rheinland-Pfalz ganz vorn. Die größte Rolle spielt dabei die Produktion von Äpfeln. Hierbei haben die Obstbauern gerade in den letzten Jahren die Plantagen den veränderten Verbraucherwünschen angepasst. Sie haben verstärkt Sorten wie Braeburn, Gala, Elstar oder Topaz in das Anbauprogramm aufgenommen. Weitere wichtige Obstsorten sind Erdbeeren, Kirschen, Pflaumen, Zwetschgen, Birnen, Johannisbeeren, Heidelbeeren und Himbeeren.

Mehr und mehr werden auch exotische Obstsorten zu Favoriten in unserem Speiseplan, wie z. B. Acerola, Cherimoya, Guaven, Kiwi, Litschi, Tamarinden, Passionsfrucht oder auch Kumquats. Diese außerordentlich nährstoffreichen Zwergorangen werden in der Regel mit Schale und Kernen verzehrt und eignen sich in dünne Scheiben geschnitten sehr gut zum Aromatisieren von Obst- und Gemüsegerichten, wie z. B. zum Marinieren von Zucchini. Südfrüchte profitieren vom Sonnenreichtum, sie bieten eine dekorative Alternative oder dienen als Beimischung zu unseren traditionellen Obstsorten.

Die Vorratshaltung

Jeder hat zu Hause einen Vorrat an Lebensmitteln. Um welche Lebensmittel es sich im Einzelnen handelt, ist individuell sehr verschieden. Das hängt von den Lebens- und Essgewohnheiten sowie dem Budget ab. Die Vorratshaltung hat einige Vorteile. Man spart Geld durch den Einkauf bei Sonderangeboten, ist unabhängig von den Ladenöffnungszeiten und man kann auch Überraschungsgäste bewirten. Und: Die optimale Lagerung fängt schon beim Einkauf an.

Was in den Vorratsschrank gehört

Wichtig: Immer zuerst die älteren Vorräte verbrauchen. Getreide, Mehl und Hülsenfrüchte am besten aus der Verpackung nehmen und in gut verschließbare Dosen umfüllen. Wer Nüsse und Samen nur selten braucht, sollte kleinere Packungen kaufen, da sie schnell ranzig werden. Angebrochene Marmeladengläser in den Kühlschrank stellen. So halten sie sich länger. Das Gleiche gilt für Saucen und Pesto. In den Vorratsschrank gehören:

- Gewürze und Saucen, z. B. Salz, Pfeffer, Paprika, Curry, Chili, getrocknete Kräuter sowie Zucker und Mehl, Tomatenketchup, asiatische Saucen und Pesto;
- Trockene Produkte, z. B. Nudeln, Reis, Mehl, Hülsenfrüchte, Getreide, Bulgur, Hefe, Backwaren zum Aufbacken (Brötchen, Baguette oder Ciabatta), Haferflocken, Müsli, Nüsse und Samen;
- Süßes, z. B. Marmelade und Honig.

Im Kühlschrank aufbewahren

Wer Lebensmittel wahllos im Kühlschrank lagert, erlebt häufig, dass die Frischeprodukte eher verschimmeln als nötig. Denn es ist nicht egal, wo was hinkommt. Für die optimale Lagerung empfiehlt sich eine Temperatur von 0 bis 12 °C. Im Kühlschrank gibt es verschiedene Kältezonen. In der Regel ist es im unteren Bereich etwa 2 °C, in der Mitte 5 °C und im oberen Bereich 8 °C kalt. Im Gemüsefach und in der Kühlschranktür ist es am wärmsten. Folgendermaßen wird der Kühlschrank perfekt bestückt:

Leicht verderbliche Lebensmittel wie Geflügel, Fleisch, Wurstwaren und Fisch an der kältesten Stelle lagern. (Frischen Fisch sollte man aber höchstens 1 Tag aufheben!) In den mittleren Bereich des Kühlschranks gehören Milchprodukte. Nach oben kommen Käse, Geräuchertes und fertige Gerichte, die vorher auf jeden Fall gut abgekühlt sein müssen; dann mit Frischhaltefolie abdecken. Generell gilt: Alle angebrochenen Lebensmittel sollten abgedeckt bzw. für die Aufbewahrung in spezielle Vorratsdosen mit gut schließbaren Deckeln gelegt werden. Käse am besten in spezielles Käsepapier einpacken – das gibt es an der Käsetheke gut sortierter Lebensmittelgeschäfte. Getränke, Butter, angebrochene Gläser von Senf, Mayonnaise, Pesto, Oliven etc. kommen in die Fächer der Kühlschranktür. Das Gemüsefach ist für Obst, Gemüse, Kräuter und Blattsalate reserviert. Wichtig: Das Grün von Radieschen und Karotten immer entfernen, da das Grün die Feuchtigkeit aus dem Gemüse he-

Das Mindesthaltbarkeitsdatum

Achten Sie immer auf das Mindesthaltbarkeitsdatum (MHD) auf der Verpackung. Die Lebensmittel sollten schon beim Einkaufen noch möglichst lange haltbar sein. Was sagt das MHD aus? Dieses Datum bedeutet, dass das Produkt bis zu diesem Zeitpunkt bei richtiger Lagerung das Aussehen, den Geschmack und die Nährwerte behält. Ist der Zeitraum überschritten, heißt das aber nicht, dass das Produkt dann verdorben ist und weggeschmissen werden muss. Das Mindesthaltbarkeitsdatum ist also kein Verfallsdatum.

rauszieht und es dadurch schnell schlapp und welk wird. Die Kräuterbunde am besten in einen Gefrierbeutel geben und locker verschließen. So bleiben sie 2-3 Tage frisch.

Und was darf nicht in den Kühlschrank?

Ananas, Papayas, Mangos, Melonen, Bananen, Orangen, Zitronen, Gurken, Tomaten sowie Paprika gehören nicht in das Gemüsefach des Kühlschranks. Sie werden bei Zimmertemperatur gelagert. Dabei ist darauf zu achten, dass es einige Obst- und Gemüsesorten gibt, die sich »nicht vertragen«. Das hängt davon ab, ob sie Reifegase, sogenanntes Ethylen, ausströmen, die zum frühzeitigen Verderben führen.
Kartoffeln werden an einem dunklen, trockenen und kühlen Ort gelagert, denn sie mögen keine Wärme und kein Licht. Sie fangen sonst an zu keimen. Zum Aufbewahren am besten in einen Kartoffeltopf aus Ton oder eine Papiertüte geben. Kartoffeln bitte niemals in einem Plastikbeutel aufheben – nach dem Einkauf die Kartoffeln immer herausnehmen. Darin fangen sie an zu »schwitzen« und können verderben. Zwiebeln und Knoblauch gehören an einen kühlen, luftigen und trockenen Platz. Wärme sorgt dafür, dass sie keimen und evtl. schimmeln. Kräutertöpfe gehören auf die Fensterbank bzw. im Frühjahr auf den Balkon oder die Terrasse.

Was sich zum Einfrieren eignet

Für eine längere Lagerung bietet sich der Kauf eines Gefriergerätes an. Die Größe des Gerätes hängt natürlich von der Personenzahl im Haushalt ab. Ideal sind dabei Geräte mit der Bezeichnung »No-Frost«. Sie vereisen nicht und müssen somit nie abgetaut werden. Besonders praktisch ist es, wenn man sich je nach Ernährungsvorlieben mit tiefgefrorenen Produkten aus dem Supermarkt bevorratet. So kann man auch für Überraschungsgäste eine Kleinigkeit kochen. Als Grundlage eignen sich Lebensmittel wie z. B. Brot und Brötchen, Blätterteig, Garnelen, Kräuter, Gemüse und Beeren. Auch bei tiefgefrorenen Lebensmitteln sollte man beim Einkauf auf das Mindesthaltbarkeitsdatum auf der Packung achten. Natürlich kann man auch selbst frische Lebensmittel einfrieren. Dabei gibt es auch einige Dinge zu beachten. Hier einige Grundregeln:

- Bei größeren Mengen Gefriergut in die Bedienungsanleitung des Gefriergerätes schauen. Eventuell muss das Gerät auf Superfrost gestellt werden.

- Die Lebensmittel in dafür geeignete Gefrierbeutel oder Dosen füllen und gut verschließen. Achtung: Behälter nicht zu voll machen, denn beim Einfrieren dehnt sich das Gefriergut noch aus. Dann mit dem Inhalt und Einfrierdatum beschriften. Dafür spezielle Etiketten verwenden oder mit einem wasserfesten Stift direkt auf den Beutel schreiben.

Tipps zum richtigen Einfrieren von Obst und Gemüse

- Beeren werden verlesen, nebeneinander auf ein Tablett gelegt und im Gefriergerät vorgefrostet. Dann in Gefrierbeutel umfüllen und verschließen. So kleben die Beeren nicht aneinander und können portionsweise entnommen werden.
- Einige Gemüse- und Obstsorten wie z. B. Brokkoli, Spargel, Möhren, Grünkohl, Blumenkohl, Äpfel, Birnen oder Aprikosen werden vor dem Einfrieren blanchiert. Dafür zuerst das Gemüse putzen und in Stücke schneiden. Dann in reichlich kochendes gesalzenes Wasser geben und je nach Sorte 1-5 Minuten vorgaren (blanchieren). Herausnehmen und sofort mit eiskaltem Wasser abschrecken. Abtropfen und abkühlen lassen, dann einfrieren. Vorteil: Durch den Kälteschock wird der Garprozess sofort unterbrochen und das Gemüse behält seine Farbe. Nur ganz frisches Obst und Gemüse ohne Druckstellen oder Beschädigungen einfrieren.
- Aromatische Tomaten im Sommer einfrieren. Dafür die Früchte häuten, halbieren, entkernen und pürieren. Portionsweise in Gefrierdosen füllen. So hat man auch im Winter einen Vorrat an wohlschmeckenden Tomaten – ideal für Saucen.
- Auch das Einfrieren von Fruchtpüree oder Apfelmus ist sehr praktisch. Es lässt sich in beliebig viele Portionen teilen und steht dann auch für die schnelle Küche bereit.

Übrigens: Obst taut man am besten bei Zimmertemperatur auf und sollte es dann möglichst schnell verarbeiten. Denn je länger es aufgetaut in der Küche steht, desto größer ist der Nährstoffverlust, und die Früchte können sich durch den Sauerstoff leicht verfärben.

- Wer viel einfriert, sollte eine kleine »Inventarliste« anlegen. Das ist wichtig, denn auch bei tiefgefrorenen Lebensmitteln gibt es ein unterschiedliches Haltbarkeits- oder Genussdatum. Beispielsweise kann Fleisch durch den Fettgehalt ranzig werden.

So lange kann man folgende Lebensmittel einfrieren (Richtwerte):
- Schweinefleisch (je nach Fettgehalt): 3-7 Monate
- Rindfleisch (je nach Fettgehalt): 8-12 Monate
- Mageres Geflügel: 8-10 Monate
- Fettes Geflügel: 4-6 Monate
- Fisch (je nach Fettgehalt): 2-5 Monate
- Gemüse: 6-12 Monate
- Obst: 8-12 Monate
- Milchprodukte: 2-3 Monate
- Fertige Gerichte: 2-3 Monate

Der richtige Umgang mit Lebensmitteln

Das A und O ist die Hygiene: Die meisten Lebensmittel sind empfindlich gegenüber äußeren Einflüssen wie Licht, Wärme, Feuchtigkeit und Sauerstoff. Sie verändern sich durch physikalische, chemische und biologische Einwirkungen. Die physikalischen Veränderungen werden durch Temperatur und Feuchtigkeit hervorgerufen. Dabei können die Lebensmittel verwelken, schrumpfen oder austrocknen. Die chemischen Veränderungen können durch Enzyme hervorgerufen werden, die den Geschmack, Geruch und die Farbe der Produkte beeinflussen. Dadurch kommt es zum Verderb der Lebensmittel. Die biologischen Veränderungen entstehen durch Mikroorganismen (Kleinlebewesen), die sich in den Lebensmitteln vermehren. Das kann zu Schimmelbildung, Gärung oder Fäulnis führen. Da schlechte Lebensmittel nicht immer sofort erkennbar sind, kann der Verzehr Lebensmittelvergiftungen hervorrufen. Da die Mikroorganismen weitverbreitet sind, muss man ihren Lebensraum so gut wie möglich einschränken bzw. eine Vermehrung verhindern. Dies gelingt durch die Haltbarmachung, sachgerechte Lagerung und den hygienischen Umgang mit Lebensmitteln.

Warum Schimmel bei Lebensmitteln gefährlich ist

Bei manchen Käsesorten ist Schimmel erwünscht, da die Kulturen zum Reifen extra zugesetzt werden und für ein besonders feines Aroma sorgen. Dies gilt z. B. für Camembert und Edelpilzkäse. Bei fast allen anderen Lebensmit-

Achtung vor Pilzsporen

Schimmelpilzgifte, sogenannte Aflatoxine, zählen zu den häufigsten Allergieauslösern. Pilzsporen wachsen auf organischen Nährstoffen, also z. B. auf ungeschützten Lebensmitteln, und verursachen dabei Fäulnisprozesse. Sie schweben oder fliegen in der Küchenluft, erreichen noch die entlegendste Regalecke, nisten mit Vorliebe auf Brotkrümeln, Ölflecken, alten Gewürzen oder Küchenresten. Selbst tote Sporen sind noch gefährlich, weil sie Abwehrreaktionen des Immunsystems auslösen.

teln ist Schimmel gesundheitlich bedenklich. So sollte wasserreiches Obst (wie Erdbeeren, Heidelbeeren, Melonen oder Pflaumen), Kompott, Eingemachtes, Säfte, Saucen, Suppen oder Gemüse mit Schimmelbefall direkt weggeworfen werden. Auch befallene Milch und Milchprodukte, Schnittbrot, Frisch-, Weich- und Schnittkäse sowie Fleisch und Wurstwaren gehören in den Mülleimer. Denn in den angeschimmelten Lebensmitteln entstehen gesundheitsschädliche Stoffe, sogenannte Mykotoxine, die eventuell die Nieren und Leber schädigen können. Diese Stoffe werden auch durch Kochen oder Einfrieren nicht zerstört. Auch ein Abschneiden oder vorsichtiges Entfernen der Schimmelstellen hilft nicht weiter, da sich die Sporen schon unsichtbar verteilt haben können. Übrigens, bei Allergikern reicht es manchmal schon aus, die Pilzsporen einzuatmen, um Atemnot, Augenjucken oder Schnupfen hervorzurufen.

Aber wie kann man Schimmelbefall wirksam verhindern? Das fängt immer schon beim Einkauf an: Greifen Sie immer nur zu ganz frischem Obst und Gemüse ohne Druckstellen und anderen äußeren Verletzungen. Außerdem empfiehlt es sich, nur kleine Mengen einzukaufen, die auch innerhalb weniger Tage verbraucht werden können. Damit sinkt das Risiko des Schimmelbefalls deutlich. Nach dem Einkauf sollte alles trocken und sauber gelagert werden. Dafür ist es sehr wichtig, das Gemüsefach des Kühlschranks regelmäßig mit Essig zu reinigen. Denn im Kühlschrank sammeln sich trotz der niedrigen Temperaturen reichlich Pilzsporen und Bakterien, die sich auf den Lebensmitteln ansiedeln und eine schnellere Schimmelbildung fördern.

Ist es sinnvoll, Lebensmittel einzukochen?

Beim Einkochen handelt es sich um das Haltbarmachen von Lebensmitteln bei einer Temperatur von 75 bis 100 °C. Besonders gut eignen sich Obst und Gemüse, aber auch Fleisch und Wurstwaren können eingekocht werden. Dafür werden Obst und Gemüse nach Wahl geputzt, geschnitten, in Einmachgläser geschichtet und mit einem Aufguss, z. B. aus Wasser, Essig und verschiedenen Gewürzen, bedeckt. Obst kommt roh hinein, Gemüse wird entweder ebenfalls roh oder auch blanchiert verwendet. Anschließend die Gläser mit einem Schraubdeckel oder einem anderen passenden Deckel mit einem Gummiring oder einer Klammer verschließen. Dann die Gläser nebeneinander in einem großen Einkochtopf auf dem Herd sterilisieren. Die Dauer des Einkochens und die optimale Temperatur hängen von der jeweiligen Obst- und Gemüsesorte und der Menge ab, die Sie in der Bedienungsanleitung des Einkochtopfes finden. Anstelle eines Einkochtopfes ist es auch möglich, die Gläser im Backofen einzukochen. Dabei sollten alle Gläser gleich groß sein und die gleiche Füllmenge haben. Dann die Gläser auf die Fettfangschale des Backofens stellen. Gerade soviel Wasser zugießen, dass die Gläser etwa zwei Drittel hoch im Wasser stehen. Die Fettfangschale in den Backofen schieben und das Obst und Gemüse einkochen.

- Obst wird bei 150-180 °C (Ober- und Unterhitze) eingekocht, bis die Flüssigkeit im Glas perlt. Dann die Temperatur reduzieren (auf etwa 120 °C) und alles 25-35 Minuten im Ofen weitergaren.
- Gemüse am besten bei 190-200 °C (Ober- und Unterhitze) so lange erhitzen, bis im Glas kleine Luftbläschen aufsteigen. Dann die Temperatur auf 150 °C zurückschalten und das Gemüse je nach Sorte 25-90 Minuten einkochen. Danach im ausgeschalteten Backofen 30 Minuten ruhen lassen. Bei diesen Temperatur- und Zeitangaben handelt es sich um Zirkawerte, die je nach Backofen (Gas, Elektro) und Rezept variieren können.

Exotische Chutneys gelingen problemlos selbst ungeübten Köchen (siehe Rezept Seite 72).

Was beim Einkochen geschieht

Beim Erhitzen entsteht im Glas ein Überdruck, da sich die Luft und der Wasserdampf ausdehnen. Dabei entweicht ein Teil des Gases durch den aufliegenden Deckel. Beim Abkühlen entsteht ein Vakuum, und der Deckel wird wieder fest an das Glas herangezogen. Der Vorteil: Es werden alle Erreger abgetötet, und durch den luftdichten Verschluss dringen keine Mikroorganismen in die Gläser ein. Dadurch können die Produkte nicht verderben. Das eingekochte Obst und Gemüse muss kühl, trocken und dunkel aufbewahrt werden und ist etwa ein Jahr haltbar. Übrigens, wer viel einkocht, sollte nicht vergessen, die Gläser mit Inhalt und Datum zu beschriften!
Ob das Einkochen wirklich sinnvoll ist, muss jeder für sich entscheiden. Für alle, die reichlich Obst und Gemüse aus dem eigenen Garten haben und nicht alles einfrieren möchten, ist diese Methode prima. Sie bietet auch den Vorteil, kreativ zu sein. Beispielsweise können verschiedene

Schlank durch Trockenobst

Was viele nicht wissen: Die meisten Menschen verdanken ihr Übergewicht nicht den Hauptmahlzeiten, sondern den vielen kleinen Snacks und energiereichen Zwischenmahlzeiten, wie Schokolade und anderen Süßigkeiten, fetten Kartoffelchips, Gebäck und Kuchen. Trockenfrüchte enthalten hingegen – bei wenig Kalorien – einen großen Reichtum an Vitaminen, Spurenelementen und anderen natürlichen Fatburnern. Und sie schmecken noch dazu gut, wie z. B. getrocknete Aprikosen, Apfelringe oder Rosinen.

Obst- und Gemüsesorten mit unterschiedlichsten Gewürzen variiert werden, um mal ganz andere Geschmacksnuancen zu treffen. Den eigenen Ideen steht da nichts im Wege. Und noch ein Vorteil: Man hat immer für die nächste Einladung zum Essen ein Mitbringsel aus der eigenen Küche parat. Dabei nicht vergessen: Die Gläser mit hübschen, beschrifteten Etiketten versehen!

Kann Obst getrocknet werden?

Ja. Beim Trocknen (Dörren) handelt es sich um die älteste Konservierungsmethode. Dabei wird den Früchten durch Wärme das Wasser entzogen, und gleichzeitig gehen die Vitamine verloren. Besonders gut eignen sich dafür Äpfel, Aprikosen, Birnen, Pflaumen, Kirschen und Weintrauben. Und so wird's gemacht: Früchte in gleichgroße Stücke schneiden und nebeneinander auf ein mit Back- oder Pergamentpapier belegtes Backofengitter legen. Im Backofen bei 40-50 °C und leicht geöffneter Tür trocknen. Die Dauer ist abhängig vom Wassergehalt und der Obstsorte. Nach dem Trocknen das Obst in ein Glas oder eine Schüssel geben und gut verschließen. Dann an einem kühlen, dunklen und trockenen Ort aufbewahren. Der Vorteil: Es ist viel preiswerter als die Produkte aus dem Supermarkt, und man kann sicher sein, dass keine Konservierungsstoffe verwendet wurden. Trockenobst ist ein idealer Snack mit einem hohen Ballaststoffgehalt. Außerdem eignet es sich für die Zubereitung von süßen und pikanten Gerichten.

Fruchtiges und Pikantes aus der eigenen Küche

Ob eine selbst gekochte Marmelade, eine Konfitüre, ein Gelee oder ein Chutney – der Verarbeitung und Haltbarmachung von Obst und Gemüse sind kaum Grenzen gesetzt. Auch die Zubereitung von Likör oder Rumtopf ist sehr beliebt. Und das Schöne daran: Man kann kreativ tätig werden und alles nach dem eigenen Geschmack zubereiten. Bei Marmeladen, Konfitüren und Gelee wird für die Haltbarkeit Zucker oder Gelierzucker verwendet. Wie lange die Gläser aufbewahrt werden können, hängt von der Zuckermenge ab. Faustregel: Je mehr Zucker, desto länger ist die Haltbarkeit. Chutneys sind Würzsaucen, die aus Obst oder Gemüse gekocht und süßsauer oder würzig-pikant abgeschmeckt werden. Auch hier sorgt der Zucker für die Konservierung. Sie schmecken sehr gut zu kurz gebratenem Fleisch, Fisch oder Käse. Bei Likör und Rumtopf sorgen Zucker und Alkohol für die Haltbarkeit.

Richtig zubereiten

Vitamine reagieren sehr empfindlich auf Wasser, Licht, Sauerstoff und Wärme, während bei den Mineralstoffen stets Verluste beim Garen auftreten – vor allem, wenn zu viel Kochflüssigkeit verwendet wird –, da sie per se wasserlöslich sind. Um bei der Zubereitung von Obst und Gemüse den Vitamin- und Mineralstoffgehalt weitgehend zu erhalten und für den Körper optimal nutzbar zu machen, gibt es einige Dinge zu beachten, wie z. B. die Garzeit möglichst kurz zu halten und schonend zu garen.

Wer sich gesund ernährt, greift automatisch zu frischem Obst, knackigem Gemüse und aromatischen Kräutern. Daraus lassen sich beispielsweise köstliche Salate als Hauptgericht oder Beilage zubereiten. Als Dressing eignet sich dann die klassische Essig-Öl-Marinade oder eine Joghurtsauce, die mit Kräutern, Knoblauch und anderen Zutaten nach Belieben abgeschmeckt werden kann. Auch bei den warmen Gemüsegerichten gehört etwas Fett dazu, damit die fettlöslichen Vitamine vom Körper aufgenommen und verwertet werden. Übrigens, wer gerne beim Fernsehen knabbert, sollte ruhig öfter mal Chips, Nüsse oder Schokolade im Schrank lassen. Denn dies sind die kleinen Sünden, die unnötig viele Kalorien haben. Die gesunde Alternative sind Gemüsestifte aus Salatgurke, Möhren, Staudensellerie oder Fenchel mit einer Portion cremigem Kräuterquark oder einem Joghurtdip. Frisch gehackte Kräuter peppen das Ganze noch auf. Sie sorgen für viel Aroma und Geschmack und erhöhen den Vitamin- und Mineralstoffgehalt. Allerdings wird der Nährstoffanteil bei Kräutern häufig überschätzt. Denn sie enthalten zwar pro 100 Gramm reichlich Vitamine und Mineralstoffe, aber die tatsächlich verwendete Menge ist relativ gering. Obst eignet sich als kalorienarme Zwischenmahlzeit und ist darüber hinaus ein idealer Durstlöscher. Auch ein frisch gepresster Saft sollte öfter auf dem Speiseplan stehen. Dafür einfach Obst und Gemüse ganz nach dem eigenen Geschmack auswählen, vorbereiten und durch einen Entsafter pressen – fertig!

Beim Einkauf fängt alles an

Nur erntefrisches Obst und Gemüse hat einen sehr hohen Gehalt an Vitaminen und Mineralstoffen. Deshalb sollte man schon beim Einkauf auf die Frische achten und möglichst nur so viel kaufen, wie man innerhalb kurzer Zeit verbrauchen kann. Denn der Gehalt reduziert sich schon nach wenigen Tagen. Wer kann, sollte das Obst und Gemüse möglichst in einem Hofladen oder beim Bauern kaufen (siehe Seite 54). Dort erhält man regionale Produkte, die keinen weiten Weg vom Feld zum Verkaufstresen zurückgelegt haben. Mittlerweile gibt es aber auch einige Supermärkte, die Frischeprodukte aus der Region anbieten. Außerdem spielt zu Hause die richtige Lagerung eine große Rolle (siehe Seite 57). Wie erkennen Sie die Frische? Hier ein paar Beispiele, die beim Einkauf helfen können:

- Bei Blattsalaten, Spinat, Bundmöhren, Radieschen, Blumenkohl und Kohlrabi müssen die Blätter dunkelgrün sein, dürfen nicht schlapp

aussehen und keine gelben oder vertrockneten Stellen aufweisen.
- Tagesfrischer Spargel hat feuchte Schnittflächen an den Enden, und die Stangen knirschen, wenn sie sich berühren.
- Kartoffeln dürfen keine grünen Stellen aufweisen. Das ist ein Zeichen des giftigen Solanins, das bei Verzehr Übelkeit auslösen kann. Es entsteht durch Lichteinfluss. Das Solanin dringt aber sonst nicht in die Kartoffel ein, deshalb reicht es, bei Bedarf die Stellen großzügig wegzuschneiden.
- Paprikaschoten, Zucchini und Auberginen müssen sich fest anfühlen, knackig aussehen und sollten keine runzeligen Stellen haben.
- Äpfel und Birnen werden gerade in den deutschen Anbaugebieten häufig von den Obstbauern selbst ab Hof vermarktet. Auf die Wochenmärkte gelangen dann auch noch neue Sorten, die in kleinen Mengen angebaut werden. Da lohnt es sich, mal etwas Neues zu probieren. Wählen Sie auch hier nur feste und knackige Früchte ohne Druckstellen.
- Den optimalen Reifegrad von Pfirsichen zu erwischen, ist manchmal gar nicht so einfach. Reife Pfirsiche dürfen bei Fingerdruck nicht fest sein, sondern die Frucht muss etwas nachgeben. Denn feste oder gar harte Pfirsiche haben kaum Aroma und wenig Geschmack. An der Farbe lässt sich der Reifegrad nicht feststellen, da es weiße, gelbe und rote Sorten gibt. Und möchte man sie dann noch beispielsweise für eine Torte verwenden, lässt sich die Haut kaum abziehen. Übrigens, reife Pfirsiche lassen sich ganz einfach häuten: Nur die Haut am Stielansatz leicht einritzen und die Früchte kurz in kochendes Wasser tauchen. Mit eiskaltem Wasser abschrecken und die Haut mit einem spitzen Küchenmesser abziehen. Dann die Früchte halbieren, den Kern entfernen und das Fruchtfleisch klein schneiden.
- Exotische Früchte wie Papaya, Maracuja, Karambolen, Grenadine, Granatäpfel und Mangos gibt es mittlerweile auch in gut sortierten großen Supermärkten. Sie werden meist unreif geerntet, weil sie über einen langen Weg transportiert werden müssen. Um eine optimal reife Frucht zu erwischen, empfiehlt es sich, sich in einem Gemüsefachgeschäft beraten zu lassen. Bei Mangos gibt es einen Extra-Tipp: Achten Sie beim Kauf auf das Zeichen »ready to eat«. Dabei handelt es sich um Flugmangos, die reif geerntet und nach Deutschland geflogen werden. Sie haben den richtigen Reifegrad und schmecken köstlich.

Gesundes Tiefkühlgemüse

Eine Alternative zu frischem Obst und Gemüse ist Tiefkühlkost. Denn in der Industrie werden die Zutaten direkt nach der Ernte verarbeitet und schockgefrostet. Dadurch treten nur geringe Nährstoffverluste auf (siehe Seite 55). Besonders empfehlenswert und praktisch sind beispielsweise tiefgefrorener Spinat und Erbsen. Denn das Verlesen und Putzen von Spinat oder das Auspulen von Erbsen aus ihren Schoten ist recht zeitaufwendig. Außerdem werden bei der Zubereitung oft nur geringere Mengen benötigt.

Egal welche Obst- und Gemüsesorten Sie bevorzugen, kaufen Sie immer lose Ware. Denn bei abgepackten Produkten können sich welkes Grün, holzige Enden und faule Stellen unter der Folie gut verbergen. Übrigens, im Sommer und Herbst sieht man häufig Schilder »zum Selbstpflücken«. Das lohnt sich! Denn dann kann man nach Herzenslust das frische Obst pflücken und auch mal naschen. So ist die Frische garantiert!

Perfekt vorbereiten

Gemüse ist nicht ausschließlich eine Beilage, sondern wird auch durch die Kombination mit anderen Zutaten zu einem eigenständigen Gericht. Ebenso ist Obst eine gesunde Zutat für viele schmackhafte Gerichte. In diesem Buch erhalten Sie viele Rezepte mit Anregungen, aber man kann auch der eigenen Kochfantasie einfach freien Lauf lassen. Beim Kochen beginnt dann alles mit der richtigen Verarbeitung. Die Vorbereitung fängt schon mit dem richtigen Werkzeug an: Welche Messer werden benötigt, welches Zubehör braucht man, und welche Geräte dürfen nicht fehlen? Hier haben wir einige Infos zusammengestellt, die Ihnen bei der Zubereitung des Essens helfen können. Als kleine Grundausstattung gehört in jeden Haushalt:

- ein Obst- und Gemüsemesser,
- ein Kochmesser mit großer Klinge,
- ein Filetiermesser (zum Filetieren von Orangen und Grapefruits, Häuten von Pfirsichen und Tomaten),
- ein Wiegemesser (zum Hacken von Kräutern),
- ein Sparschäler,
- zwei Schneidebretter (am besten aus Kunststoff, da sie sich am besten säubern lassen und somit sehr hygienisch sind),
- eine Küchenwaage und Gemüsereiben,
- ein Durchschlag bzw. ein großes Sieb und eine Salatschleuder.

Das Gemüse immer erst kurz vor der Nahrungszubereitung waschen, putzen und klein schneiden. Anschließend in eine Schüssel geben und mit einem Küchenhandtuch oder Folie abdecken. Denn je länger das Gemüse an der Luft liegt, desto mehr Vitamine gehen durch die Einwirkung von Sauerstoff verloren. Außerdem sollten die Zutaten nur kurz unter fließendem Wasser gewaschen werden. Die Ausnahmen bilden natürlich sehr sandige Lebensmittel wie z. B. Spinat und Feldsalat. Diese werden in stehendem kaltem Wasser unter Schwenken gewaschen. Dann auf einen Durchschlag bzw. ein Sieb geben und abtropfen lassen. Oder in eine Salatschleuder geben. Das hat den Vorteil, dass die Blätter so am

Kräuter verarbeiten

Frische Kräuter sind sehr empfindlich gegenüber Licht und Sauerstoff. Sie sollten erst direkt vor der Verwendung gehackt werden, da sie sonst sehr schnell ihr Aroma verlieren. Es gibt Kräuter, die nur frisch verwendet werden sollten, da sie getrocknet zu sehr an Qualität einbüßen. Dazu gehören Petersilie, Schnittlauch, Estragon, Kerbel, Dill und Basilikum. Zum Mitkochen eignen sich Rosmarin, Salbei, Majoran und Thymian. Sie geben ihre Würze an das Gericht ab und haben einen festen Platz in der mediterranen Küche.

besten trocken werden. Pfifferlinge können auch sehr schmutzig sein und werden ebenfalls kurz in stehendem Wasser gewaschen. Dabei noch einen Esslöffel Mehl ins Wasser geben, so löst sich der Sand am besten.

Besondere Verarbeitung bedarf es auch bei Avocados: Die reifen Früchte halbieren, dafür der Länge nach einschneiden und die Hälften gegeneinander drehen. Den Stein entfernen und das Fruchtfleisch mit einem Löffel aus der Schale lösen. Je nach Rezept klein schneiden oder zerdrücken. Wichtig: Das Avocadofruchtfleisch immer sofort mit etwas Zitronensaft beträufeln. Es wird in Verbindung mit Sauerstoff schnell braun und unansehnlich. Beeren dürfen ebenfalls nur ganz kurz im stehenden Wasser geschwenkt werden, sie können schnell matschig werden. Bei Erdbeeren gilt: Erst kurz waschen und abtropfen lassen. Anschließend den Blütenkelch entfernen. Wer Erdbeeren gerne süßt, sollte den Zucker erst ca. 15 Minuten vor dem Servieren darüberstreuen. Sonst ziehen die Früchte zu viel Saft.

Schälen oder nicht?

Oft stellt man sich die Frage, ob man Obst und Gemüse schälen muss oder die Schale mitessen kann. Eins ist sicher: Viele Vitamine sitzen direkt unter der Schale und bleiben damit weitgehend erhalten. Allerdings haften auf der Schale teilweise Schadstoffe, Schmutz und Staub. Deshalb sollte alles, was mit Schale gegessen werden kann (wie z. B. Äpfel, Birnen, Möhren und Salatgurken) unter fließendem warmem Wasser gewaschen werden. So wird zumindest ein guter Teil der Schadstoffe entfernt. Erdige junge Möhren oder Kartoffeln werden unter fließendem Wasser mit einer speziellen Gemüse- oder Kartoffelbürste sauber geschrubbt. Möhren am besten dann roh knabbern und die Kartoffeln mit wenig Wasser als Pellkartoffeln zubereiten. Wer Gemüse und Obst auf jeden Fall schälen möchte, sollte dafür einen Sparschäler mit beweglicher Klinge verwenden. Damit ist es möglich, die Schale ganz dünn zu entfernen.

Wer sichergehen möchte, ungespritztes Obst und Gemüse auf dem Teller zu haben, sollte auf regionale und saisonale Produkte sowie Bioware zurückgreifen. Denn häufig werden Obst und Gemüse von der Saat über das Wachstum bis zum Transport mit Schad- und Giftstoffen behandelt, um sie vor dem Schädlingsbefall zu bewahren bzw. vor dem schnellen Schlechtwerden zu schützen. Das ist häufig bei Importware der Fall, die nicht selten mehrere Tausend Kilometer bis in die deutschen Supermärkte unterwegs ist.

Bei niedriger Temperatur garen

Immer daran denken: Pflanzen sind in freier Natur stets nur Temperaturen bis zu etwa 42 °C ausgesetzt. Steigen Wärme oder Hitze weiter an, trocknen ihre Zellen aus, Obst und Gemüse bauen Vitamine, kostbare Fettsäuren und Bioflavonoide (Pflanzenschutzstoffe) ab. Ein solcher Vorgang vollzieht sich natürlich beim Garvorgang im Kochtopf noch viel schneller und aggressiver – Grund genug, pflanzliche Nahrungsmittel möglichst nur kurz und dann immer nur gemäßigter Hitze und weniger Druck auszusetzen.

Schonend garen

Beim Kochen von Gemüse gehen 50 bis zu 75 % der Vitamine (z. B. C, B1 und B6) und Mineralstoffe in die Kochflüssigkeit über. Deshalb eignet sich diese Garmethode nur, wenn die Flüssigkeit mitverwendet wird. Aus der Flüssigkeit können dann im Handumdrehen Saucen, Eintöpfe oder Suppen gezaubert werden. Es gibt Gemüsesorten, die in reichlich Wasser mit Zitrone gekocht werden wie z. B. Artischocken. Häufig wird Gemüse auch blanchiert, z. B. vor dem Einfrieren oder um schon mal etwas vorzubereiten und die spätere Garzeit zu verkürzen. Das bedeutet, das geputzte Gemüse in reichlich kochendes Salzwasser geben und je nach Sorte 1-5 Minuten vorgaren. Dann herausnehmen und sofort mit eiskaltem Wasser abschrecken. Beim Blanchieren gehen auch wertvolle wasserlösliche Vitamine verloren (je nach Zerkleinerungsgrad 10-40 %). Generell empfiehlt es sich, zum Garen von Gemüse auf vitamin- und mineralstoffschonende Garmethoden zurückzugreifen. Und das nicht nur wegen der Erhaltung des höheren Nährstoffgehalts. Bei den folgenden Methoden bleiben das Aroma, der Geschmack und die Farbe des Gemüses besonders gut erhalten:

Dämpfen Dafür wird das klein geschnittene Gargut in einen Siebeinsatz oder Dämpfkorb gegeben und wenige Zentimeter über dem kochenden Wasser im geschlossenen Topf gegart. Zum Dämpfen, also zum Garen in Wasserdampf, gibt es verschiedene Möglichkeiten: Dampftöpfe mit unterschiedlichen Einsätzen, Dampfdrucktöpfe mit Schonstufe, kleine Dampfgarer oder einen großen Einbau-Dampfgarer. Aber auch einfache Töpfe mit Siebeinsatz eignen sich für diese Zubereitungsart.

Dünsten Das ist ein Garen im eigenen Saft oder in wenig Flüssigkeit. Dafür wird das Gemüse in etwas Butter unter Rühren angedünstet und bei geringer Hitze im geschlossenen Topf mit oder ohne Flüssigkeit gegart. Man kann auch in einem Bratbeutel im Ofen dünsten. Dafür das Gemüse einfach in den Bratbeutel oder -schlauch geben, verschließen und im eigenen Saft garen. Tipp: Die Flüssigkeit vom Dünsten mit servieren oder eine kleine Sauce daraus zubereiten.

Pfannenrühren Dabei wird das klein geschnittene Gemüse in einem Wok oder einer Pfanne unter ständigem Rühren gebraten, bis es bissfest ist. Durch die extrem kurzen Garzeiten sind die Gemüsestückchen schön bissfest und schmecken herrlich aromatisch.

Braten Dafür benutzen Sie am besten immer eine Antihaftpfanne, die vorher mit 2-3 Tropfen Öl ausgerieben wird. Übrigens, zum Rühren immer einen Holzlöffel oder beschichteten Pfannenwender aus Kunststoff benutzen, ansonsten gelangen schädliche Substanzen aus der Antihaftbeschichtung ins Essen.

Grillen Darunter versteht man ursprünglich das Garen über offenem Feuer. Dabei werden durch hohe Temperaturen die Lebensmittel geröstet. Heutzutage werden gerade im Sommer Fleisch, Fisch, Geflügel und Gemüse im Garten oder auf der Terrasse auf einem Grill über Holzkohle gegart. Das geht durch die Hitze ziemlich schnell. Achten Sie aber darauf, dass Sie das marinierte Grillgut gut abtropfen lassen, bevor sie es auf den Rost legen. Beim Grillen mit dem Holzkohlegrill tropft das Fett auf die heiße Kohle und steigt als polyzyklischer aromatischer Kohlenwasserstoff (z. B. Benzopyren) wieder auf und lagert sich am Fleisch an. Außer dem Holzkohlegrill gibt es aber auch Gas-, Tisch- oder Kontaktgrills. Lecker ist auch gegrilltes Obst als Dessert. Dafür eignen sich Ananas- und Melonenspalten, Mangohälften oder Nektarinen.

Vitamine konservieren

Die beste Möglichkeit, den Vitamingehalt von Obst und Gemüse zu erhalten, ist das Einfrieren. Denn bei einer Temperatur von -18 °C werden

In tiefgekühltem Gemüse sind Vitamine und Mineralstoffe perfekt konserviert.

die Vitamine konserviert, das heißt, ihr Gehalt bleibt auch während der Lagerung über mehrere Monate weitgehend erhalten. Unsere Empfehlung: Wer gerne Obst und Gemüse bevorratet und nicht immer Zeit hat, gute und frische Zutaten zu kaufen, sollte sich ein kleines Sortiment an Tiefkühlprodukten zulegen. Ob man selbst einfriert oder auf industrielle Produkte zurückgreifen möchte, ist Ansichtssache. Wer beispielsweise auch im Winter gerne Spargel essen möchte, friert in der Saison welchen ein. Wer einen Garten mit viel Obst und Gemüse hat, legt sich einen Vorrat an, um auch im Frühling auf frische Pflaumen oder Johannisbeeren für einen Kuchen zurückgreifen zu können. Ansonsten kauft man seine tiefgefrorenen Lieblingsprodukte. Übrigens: Auch im Bioladen ist das Sortiment von Tiefkühlprodukten umfangreich. Und der Vitamingehalt von tiefgekühltem Obst und Gemüse ist meist höher als bei dem Gemüse, das schon einige Tage im Supermarkt liegt.

Obstrezepte

Dass Früchte, wie Äpfel, Birnen, Beeren oder Kirschen, oft nur als Bestandteil süßer Gerichte Verwendung finden, liegt an dem hohen Anteil an Fruktose, der praktisch nur mit dem Geschmacksspender Glukose, einem weiteren Einfachzucker, harmoniert. An der Kombination von Fruchtzucker mit Salz stören sich meist die empfindlichen Geschmacksknospen auf Zungen- und Gaumenschleimhaut. Dafür verbinden sich Fruchtsäuren und -zucker im Obst umso mehr mit natürlichen Gewürzen, wie z.B. Zimt, Vanille, Curry oder Ingwer, zu köstlichen Geschmackserlebnissen, so etwa in warmen Aufläufen, Pfannkuchen, Kaiserschmarrn, Apfelringen, Zwetschgenknödeln und Obstsuppen ebenso wie in Fisch- oder Fleischgerichten, z.B. einer köstlichen Hähnchenpfanne mit Cranberrys oder einem Forellenmousse auf Melone.

Ananas

Ananas-Chutney

Zutaten für 4 Personen
1 kg Ananas
175 g Akazienhonig
100 ml Weißweinessig
2 TL Currypulver
1 TL gemahlener Zimt
1/2 TL gemahlene Nelken
1/2 TL gemahlener Ingwer

Zubereitungszeit
40 Minuten

1 Die Ananas von Stielansatz, Strunk und Schale befreien und das Fruchtfleisch in kleine Stücke schneiden, dabei den austretenden Saft auffangen.

2 Akazienhonig, Weißweinessig, Currypulver, Zimt, Nelken und Ingwer sowie den beim Zerkleinern der Ananas ausgetretenen Saft in einem großen Topf verrühren.

3 Die Mischung bei schwacher Hitze aufkochen und etwa 5 Minuten auf ein Drittel einkochen. Das Fruchtfleisch dazugeben und bei schwacher Hitze 20 bis 25 Minuten garen, dabei öfter umrühren. Das Chutney ist fertig, wenn es eine konfitüreartige Konsistenz hat.

4 Das Chutney randhoch in sterilisierte Gläser mit kunststoffbeschichteten Schraubdeckeln füllen. Die Gläser fest verschließen und kühl und dunkel aufbewahren. Das Chutney hält sich verschlossen bis zu einem Jahr, kann aber auch sofort verwendet werden.

Tipp Das Ananas-Chutney passt ausgezeichnet zu Räucherschinken, Räucherfisch oder gebackenem Camembert.

Inhaltsstoffe Ananas erleichtert dem Magen die Arbeit: Die Früchte enthalten das Enzym Bromelain, das dabei mithilft, Eiweiße zu spalten. Daneben beschleunigt Bromelain die Wundheilung und lässt Schwellungen zurückgehen.

Wokgemüse mit Ananas

1 Zwiebel und Knoblauch abziehen. Zwiebel und Knoblauch klein würfeln. Gemüse waschen oder schälen und putzen.

2 Karotten in 3 Millimeter feine Stifte und Paprika in 3 Millimeter feine Streifen schneiden. Sellerie in 5 Millimeter feine Scheiben und Zucchini in etwa 1 Zentimeter dünne Scheiben schneiden.

3 Die Nüsse längs halbieren. Die Ananas von Stielansatz, Strunk und Schale befreien und das Fruchtfleisch in kleine Stücke schneiden.

4 Für die Sauce die passierten Tomaten mit Gemüsebrühe, Zucker, Sojasauce, Ingwer und 1 Prise Chilipulver verrühren. Die Speisestärke mit 3 Esslöffeln kaltem Wasser glatt rühren.

5 Das Öl im Wok erhitzen. Zwiebeln und Knoblauch darin unter Rühren kurz anbraten. Karotten, Paprika und Nüsse dazugeben. Alles leicht salzen und unter Rühren 2 Minuten braten. Sellerie dazugeben, unter weiterem Rühren 1 Minute braten. Zucchini und Ananas zugeben und noch 2 Minuten braten.

6 Die Sauce zum Gemüse in den Wok gießen. Alles 2 Minuten leicht kochen. Die angerührte Stärke unterrühren. Das Gemüse kurz erhitzen, bis die Sauce bindet. Mit Salz und Chilipulver abschmecken. Auf Tellern anrichten und sofort servieren.

Zutaten für 4 Personen
1 Zwiebel
2 Knoblauchzehen
200 g Karotten
1 rote Paprikaschote
1 gelbe Paprikaschote
3 Stangen Staudensellerie
200 g Zucchini
50 g Cashewnusskerne
400 g Ananas
150 ml passierte Tomaten
100 ml Gemüsebrühe
1/2 TL brauner Zucker
4 EL Sojasauce
1 TL frisch geriebener Ingwer
Chilipulver
1 TL Speisestärke
2 EL Öl
Salz

Zubereitungszeit
40 Minuten

Seeteufelspieße mit Ananassalsa

Zutaten für 4 Personen

Für die Spieße
400 g Seeteufelfilet
1 EL Limettensaft
2 EL Erdnussöl
Salz, Pfeffer aus der Mühle
1 kleine Zucchini
8 kleine Bambusspieße (Satéspieße)
Öl zum Bestreichen

Für die Salsa
1/2 reife Ananas
1 rote Zwiebel
3 cm frische Ingwerwurzel
2 kleine grüne Chilischoten
1 EL Reisessig
Salz

Zubereitungszeit
20 Minuten plus 30 Minuten

1 Für die Spieße das Seeteufelfilet waschen und trockentupfen. Das Filet in etwa 2 Zentimeter große Würfel schneiden. Limettensaft, Öl, etwas Salz und Pfeffer verrühren und die Fischwürfel in der Mischung 30 Minuten marinieren.

2 Die Zucchini waschen, putzen, in Scheiben schneiden. Mit Salz würzen und ziehen lassen.

3 Für die Salsa die Ananashälfte von Stielansatz, Strunk und Schale befreien, halbieren und in kleine Würfel schneiden. Die Zwiebel abziehen, den Ingwer schälen. Zwiebel und Ingwer fein hacken. Die Chilischoten aufschlitzen, entkernen, waschen und fein würfeln.

4 Die Hälfte der Ananaswürfel pürieren. Die übrigen Ananaswürfel mit Zwiebel, Ingwer und Chili untermischen. Mit Essig und Salz würzen und bis zum Servieren kalt stellen.

5 Den Grill vorheizen. Den Fisch aus der Marinade nehmen und mit den Zucchinischeiben auf die Spieße stecken. Die Spieße auf den Rost legen, mit etwas Öl bestreichen und unter dem heißen Grill 5 bis 8 Minuten rösten, dabei nach 3 Minuten wenden und mit ein wenig Marinade einpinseln. Mit der Salsa portionsweise anrichten.

 Gut zu wissen Die Spieße etwa 1 Stunde in Zitronenwasser legen, damit sie beim Grillen nicht verbrennen.

Apfel

Apfel-Joghurt-Eis

Zutaten für 4 Personen
1 säuerlicher Apfel (160 g)
2 EL Zitronensaft
2 EL brauner Zucker
1 TL Bourbon-Vanillezucker
gemahlener Zimt
125 g Magermilchjoghurt
2 EL Sahne
2 Eigelbe

Zubereitungszeit
1 Stunde (bei Zubereitung in der Eismaschine) oder
30 Minuten plus
3 Stunden Gefrierzeit

1 Den Apfel schälen, vierteln, entkernen und in kleine Stücke schneiden. Mit dem Zitronensaft beträufeln. Mit 1 Esslöffel braunem Zucker und dem Vanillezucker zugedeckt 5 Minuten dünsten. Mit 1 Messerspitze Zimt würzen. Alles fein pürieren und abkühlen lassen.

2 Den Joghurt mit der Sahne bis kurz vor den Siedepunkt erhitzen. Die Eigelbe mit 1 Esslöffel braunem Zucker schaumig aufschlagen. Die heiße Joghurtmasse nach und nach darunter ziehen. Bei schwacher Hitze so lange mit dem Schneebesen schlagen, bis die Masse dicklich wird. Anschließend das Apfelpüree untermischen.

3 Den Eisansatz in der Eismaschine nach Herstellerangabe in etwa 30 Minuten zu einem geschmeidigen Eis verarbeiten. Oder in eine Metallschüssel füllen und 3 Stunden gefrieren lassen, dabei die Eismasse alle 20 Minuten mit einem Schneebesen kräftig durchrühren.

4 Vom Apfel-Joghurt-Eis mit einem Eisportionierer Kugeln abstechen und auf 4 Schalen verteilen. Vor dem Servieren fein mit Zimt bestäuben.

Gesundheitstipp Achten Sie darauf, dass Sie für Eis nur sehr frische Eier verwenden, um keine Salmonelleninfektion zu riskieren. Wer ganz ohne Ei auskommen möchte, sollte den Magermilchjoghurt durch Vollmilchjoghurt ersetzen, damit das Eis nicht zu hart wird.

Matjes mit Apfel-Meerrettich-Quark

1 Die Quarkzubereitung mit Meerrettich, Salz, Pfeffer und 1 Esslöffel Zitronensaft verrühren.

2 Die Schalotten abziehen und in feine Ringe schneiden. Die Gewürzgurken in dünne Scheiben schneiden. Den Apfel waschen, achteln, entkernen und quer in Stücke schneiden. Mit 1 Esslöffel Zitronensaft beträufeln. Schalotten, Gurken und Apfel unter den Quark mischen.

3 Die Matjesfilets in eine flache Form legen. Die Quarksauce darüber verteilen und alles zugedeckt im Kühlschrank etwa 2 Stunden durchziehen lassen.

4 Den Schnittlauch waschen, trockenschütteln und in Röllchen schneiden. Matjesfilets auf 4 Tellern anrichten und vor dem Servieren mit den Schnittlauchröllchen bestreuen.

Gesundheitstipp Ungespritzte Äpfel aus ökologischem Anbau sollten Sie kräftig abreiben und mit der Schale verwenden. Diese birgt den Großteil des im Apfel enthaltenen Pflanzenstoffs Quercetin, der Viren abtöten, die Zellen vor freien Radikalen schützen und das Immunsystem stärken kann.

Zutaten für 4 Personen

400 g Quarkzubereitung (0,2 % Fett)
2 TL Meerrettich (Glas)
Salz, Pfeffer aus der Mühle
2 EL Zitronensaft
3 Schalotten
2 Gewürzgurken
1 säuerlicher Apfel
4 Matjesfilets
1 Bund Schnittlauch

Zubereitungszeit
20 Minuten plus
2 Stunden Kühlzeit

Aprikose

Karotten-Aprikosen-Vitaminschocker

Zutaten für 4 Personen

12 große Karotten
400 g Aprikosen
2 Bund krause Petersilie
2 EL Hefeflocken
2 EL Kürbiskernöl

Zubereitungszeit
15 Minuten

1 Die Karotten schälen, waschen und in Stücke schneiden. Die Aprikosen waschen, halbieren und die Steine herauslösen.

2 Je 3 Eiswürfel in 4 Longdrinkgläser geben. Zwei Drittel der Karottenstücke sowie die Aprikosen im Entsafter nach Herstellungsanleitung entsaften und den Saft in die Gläser auf die Eiswürfel gießen.

3 Die Petersilie waschen und trockenschütteln, etwas zum Garnieren beiseitelegen. Die übrige Petersilie mit den restlichen Karottenstücken entsaften.

4 Die Hefeflocken und das Kürbiskernöl unter die Karotten-Petersilien-Mischung rühren und die Mischung vorsichtig auf den Aprikosen-Karotten-Saft gießen, ohne dass sich dabei die beiden Flüssigkeiten ganz vermischen.

5 Den Karotten-Aprikosen-Vitaminschocker vor dem Servieren mit der Petersilie oder Selleriegrün garnieren.

Variante Im Frühjahr, wenn es auf dem Wochenmarkt frischen Kerbel gibt, können Sie diesen statt der Petersilie mit entsaften. Wer mag, schmeckt den Karotten-Petersilien-Saft mit etwas Kräutersalz ab. Das verleiht dem Drink zusätzlichen Geschmack.

Aprikosen-Mandel-Creme

Zutaten für 4 Personen
100 g ungeschwefelte getrocknete Aprikosen
50 g frische Datteln
100 ml naturtrüber Apfelsaft
50 g Mandeln
1 TL geröstetes Sesamöl
2 EL Sahne
1 EL Zitronensaft
1 Prise gemahlener Zimt
1/2 TL gemahlene Vanille

Zubereitungszeit
20 Minuten plus
12 Stunden Einweichzeit

1 Die Aprikosen klein schneiden. Die Datteln entkernen, klein schneiden und zu den Aprikosenstücken geben. Die Früchte mit dem Apfelsaft begießen und über Nacht zugedeckt in den Kühlschrank stellen.

2 Die Mandeln mit kochendem Wasser überbrühen und kurz ziehen lassen. Dann die Haut entfernen und die Mandeln trocknen lassen.

3 Die Trockenfrüchte samt dem Apfelsaft und den Mandeln im Mixer fein pürieren. Sesamöl, Sahne, Zitronensaft, Zimt und Vanille unterrühren.

 Inhaltsstoffe Naturtrüber Apfelsaft erhält seine Trübung durch feine Bestandteile des Fruchtfleischs, nur grobe Fruchtfleischteile werden abgefiltert. Der Gehalt an verdauungsfördernden Pektinen ist in diesem Saft höher.

 Gut zu wissen Gut verschlossen hält sich die Fruchtpaste im Kühlschrank einige Tage frisch. Den Aufstrich einfach in ein heiß ausgespültes Glas mit Schraubdeckel füllen.

Aprikosencrumble

1 Die Aprikosen waschen, entkernen und in Schnitze schneiden. Dann die Früchte mit 20 Gramm Zucker, dem Grieß und dem Zimt vermischen.

2 Für die Streusel die Butter in sehr kleine Stücke schneiden. Butter, den restlichen Zucker, das Mehl und die Haselnüsse mit den Händen zu kleinen Streuseln vermischen.

3 Eine flache, ofenfeste Form mit den Aprikosenschnitzen auslegen. Die Nussstreusel darauf verteilen.

4 Aprikosencrumble im vorgeheizten Backofen bei 200 °C (Umluft 180 °C, Gas Stufe 3) etwa 35 Minuten backen, bis die Nussstreusel schön goldbraun sind.

Gesundheitstipp Neben Beta-Karotin, das freie Radikale unschädlich macht und so Gefäße, Hirn und Herz schützt, enthalten Aprikosen auch noch Pantothensäure und Kieselsäure, die beide für eine schöne, glatte Haut sorgen. Pantothensäure kurbelt zudem den Fettabbau an. Aprikosen sind also ganz natürliche Fatburner. Auch wenn Sie gern eine »Aprikosenhaut« möchten, sollten Sie öfter Aprikosen essen. Denn sie enthalten Spitzenwerte an Beta-Karotin und Lycopin, zwei Karotinoiden, die heilsam für Haut und Schleimhäute sind.

Zutaten für 4 Personen
1 kg Aprikosen
70 g brauner Zucker
1 EL Vollkorngrieß
1/2 TL gemahlener Zimt
50 g Butter
50 g Mehl
50 g gemahlene Haselnusskerne

Zubereitungszeit
20 Minuten plus
35 Minuten Backzeit

Avocado

Kalte Gemüsesuppe mit Avocadocreme

Zutaten für 4 Personen

Für die Suppe
1/2 Zwiebel
200 g Karotten
50 g Knollensellerie
400 g Tomaten
1/2 Bund Basilikum
400 ml Buttermilch
Salz, Pfeffer aus der Mühle

Für die Creme
1 Bund Schnittlauch
1 reife Avocado
1 EL Zitronensaft
Salz, Chilipulver

Zubereitungszeit
30 Minuten

1 Für die Suppe die Zwiebel abziehen und würfeln. Karotten und Sellerie putzen, schälen und fein reiben. Tomaten waschen, putzen und die Tomaten in Stücke schneiden. Basilikum waschen, trockenschütteln und fein schneiden.

2 Die Buttermilch, 200 Milliliter eiskaltes Wasser, Karotten, Sellerie, Zwiebeln und Tomaten im Mixer fein pürieren, dann durch ein Sieb streichen. Basilikum unterrühren. Mit Salz und Pfeffer abschmecken und kalt stellen.

3 Für die Avocadocreme den Schnittlauch waschen, trockenschütteln und in Röllchen schneiden. Avocado schälen, halbieren, den Kern entfernen und das Fruchtfleisch zerdrücken. Avocado mit dem Zitronensaft glatt rühren. Den Schnittlauch untermischen. Mit Salz und Chili abschmecken. Die Suppe anrichten und mit einem Klecks Avocadocreme servieren.

 Inhaltsstoffe Eine Avocado ist genau das Richtige für starke Nerven und eine hohe Konzentrationsfähigkeit. Die Frucht enthält nämlich reichlich B-Vitamine, die die Nerven stärken, konzentrationsstark und geistig hellwach machen.

Schweinemedaillons mit Avocadosauce

1 Für die Schweinemedaillons die Chilischote waschen, aufschlitzen, entkernen und hacken. Mit Pfeffer und 2 Esslöffeln Öl verrühren. Die Schweinemedaillons damit einreiben.

2 Für die Sauce die Zwiebel und den Knoblauch abziehen und fein würfeln. Restliches Öl erhitzen und Zwiebeln und Knoblauch darin glasig braten. Currypulver mit anbraten. Alles mit Brühe ablöschen und den Topf von der Kochstelle ziehen.

3 Die Avocado halbieren und entsteinen. Das Fruchtfleisch herauslösen und sofort zusammen mit dem Limettensaft fein pürieren.

4 Die Curry-Zwiebel-Mischung unter das Avocadopüree rühren, mit 1 Prise braunem Zucker, Salz und Pfeffer pikant abschmecken.

5 Eine beschichtete Pfanne erhitzen. Die Schweinemedaillons trockentupfen und darin von beiden Seiten scharf anbraten. Die Medaillons salzen und von jeder Seite weitere 3 Minuten braten, bis die Medaillons gar sind. Zusammen mit der Avocadosauce anrichten.

Zutaten für 4 Personen
1 rote Chilischote
Pfeffer aus der Mühle
2 1/2 EL Öl
8 Schweinemedaillons (400 g)
1 kleine Zwiebel
1 Knoblauchzehe
1 TL Currypulver
60 ml Brühe
1 reife Avocado
3 EL Limettensaft
1 Prise brauner Zucker
Salz

Zubereitungszeit
40 Minuten

Bunter Reissalat mit Avocado

1 Den Reis nach Packungsanweisung in kochendem Salzwasser etwa 25 Minuten garen. Anschließend abgießen, abschrecken, abtropfen und abkühlen lassen.

2 Die Fleischtomaten mit kochend heißem Wasser überbrühen, häuten, entkernen und in kleine Würfel schneiden.

3 Die Paprikaschoten putzen, waschen und klein würfeln. Den Schinken in Würfel schneiden.

4 Die Zwiebel abziehen und fein würfeln. Die Avocado schälen, längs halbieren und den Kern entfernen. Das Fruchtfleisch klein würfeln und sofort mit etwas Zitronensaft beträufeln.

5 Knoblauch abziehen und durch die Presse drücken. Mit dem restlichen Zitronensaft, dem Olivenöl und dem Joghurt gut verrühren. Mit Salz und Cayennepfeffer würzen, dann Schinken, Paprika-, Tomaten-, Zwiebel- und Avocadowürfel unterheben und vor dem Portionieren nochmals abschmecken.

Zutaten für 4 Personen

150 g Langkornreis
Salz
2 Fleischtomaten
2 gelbe Paprikaschoten
150 g gekochter Schinken
1 Zwiebel
1 reife Avocado
Saft von 2 Zitronen
1 Knoblauchzehe
5 EL Olivenöl
100 g Joghurt
1 Msp. Cayennepfeffer

Zubereitungszeit
40 Minuten

Inhaltsstoffe Mit rund 23 Prozent Fett zählt die Avocado nicht gerade zu den schlank machenden Früchten, doch das Fett besteht überwiegend aus ungesättigten Fettsäuren. Diese senken die schädlichen LDL-Cholesterinwerte und erhöhen das positive HDL-Cholesterin. Viele B-Vitamine, Folsäure und Vitamin E runden das Spektrum an wertvollen Inhaltsstoffen ab.

Banane

Früchte mit Bananen-Kokos-Schaum

Zutaten für 4 Personen

4 EL Kokosraspel
1 Papaya
1 große Mango
1/2 frische Ananas (600 g)
1 Limette
1 Banane
1 EL Agavendicksaft
150 g Magermilchjoghurt

Zubereitungszeit
30 Minuten

1 Die Kokosraspel in einer Pfanne ohne zusätzliches Fett goldbraun rösten. Auf einen Teller geben und abkühlen lassen.

2 Die Papaya mit einem Sparschäler dünn schälen, halbieren und die Kerne mit einem scharfkantigen Teelöffel herausschaben. Die Mango dünn schälen, das Fruchtfleisch in großen Stücken vom Stein herunterschneiden.

3 Die Ananashälfte vierteln, von Stielansatz, Strunk und Schale befreien. Alle Früchte in dünne Scheiben schneiden und dekorativ auf 4 großen Tellern anrichten. Die Limette heiß waschen, abtrocknen und die Schale fein abreiben. Die Frucht halbieren, den Saft auspressen und davon 1 Esslöffel über die vorbereiteten Früchte träufeln.

4 Für den Bananen-Kokos-Schaum die Banane schälen, in Stücke schneiden und mit 1 1/2 Esslöffel Limettensaft beträufeln. Den Agavendicksaft, die abgeriebene Limettenschale und den Joghurt hinzufügen.

5 Alles mit dem Stabmixer oder im Mixer leicht schaumig aufschlagen und 2 Esslöffel geröstete Kokosraspel unterrühren. Den Bananenschaum zu den Früchten geben und die Portionen mit den restlichen Kokosraspeln bestreuen.

Variante Agavendicksaft ist ein mildes Süßungsmittel, das aus dem Herz der Agave gewonnen wird. Sie können es durch Rohrzucker oder Akazienhonig ersetzen.

Gebratene Bananen mit Mangosauce

1 Für die Sauce die Mango schälen. Das Fruchtfleisch vom Stein herunterschneiden und in kleine Stücke teilen. Orange auspressen. Mango, Orangensaft, Zitronensaft und Zucker in einem hohen Rührgefäß mit dem Stabmixer zu einer glatten Sauce pürieren.

2 Die Himbeeren verlesen, waschen und abtropfen lassen. Zitronenmelisse waschen und trockenschütteln. Die Bananen schälen und längs halbieren. Walnüsse fein hacken.

3 Die Butter in einer beschichteten Pfanne zerlassen und den Kardamom darin unter Rühren anrösten. Die Bananen dazugeben und auf beiden Seiten kurz anbraten, dann herausnehmen. Die Walnüsse in die Pfanne geben und anrösten.

4 Die Bananen mit der Mangosauce auf 4 Tellern anrichten. Das Dessert mit den gerösteten Walnüssen bestreuen und mit Himbeeren und Zitronenmelisse garnieren.

Zutaten für 4 Personen
1 große reife Mango
1 Orange
2 TL Zitronensaft
2 TL brauner Zucker
100 g Himbeeren
einige Blättchen Zitronenmelisse
4 Bananen
30 g Walnusskerne
1 EL Butter
1 Prise Kardamom

Zubereitungszeit
30 Minuten

Inhaltsstoffe Bananen sind hervorragende Kaliumlieferanten. Kalium ist der Gegenspieler von Natrium: Während Natrium Wasser im Organismus bindet und den Blutdruck erhöht, bewirkt Kalium das Gegenteil. Kalium sorgt dafür, dass unsere Körperzellen mit ausreichend Wasser gefüllt sind.

Birne

Birnen mit pikanter Erdnusscreme

Zutaten für 4 Personen

2 EL Erdnussmus
2 EL saure Sahne
3 EL Zitronensaft
1/4 TL abgeriebene Schale von 1 unbehandelten Zitrone
200 g Ricotta
Salz
Chilipulver
4 saftige Birnen
100 g blaue Weintrauben
einige Petersilienblättchen

Zubereitungszeit
20 Minuten

1 Für die Erdnusscreme das Erdnussmus mit der sauren Sahne, 1 Esslöffel Zitronensaft und der Zitronenschale mit dem Handrührgerät zu einer glatten Creme verrühren. Den Ricotta darunter rühren. Die Creme mit Salz und Chilipulver pikant abschmecken.

2 Die Birnen waschen, längs halbieren und die Hälften entkernen. Die Schnittflächen mit dem restlichen Zitronensaft bestreichen. Die Weintrauben waschen und von den Stielen zupfen. Die Petersilie waschen, trockenschütteln und zupfen.

3 Aus der Erdnusscreme mit 2 Teelöffeln 8 Klößchen abstechen. Je 1 Klößchen in die Birnenhälften setzen. Die Birnen mit Trauben und Petersilie garnieren und servieren.

Variante Für Gäste die Erdnusscreme in rohe Selleriestangen füllen oder als Dip zu Karottensticks reichen.

Gesundheitstipp Bei Erdnussbutter oder Erdnussmus lohnt sich ein Blick aufs Etikett! Billigware enthält meist noch reichlich Erdnussöl, Sojamehl, evtl. auch Malz oder Zucker. Am besten sind Produkte aus 100 Prozent Erdnüssen, nach Belieben leicht gesalzen.

Gefüllte Birnen

Zutaten für 4 Personen

30 g getrocknete Datteln
30 g getrocknete Aprikosen
20 g Rosinen
30 g Mandeln
3 EL frisch gepresster Orangensaft
1/4 TL abgeriebene Schale von 1 unbehandelten Orange oder Zitrone
1/4 TL gemahlener Zimt
4 saftige Birnen

**Zubereitungszeit
35 Minuten**

1 Für die Füllung Datteln, Aprikosen, Rosinen und Mandeln fein hacken oder im Zerkleinerer grob pürieren. Die Frucht-Mandel-Mischung mit dem Orangensaft, der Orangen- oder Zitronenschale und dem Zimt verrühren.

2 Von den Birnen am Stielansatz einen 2 Zentimeter breiten Deckel abschneiden. Dann die Birnen mit einem kleinen Löffel aushöhlen.

3 Die Frucht-Mandel-Mischung in die Birnen füllen und die Deckel wieder auf die Birnen setzen.

4 Die gefüllten Birnen in Tassen oder kleine Schälchen setzen und in einen Siebeinsatz stellen. Die gefüllten Birnen zugedeckt über Wasserdampf 15 Minuten garen.

Variante Sie können die Birnen statt über Dampf auch einzeln in Alufolie wickeln und im Backofen 20 Minuten bei 200 °C (Umluft 180 °C, Gas Stufe 3) garen. Dann müssen Sie aber auf jede Birne noch ein Butterflöckchen setzen.

Inhaltsstoffe Reife Birnen haben neben Bananen den höchsten Wert an natürlichem Fruchtzucker. Sie sind leicht verdaulich und fördern die Darmperistaltik, ihr Reichtum an Mineralien sorgt für ein harmonisches Säure-Basen-Gleichgewicht.

Früchtemüsli mit Birnencreme

1 Die Trockenfrüchte klein würfeln, knapp mit lauwarmem Wasser bedecken und über Nacht zugedeckt einweichen.

2 Die Früchte in einem Sieb gut abtropfen lassen, dabei das Einweichwasser auffangen. Die Walnusskerne hacken. Von den Früchten 4 Teelöffel abnehmen, den Rest mit den Haferflocken und den Walnüssen verrühren. Diese Mischung auf 4 tiefe Teller oder Schalen verteilen. Das Einweichwasser bis auf 4 Esslöffel darüberträufeln.

3 Die Weintrauben waschen, längs halbieren und entkernen. Die Pflaumen waschen, entsteinen und in Spalten schneiden.

4 Die Birnen waschen, vierteln, entkernen, zur Hälfte quer in Scheiben schneiden und sofort mit 1 Esslöffel Zitronensaft beträufeln. Mit den Trauben und den Pflaumen auf der Haferflockenmischung verteilen.

5 Die restlichen Birnenstücke klein schneiden und mit 1 Esslöffel Zitronensaft, dem restlichen Einweichwasser und dem Birnendicksaft fein pürieren. Nach und nach die Dickmilch unter das Püree mischen.

6 Die Birnencreme über die Müsliportionen geben und mit den übrigen Trockenfrüchten bestreuen.

Zutaten für 4 Personen

100 g gemischte Trockenfrüchte (Aprikosen, Pflaumen, Feigen, Äpfel)
6 Walnusskerne
12 EL kernige Haferflocken
250 g grüne Weintrauben
4 blaue Pflaumen
2 reife Birnen
2 EL Zitronensaft
1 EL Birnendicksaft
200 g Dickmilch

Zubereitungszeit
30 Minuten plus
12 Stunden Einweichzeit

 Inhaltsstoffe Das Müsli ist mit seinem Ballaststoffgehalt ein natürlicher Gewichtsregulator. So kommen Heißhungerattacken erst gar nicht auf.

Brombeere

Frischkornmüsli mit Brombeeren

Zutaten für 4 Personen
120 g Weizenkörner
30 g Walnusskerne
400 g Joghurt
1 EL Honig
2 TL Zitronensaft
400 g Brombeeren

Zubereitungszeit
20 Minuten plus
6 Stunden Einweichzeit

1 Für das Frischkornmüsli die Weizenkörner grob schroten und mit 200 Milliliter kaltem Wasser vermischen. Zugedeckt über Nacht im Kühlschrank quellen lassen.

2 Die Walnusskerne fein hacken. Den eingeweichten Weizenschrot mit den Walnusskernen, dem Joghurt und dem Honig gut vermischen.

3 Die Brombeeren verlesen, vorsichtig waschen und gut abtropfen lassen. Die Hälfte der Brombeeren klein schneiden und unter das Müsli mischen.

4 Das Frischkornmüsli portionsweise anrichten und mit den restlichen Brombeeren garnieren.

Gesundheitstipp Wenn Sie Ihre Verdauung auf Trab bringen wollen, dann ist die Kombination von frisch geschroteten Weizenkörnern und Brombeeren ideal! Diese beiden Lebensmittel sind reich an quellfähigen Ballaststoffen, die die Verdauung unterstützen.

Pfirsich-Brombeer-Salat mit Krokant

1 Für den Krokant die Sesamsamen ohne Fett unter ständigem Rühren anrösten, bis die Samen beginnen hochzuspringen. Honig hinzufügen, verrühren und sofort vom Herd nehmen. Auf einen großen Teller geben, glatt streichen und 30 Minuten erkalten lassen. Dann vorsichtig in kleine Stücke brechen.

2 Für den Obstsalat die Pfirsiche kurz in kochendes Wasser legen. Abgießen, abtropfen lassen und häuten. Die Früchte halbieren und ohne Steine in dünne Spalten schneiden. Die Brombeeren verlesen, vorsichtig waschen und in einem Sieb abtropfen lassen. Die Johannisbeeren mit einer Gabel vorsichtig von den Stielen streifen.

3 Die Orangen auspressen. Den Orangensaft mit dem Honig verrühren. Pfirsiche und Beeren vorsichtig mit dem Orangensaft vermischen.

4 Die Sahne mit dem Vanillezucker steif schlagen und unter die saure Sahne rühren.

5 Den Pfirsich-Brombeer-Salat auf 4 Schälchen verteilen. Auf jede Portion etwas Sahnecreme geben. Mit Sesamkrokant garnieren und sofort servieren.

Zutaten für 4 Personen

Für den Krokant
50 g ungeschälte Sesamsamen
1 EL Honig

Für den Salat
500 g Pfirsiche
200 g Brombeeren
100 g rote Johannisbeeren
2 Orangen
1 EL Honig
100 g Sahne
1 Päckchen Vanillezucker
100 g saure Sahne

Zubereitungszeit
30 Minuten plus
30 Minuten Abkühlzeit

Buttermilchmousse mit Brombeergrütze

1 Für die Mousse die Gelatine 5 Minuten in kaltem Wasser einweichen. Zitrone heiß waschen, Schale abreiben und 2 Esslöffel Saft auspressen. Etwa 3 Esslöffel Buttermilch erhitzen, Gelatine darin auflösen. Die übrige Buttermilch dazugießen, mit Zitronenschale, -saft und Puderzucker verrühren. Das Ganze in eine Schüssel geben und kalt stellen, bis die Masse zu gelieren beginnt.

2 Die Sahne steif schlagen und unter das Gelee ziehen. Auf 4 kleine Förmchen verteilen und etwa 2 Stunden kalt stellen.

3 Für die Grütze Brombeeren verlesen, waschen und abtropfen lassen. Kirschsaft, Vanillezucker und Bindemittel in einem Topf verrühren, 2 Minuten kochen. Brombeeren hinzufügen. Die Grütze in eine Schüssel füllen und kalt stellen.

4 Das Buttermilchgelee nach Wunsch auf Teller stürzen und mit der Brombeergrütze anrichten.

 Inhaltsstoffe Gönnen Sie sich zum Abschluss des Essens noch eine Extraportion Vitalstoffe! Buttermilch liefert knochenstärkendes Kalzium, die Beeren enthalten entzündungshemmende rote Farbstoffe sowie Vitamine und Mineralstoffe.

Zutaten für 4 Personen

- 6 Blatt weiße Gelatine
- 1/2 unbehandelte Zitrone
- 1/2 l Buttermilch
- 2 EL Puderzucker
- 75 g Sahne
- 500 g Brombeeren
- 1/4 l Sauerkirschsaft
- 1 EL Bourbon-Vanillezucker
- 2 g pflanzliches Bindemittel (Biobin; Reformhaus)

Zubereitungszeit

35 Minuten plus 2 Stunden und 30 Minuten Kühlzeit

Cranberry

Bratäpfel mit Cranberrys

Zutaten für 4 Personen

200 g Cranberrys
1/4 l Apfelsaft
2 EL Zitronensaft
3 EL Honig
1/2 Zimtstange
40 g Butter
4 säuerliche Äpfel (Boskop)
1 EL Briochebröseln
2 EL gehackte Mandeln
1 Msp. Lebkuchengewürz
1 EL Rum

Zubereitungszeit
50 Minuten

1 Die Cranberrys waschen und putzen. Mit Apfelsaft, Zitronensaft, 2 Esslöffeln Honig und der Zimtstange aufkochen und zugedeckt bei mittlerer Hitze 5 Minuten dünsten. Eine ofenfeste Form mit 10 Gramm Butter einfetten.

2 Die Cranberrys in ein Sieb abgießen, dabei die Garflüssigkeit auffangen. Die Äpfel waschen und die Kerngehäuse mit einem Apfelausstecher auslösen. Die Hälfte der Cranberrys mit den Briochebröseln, den Mandeln, 1 Esslöffel Honig, dem Lebkuchengewürz und dem Rum vermischen. Die Äpfel mit der Cranberrymischung füllen.

3 Die Äpfel in die Form setzen und die übrigen Cranberrys rundherum verteilen. Die Garflüssigkeit angießen und 30 Gramm Butter auf den Äpfeln verteilen. Die Bratäpfel im vorgeheizten Backofen bei 200 °C (Umluft 180 °C, Gas Stufe 3-4) 30 bis 35 Minuten garen. Herausnehmen und vor dem Servieren etwas abkühlen lassen.

Hähnchenpfanne mit Cranberrys

1 Die Cranberrys grob hacken. Zwiebel und Knoblauch abziehen und fein hacken. Porree waschen, putzen und in Ringe schneiden. Ingwer schälen und ganz fein schneiden.

2 Das Öl erhitzen und die Zwiebeln, Ingwer und Knoblauch kurz darin andünsten.

3 Die Hähnchenbrust unter kaltem Wasser waschen, trockentupfen und in feine Streifen schneiden. Das Fleisch zu den Zwiebeln geben und 5 Minuten rundherum braten. Mit Sojasauce und Cayennepfeffer würzen. Cranberrys unterrühren, kurz weiterbraten und auf 4 Tellern anrichten.

Inhaltsstoffe Cranberrys enthalten als natürliche Konservierungsmittel Säuren, die die Früchte vor Bakterien- und Pilzbefall schützen und so für eine lange Haltbarkeit sorgen. Die gleichen Stoffe fördern bei Infektionen der Harnwege oder bei Magen-Darm-Problemen die Heilung.

Zutaten für 4 Personen

100 g getrocknete Cranberrys
1 Zwiebel
2 Knoblauchzehen
1 Stange Porree
3 cm frische Ingwerwurzel
4 EL Öl
400 g Hähnchenbrust
2 EL Sojasauce
Cayennepfeffer

Zubereitungszeit
25 Minuten

Dattel

Mandeldrink mit Datteln

Zutaten für 4 Personen
16 getrocknete Datteln
4 Bananen
8 Orangen
800 g Magerjoghurt
4 EL Mandelmus

Zubereitungszeit
5 Minuten plus
1 Stunde Einweichzeit

1 Die Datteln entkernen und mit 4 Esslöffel heißem Wasser übergießen. Die Datteln 1 Stunde einweichen lassen.

2 Die Bananen schälen und in Stücke schneiden. Die Orangen auspressen.

3 Im Mixer oder mit dem Pürierstab die Datteln und die Bananen mit dem Orangensaft, dem Joghurt, dem Mandelmus und 200 Milliliter kaltem Wasser fein pürieren. Den Drink in 4 Gläser füllen und sofort servieren.

 Tipp Dieser gehaltvolle Drink ersetzt eine Zwischenmahlzeit. Gleichzeitig versorgt er Sie mit aktiven Milchsäurebakterien, herzschützenden Omega-3-Fettsäuren und jeder Menge Vitamin C, dem Allroundtalent unter den Schutzstoffen.

Ananas-Trauben-Salat mit frischen Datteln

1 Die Ananas vierteln und von Stielansatz, Strunk und Schale befreien. Die geschälte Ananas in kleine Stücke schneiden.

2 Die Trauben waschen und von den Stielen abzupfen. Die Datteln waschen, entkernen und in feine Streifen schneiden.

3 Die Orangen auspressen. Den Orangen- und Zitronensaft mit Zimt, Vanillezucker und Kardamom verrühren.

4 Ananas, Trauben und Datteln mit der Orangensauce mischen. Den Fruchtsalat mit den Mandelsplittern bestreuen und portionsweise anrichten.

Inhaltsstoffe Datteln enthalten viel blutbildendes Eisen, knochenstärkendes Kalzium und B-Vitamine, die strapazierte Nerven beruhigen. Frische Datteln wirken außerdem lindernd auf die Darmschleimhaut und zugleich mild abführend.

Zutaten für 4 Personen

600 g frische Ananas
300 g blaue Trauben
100 g frische Datteln
2 Orangen
1 EL Zitronensaft
1/4 TL gemahlener Zimt
1 TL Vanillezucker
1 Prise gemahlener Kardamom
2 EL Mandelsplitter

Zubereitungszeit
20 Minuten

Trockenfrüchteschnitten

1 Die Aprikosen und die Datteln in kleine Stücke schneiden, dabei die Steine entfernen. Die klein geschnittenen Früchte in eine Schüssel geben und mit dem Rum übergießen. Zugedeckt im Kühlschrank etwa 1 Stunde quellen lassen.

2 Ein Backblech mit Backpapier auslegen. Die Pecannüsse grob hacken. Die Butter mit dem Honig und den Eiern schaumig rühren. Mehl, Backpulver, Zimt, Trockenfrüchte, Pecannüsse und Kokosraspel untermengen.

3 Die Hälfte des Backblechs mit dem Teig bestreichen. Die Trockenfrüchteschnitten im vorgeheizten Backofen bei 200 °C (Umluft 180 °C, Gas Stufe 3–4) 15 bis 20 Minuten backen.

4 Den fertigen Kuchen aus dem Backofen nehmen und etwas abkühlen lassen. Danach in 25 Quadrate schneiden.

Zutaten für etwa 25 Stück
100 g getrocknete Aprikosen
100 g getrocknete Datteln
4 EL Rum
50 g Pecannusskerne (ersatzweise Walnusskerne oder Mandeln)
100 g Butter
3 EL Honig
2 Eier
200 g Mehl
1 TL Backpulver
1 TL gemahlener Zimt
1 EL Kokosraspel

Zubereitungszeit
50 Minuten plus
1 Stunde Quellzeit

Erdbeere

Erdbeersalat mit Limettenschaum

Zutaten für 4 Personen
700 g Erdbeeren
1 Limette
3 TL Akazienhonig
250 g Magerquarkzubereitung
1 EL Mandelmus (Reformhaus)
1 Eiweiß

Zubereitungszeit
25 Minuten plus
30 Minuten Kühlzeit

1 Die Erdbeeren vorsichtig abbrausen, abtropfen lassen und putzen. Die Beeren je nach Größe halbieren oder vierteln.

2 Für den Schaum die Limette heiß waschen und trockenreiben. Die Schale fein abreiben und den Saft auspressen. 2 Esslöffel Limettensaft mit 1 Teelöffel Akazienhonig verquirlen. Die Mischung über den Erdbeeren verteilen und alles 30 Minuten kalt stellen.

3 Den Quark mit 2 Teelöffeln Akazienhonig, dem restlichen Limettensaft, der Limettenschale und dem Mandelmus cremig verrühren. Das Eiweiß steif schlagen und unter die Quarkcreme heben.

4 Den Erdbeersalat auf 4 Schälchen verteilen und den Limettenquark daraufgeben. Nach Belieben mit einigen feinen Streifen Limettenschale garnieren. Sofort servieren.

Inhaltsstoffe In 250 Gramm Erdbeeren stecken gerade mal 80 Kalorien und, wie in allen Beeren, eine gesunde Portion Ballaststoffe.

Marinierte Erdbeeren

1 Die Erdbeeren vorsichtig abbrausen, abtropfen lassen und putzen. Die Beeren je nach Größe halbieren oder vierteln.

2 Den Aceto balsamico mit dem Zucker und den Gewürzen verrühren, bis sich der Zucker aufgelöst hat. Den gewürzten Essig mit den Erdbeeren mischen.

3 Die Erdbeeren 4 bis 6 Stunden an einem kühlen Ort durchziehen lassen. Dabei gelegentlich durchrühren.

4 Die Erdbeeren vor dem Servieren Zimmertemperatur annehmen lassen und portionsweise anrichten.

Gesundheitstipp Erdbeeren bestechen nicht nur durch ihren Vitamingehalt, sondern vor allem auch durch ihren Gehalt an Kaempferol. Der Pflanzenfarbstoff stabilisiert das Vitamin C in den Früchten. Darüber hinaus fördert er Enzyme, die Krebs bereits im Anfangsstadium bekämpfen. Außerdem werden Erdbeeren bei Gicht und Rheuma empfohlen, weil Kaempferol Entzündungen hemmt.

Zutaten für 4 Personen

500 g Erdbeeren

2 EL Aceto balsamico

2 EL Zucker

1 Prise gemahlene Vanille

1 Prise gemahlene Nelken

Zubereitungszeit
10 Minuten plus
4 bis 6 Stunden Marinierzeit

Erdbeertörtchen

Zutaten für 4 Personen

Für die Tarteletts
4 Tartelettförmchen (11 cm Ø)
Butter für die Förmchen
100 g Weizenmehl Type 1050
3 EL Kokosraspel
30 g Zucker
1 Prise Salz
40 g kalte Butter
1 Eigelb
1-2 EL Milch nach Bedarf

Für den Belag
2 Blatt weiße Gelatine
400–500 g kleine Erdbeeren
100 ml Apfelsaft

Für die Creme
100 g Mascarpone
1 EL Puderzucker
Mark von 1/2 Vanilleschote
4 EL Milch
Minzeblättchen zum Garnieren

Zubereitungszeit
50 Minuten plus
40 Minuten Kühlzeit

1 Für die Törtchen die Förmchen mit Butter ausfetten. Mehl, Kokosraspel, Zucker, Salz, Butter in Stücken und Eigelb zu einem glatten Teig verkneten. Wenn der Teig zu fest ist, 1 bis 2 Esslöffel Milch darunter kneten.

2 Den Teig in 4 Portionen teilen. In Größe der Förmchen ausrollen und die Förmchen damit auslegen. Die Ränder hochziehen. Die Teigböden mehrmals mit einer Gabel einstechen.

3 Tarteletts im vorgeheizten Ofen bei 180 °C (Umluft 160 °C, Gas Stufe 2–3) etwa 20 Minuten goldgelb backen. Herausnehmen, aus den Förmchen stürzen und auf einem Kuchengitter abkühlen lassen.

4 Für den Belag die Gelatine in kaltem Wasser einweichen. Die Erdbeeren waschen, trockentupfen und putzen. Die Beeren nebeneinander auf die Tarteletts setzen. Den Apfelsaft erhitzen. Die Gelatine darin unter Rühren auflösen und die Früchte damit überziehen. Die Erdbeertörtchen 40 Minuten kalt stellen.

5 Den Mascarpone mit Puderzucker, Vanillemark und Milch cremig rühren. Die Erdbeertörtchen mit den Minzeblättchen garnieren und die Mascarpone-Vanille-Creme dazu servieren.

Feige

Feigen mit Roquefort-Obatztem

Zutaten für 4 Personen

- 500 g Magerquark
- 100 g Roquefort
- 2 Schalotten
- 3 Stängel Petersilie
- 2 TL Zitronensaft
- 2 TL Walnussöl
- Salz, Pfeffer aus der Mühle
- 2 Msp. rosenscharfes Paprikapulver
- 4 frische Feigen

Zubereitungszeit
30 Minuten plus
30 Minuten Kühlzeit

1 Den Quark in ein Baumwolltuch geben und gut ausdrücken. Den Roquefort zerbröckeln. Die Schalotten abziehen und sehr fein würfeln. Die Petersilie waschen und trockenschütteln, die Blätter abzupfen und fein hacken.

2 Käse, Schalotten und Petersilie mit Zitronensaft und Walnussöl zum Quark geben. Alles gründlich vermischen. Die Käsemasse mit Salz, Pfeffer und Paprikapulver abschmecken und etwa 30 Minuten kalt stellen.

3 Die Feigen vorsichtig waschen, trockentupfen und in Scheiben schneiden. Die Scheiben leicht überlappend auf 4 Tellern anrichten. Von der Käsemasse mit zwei angefeuchteten Esslöffeln Nocken abstechen und neben die Feigen setzen. Etwas Pfeffer darübermahlen.

Gesundheitstipp Der Grundstein für gesunde, feste Knochen im Alter wird in Kindheit und Jugend gelegt. Die höchste Dichte der Knochenmasse, für die Kalzium der Hauptbaustein ist, wird so um das 30. Lebensjahr herum erreicht, danach nimmt die Knochensubstanz ab. Die wichtigsten Lieferanten für gut verwertbares Kalzium sind Milchprodukte.

Feigencarpaccio

1 Feigen waschen und Stielenden abschneiden. Mit einem sehr scharfen Messer in dünne Scheiben schneiden und 4 Teller damit auslegen.

2 Pinienkerne ohne Fett goldgelb anrösten. Die Frühlingszwiebeln waschen, putzen und mit dem zarten Grün in feine Ringe schneiden. Aus Senf, Aceto balsamico, Salz, Pfeffer und dem Öl ein Dressing rühren.

3 Die Feigen auf Tellern verteilen und mit den Zwiebelringen und den Pinienkernen bestreuen. Mit Dressing beträufeln.

Inhaltsstoffe Feigen zählen zu den ältesten Heilfrüchten. Sie liefern verdauungsfördernde Enzyme, reichlich Ballaststoffe und eine ausgewogene Kombination aus Mineralien, Vitaminen und Aminosäuren (Eiweißbausteinen).

Zutaten für 4 Personen

8 frische Feigen

1 EL Pinienkerne

2 Frühlingszwiebeln

1/2 TL scharfer Senf

3 EL Aceto balsamico

Salz, Pfeffer aus der Mühle

3 EL Olivenöl

Zubereitungszeit
20 Minuten

Grapefruit

Bunter Salat mit Grapefruit

Zutaten für 4 Personen

Für das Dressing
100 g Karotten
1 Bund Schnittlauch
250 g Joghurt
2 EL Zitronensaft
1 EL Hefeflocken
1 EL Weizenkeimöl
1/2 TL Honig
Salz, Pfeffer aus der Mühle
1 Prise Chilipulver

Für den Salat
150 g Feldsalat
1 Fenchelknolle
1 rosa Grapefruit
30 g Pistazienkerne
8 EL Alfalfasprossen

Zubereitungszeit
30 Minuten

1 Für das Dressing die Karotten waschen, putzen und fein reiben. Den Schnittlauch waschen, trockenschütteln und in Röllchen schneiden.

2 Joghurt, Zitronensaft, Hefeflocken, Weizenkeimöl und Honig mit dem Schneebesen glatt rühren. Die Karotten und den Schnittlauch untermischen. Das Dressing mit Salz, Pfeffer und dem Chilipulver abschmecken.

3 Für den Salat den Feldsalat putzen, gründlich waschen und gut trockenschleudern. Den Fenchel waschen, putzen und in sehr feine Streifen schneiden.

4 Die Grapefruit mit einem scharfen Messer schälen. Die Grapefruitfilets aus den Trennhäuten herausschneiden. Dabei den Grapefruitsaft auffangen und mit dem Dressing vermischen. Die Pistazien grob hacken. Die Alfalfasprossen abbrausen und abtropfen lassen.

5 Feldsalat, Fenchel und die Grapefruitfilets auf 4 großen Tellern anrichten. Das Karottendressing darüber verteilen. Den Salat mit den Pistazien und den Alfalfasprossen garnieren.

 Variante Das Karottendressing passt zu vielen Salaten. Achten Sie aber darauf, dass von allem etwas, also Blattsalate, Gemüse, Obst, Sprossen und Nüsse, in der großen Salatschüssel landet, z. B. eine Mischung aus Radicchio, Staudensellerie, Äpfeln, Linsensprossen und Sonnenblumenkernen.

Grießflammeri mit Grapefruit

1 Mandelblättchen und gehackte Mandeln nacheinander in einer Pfanne ohne Fett bei mittlerer Hitze rösten. Aus der Pfanne nehmen.

2 Milch aufkochen. Vanille und Zucker einrühren. Grieß und Weizenkeime unter Rühren einrieseln lassen. Alles aufkochen und 10 Minuten unter Rühren ausquellen lassen.

3 Das Ei trennen. Eigelb und gehackte Mandeln unter den Grießbrei heben. Masse etwas abkühlen lassen. Das Eiweiß steif schlagen und unterheben.

4 4 Portionsförmchen kalt ausspülen. Grießbrei einfüllen und 2 Stunden kalt stellen.

5 Flammeris auf Teller stürzen. Grapefruits schälen und die Filets auslösen. Rund um die Flammeris verteilen, mit Mandelblättchen bestreuen und servieren.

 Inhaltsstoffe Mandeln und Nüsse sind hervorragende Magnesiumquellen. Vor allem in Stresszeiten empfiehlt sich der Griff zum Nussknacker, denn gerade dann verbraucht der Körper viel Magnesium.

Zutaten für 4 Personen
2 EL Mandelblättchen
5 EL gehackte Mandeln
400 ml Milch
1/4 TL gemahlene Vanille
3 EL Zucker
50 g Weizengrieß
3 EL Weizenkeime
1 Ei
2 rosa Grapefruits
1 gelbe Grapefruit

Zubereitungszeit
30 Minuten plus
2 Stunden Kühlzeit

Hagebutte

Aprikosenknödel mit Hagebuttensauce

Zutaten für 4 Personen

200 g Magerquark
1 Ei
50 g weiche Butter
200 g Weizenmehl Type 1050
Salz
abgeriebene Schale von
1/2 unbehandelten Zitrone
1 Päckchen Vanillezucker
8 Aprikosen
Mehl zum Bearbeiten
150 g gesüßtes Hagebuttenmark
100 g Mascarpone
1 EL Zitronensaft

Zubereitungszeit
45 Minuten plus
1 Stunde Kühlzeit

1 Für die Knödel den Quark mit Ei, Butter, Mehl, 1 Prise Salz, Zitronenschale und Vanillezucker zu einem glatten Teig verkneten. Zugedeckt 1 Stunde im Kühlschrank ruhen lassen.

2 Aprikosen waschen, halb aufschneiden und entsteinen.

3 Den Knödelteig auf bemehlter Arbeitsfläche 3 Millimeter dick ausrollen. Daraus 8 Kreise von 10 Zentimetern Durchmesser ausstechen.

4 Auf jeden Teigkreis 1 Aprikose geben. Die Früchte in den Teig einhüllen und zu Knödeln formen. Dabei die Nahtstellen festdrücken.

5 Reichlich leicht gesalzenes Wasser aufkochen und die Aprikosenknödel darin bei sehr schwacher Hitze in 10 bis 15 Minuten gar ziehen lassen. Die Aprikosenknödel herausheben und auf vorgewärmte Teller geben.

6 Für die Sauce das Hagebuttenmark mit dem Mascarpone und dem Zitronensaft verrühren. Die Sauce über die Knödel gießen und das Dessert sofort servieren.

Gesundheitstipp Besonders zu Erkältungszeiten vollbringt Hagebuttenmark wahre Wunder. Gerade wenn man im Herbst Grippe- und Erkältungserregern ausgesetzt ist, lohnt es sich, regelmäßig Hagebuttenprodukte zu sich zu nehmen.

Hagebutten-Kefir-Shake

1 Die Sonnenblumenkerne in einer Pfanne ohne Fett rösten und abkühlen lassen. Kefir, Crème fraîche, die Hälfte des Hagebuttenmarks und den Sanddornsaft in den Mixer geben.

2 Die Aprikosen in Stücke schneiden. Ingwer schälen, hacken und mit den Aprikosen zu der Kefirmischung in den Mixer geben. Alles schaumig aufmixen. Das übrige Hagebuttenmark mit dem Zitronensaft verrühren.

3 Den Hagebutten-Kefir-Shake auf 4 Longdrinkgläser verteilen. Je 1 Klecks Hagebuttensauce in die Mitte geben und mit dem Strohhalm leicht in den Shake einrühren, sodass ein Spiralmuster entsteht. Mit den Sonnenblumenkernen bestreuen und sofort servieren.

Tipp Kühlen Sie für diesen Drink die Gläser im Gefrierfach oder mit einigen Eiswürfeln vor. So bleibt der Shake lange kalt und erfrischend.

Gesundheitstipp Das in unglaublicher Menge in den Hagebutten enthaltene Vitamin C und das Beta-Karotin der Aprikosen schützen Ihre Körperzellen optimal vor krank machenden Angriffen von Keimen und freien Radikalen.

Zutaten für 4 Personen

2 EL Sonnenblumenkerne
700 ml eisgekühlter Kefir
2 EL Crème fraîche
150 g gesüßtes Hagebuttenmark
4 EL Sanddornsaft
8 getrocknete Aprikosen
2 cm frische Ingwerwurzel
2 EL Zitronensaft

Zubereitungszeit
20 Minuten

Heidelbeere

Heidelbeerpfannkuchen

Zutaten für 4 Personen
500 g Heidelbeeren
4 Eier
120 g feines Weizenvollkornmehl
1/4 l Milch
30 g brauner Zucker
1 Päckchen Vanillezucker
Salz
3 EL Öl
2 EL Puderzucker

Zubereitungszeit
30 Minuten

1 Die Heidelbeeren verlesen, vorsichtig waschen und gut abtropfen lassen. Die Stiele und Blättchen ggf. abzupfen.

2 Die Eier trennen. Die Eigelbe mit Mehl, Milch, Zucker, Vanillezucker und 1 Prise Salz mit dem Handrührgerät zu einem glatten Teig verrühren. Das Eiweiß sehr steif schlagen und mit einem Rührlöffel unter den Teig heben.

3 Eine beschichtete oder gusseiserne Pfanne dünn mit Öl ausstreichen und erhitzen. Mit einer Schöpfkelle eine kleine Menge Teig in die Pfanne gießen. Den Teig gleichmäßig verteilen und leicht anbacken, dann 2 Esslöffel Heidelbeeren auf den Teig streuen. Den Heidelbeerpfannkuchen auf beiden Seiten goldbraun backen.

4 Auf die gleiche Weise aus dem restlichen Teig und mit den übrigen Beeren 11 weitere Pfannkuchen backen. Die Heidelbeerpfannkuchen sofort mit dem Puderzucker bestreuen und servieren.

Gesundheitstipp Wer unter Nachtblindheit und Lichtempfindlichkeit leidet, sollte häufig Heidelbeeren essen: Sie enthalten eine Kombination aus Beta-Karotin und Vitamin C. Besondere Beachtung verdient der blaue Farbstoff Myrtillin, der für die Elastizität der Blutgefäße, ganz besonders in den Augen und im Gehirn, sorgt.

Heidelbeersorbet mit Zitronenjoghurt

Zutaten für 4 Personen

Für das Sorbet
300 g Heidelbeeren
70 g Puderzucker
2 EL Orangenlikör
1 kleines Eiweiß

Für den Zitronenjoghurt
1 unbehandelte Zitrone
250 g Naturjoghurt
2 EL Puderzucker
1 Prise gemahlene Vanille
2 Stängel Zitronenmelisse

Zubereitungszeit
20 Minuten plus
3 Stunden Gefrierzeit

1 Für das Sorbet die Heidelbeeren verlesen, vorsichtig waschen und gut abtropfen lassen. Beeren im Mixer pürieren. Puderzucker und Orangenlikör unterrühren. Die Mischung so lange rühren, bis sich der Puderzucker völlig aufgelöst hat.

2 Das Eiweiß zu steifem Schnee schlagen und unter das Fruchtpüree heben. Die Masse in eine große Metallschüssel füllen und 3 Stunden gefrieren lassen. Die Sorbetmasse zwischendurch immer wieder mit dem Schneebesen kräftig durchschlagen, damit sich keine zu großen Eiskristalle bilden.

3 Für den Zitronenjoghurt die Zitrone heiß abwaschen, die Schale abreiben und den Saft auspressen. Zitronenschale und -saft mit Joghurt, Puderzucker und Vanille glatt rühren.

4 Die Zitronenmelisse waschen und trockenschütteln. 5 Blättchen hacken und unter den Joghurt rühren. Zitronenjoghurt bis zum Servieren kühlen.

5 Zum Servieren das Sorbet mit dem Stabmixer pürieren. Den Zitronenjoghurt in Glasschalen geben. Vom Sorbet mit einem Eisportionierer Kugeln abstechen und diese auf den Joghurt setzen. Das Dessert mit Zitronenmelisse garnieren und sofort servieren.

Ananasmousse mit Heidelbeermark

1 Für die Mousse den Ananassaft mit Agar-Agar mischen, zum Kochen bringen und 5 Minuten kochen lassen. Vom Herd ziehen und lauwarm abkühlen lassen.

2 Den lauwarm abgekühlten Saft mit Zitronensaft, Honig und Joghurt mischen. 4 Flanförmchen mit glattem Rand mit kaltem Wasser ausspülen und die Creme hineinfüllen. Zugedeckt mindestens 3 Stunden im Kühlschrank gelieren lassen.

3 Die Heidelbeeren verlesen, waschen, abtropfen lassen und mit dem Stabmixer pürieren.

4 Das Heidelbeermark auf 4 Dessertteller verteilen. In die Mitte jeweils einen Klecks Crème fraîche geben. Daraus mit einem Holzspießchen ein Muster ziehen. Die Ananasmousse stürzen und daneben anrichten. Die Dessertportionen mit Minzeblättchen garnieren und sofort servieren

Zutaten für 4 Personen
1/2 l ungezuckerter Ananassaft
1 TL Agar-Agar
2 EL Zitronensaft
2 EL Honig
250 g Joghurt
200 g Heidelbeeren
2 EL Crème fraîche
Minzeblättchen zum Garnieren

Zubereitungszeit
20 Minuten plus
3 Stunden Kühlzeit

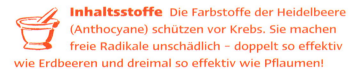

Inhaltsstoffe Die Farbstoffe der Heidelbeere (Anthocyane) schützen vor Krebs. Sie machen freie Radikale unschädlich – doppelt so effektiv wie Erdbeeren und dreimal so effektiv wie Pflaumen!

Himbeere

Himbeersalat auf Orangenquark

Zutaten für 4 Personen
8 EL Amaranth (Reformhaus)
1 TL Butterschmalz
3 TL Honig
1 kleine unbehandelte Orange
500 g Magerquark
1/8 l fettarme Milch
500 g Himbeeren
2 Nektarinen

Zubereitungszeit
20 Minuten

1 Den Amaranth mit dem Butterschmalz und 1 Teelöffel Honig 3 Minuten unter Rühren erhitzen. Anschließend auf einen Teller geben und vollständig abkühlen lassen.

2 Die Orange heiß abwaschen und trockenreiben. Die Schale fein abreiben und 2 Esslöffel Saft aus der Frucht pressen. Den Quark mit Milch, Orangensaft und -schale sowie 2 Teelöffeln Honig glatt rühren. In 4 flache Schalen geben.

3 Die Himbeeren verlesen, waschen und abtropfen lassen. Die Nektarinen waschen, trockenreiben und halbieren, die Steine herauslösen. Die Hälften in dünne Spalten schneiden und vorsichtig mit den Himbeeren mischen. Das Obst auf dem Quark verteilen und den Amaranth darüberstreuen.

Gesundheitstipp Täglich eine Handvoll Himbeeren liefert dem Körper reichlich Ellagsäure und damit einen wirkungsvollen Schutzstoff gegen Krebs. Da Ellagsäure vom Körper sehr schnell abgebaut wird, kann sie ihre Wirkung nur bei kontinuierlicher Aufnahme entfalten.

Himbeer-Buttermilch-Flip

1 Frische Himbeeren verlesen, vorsichtig waschen und abtropfen lassen. Tiefgekühlte Beeren auftauen. Orangen auspressen. Im Mixer die Himbeeren mit dem Orangensaft fein pürieren und eventuell durch ein feines Sieb streichen.

2 Den Beeren-Orangensaft mit der Buttermilch, dem Weizenkeimöl, den Hirseflocken und dem Honig im Mixer fein pürieren. Den Himbeer-Buttermilch-Flip sofort servieren.

Variante Mit diesem Drink tanken Sie schon am Morgen genügend Vitamine für den Tag. Im Winter, wenn Ansteckungsgefahr mit Erkältungskrankheiten droht, können Sie als zusätzlichen Vitamin-C-Stoß noch 4 Esslöffel Sanddornsaft zum Flip geben.

Inhaltsstoffe Ein Teelöffel Weizenkeimöl deckt den empfohlenen Tagesbedarf an Vitamin E. Eine gute Vitamin-E-Versorgung sorgt für mehr Ausdauer und schützt vor Herzleiden.

Zutaten für 4 Personen

400 g Himbeeren (frisch oder tiefgekühlt)
4 Orangen
600 ml Buttermilch
4 TL Weizenkeimöl
8 EL Hirseflocken
2 EL Honig

Zubereitungszeit
10 Minuten

Himbeer-Clafoutis

1 Die Tartelettförmchen mit Butter fetten. Die Himbeeren verlesen und vorsichtig waschen. Die Vanilleschote längs aufschlitzen und das Mark herausschaben.

2 Die Eier mit 2 Esslöffeln Puderzucker, dem Vanillemark und dem Salz schaumig schlagen. Die Milch unter die Mischung rühren. Das Mehl darübersieben und unter den Teig rühren. Die Himbeeren auf den Förmchenböden gleichmäßig verteilen und den Teig darübergießen.

3 Himbeer-Clafoutis im vorgeheizten Backofen bei 200 °C (Umluft 180 °C, Gas Stufe 4–5) 30 bis 35 Minuten backen. Nach 15 Minuten Backzeit den restlichen Puderzucker über die Clafoutis streuen.

4 Die Clafoutis aus dem Ofen nehmen und aus den Förmchen stürzen. Auf einem Kuchengitter lauwarm abkühlen lassen und servieren.

Variante Statt mit Himbeeren schmecken die Clafoutis auch mit entsteinten Sauerkirschen, Aprikosen oder Heidelbeeren hervorragend. Eine selbst gekochte Vanillesauce ist eine köstliche Begleitung.

Zutaten für 4 Personen

4 Tartelettförmchen (12–14 cm Ø)

Butter für die Förmchen

600 g Himbeeren

1 Vanilleschote

4 Eier

5 EL Puderzucker

1 Prise Salz

120 ml Milch

6 EL Weizenmehl Type 1050

Zubereitungszeit
50 Minuten

Holunder

Hollerkoch

Zutaten für 6 Personen

250 g Zwetschgen
2 Birnen
500 g Holunderbeeren
150 ml Rotwein
100 ml Ahornsirup
1/2 Zimtstange
2 Gewürznelken
1 Stück unbehandelte Zitronenschale
1 EL Speisestärke

Zubereitungszeit
45 Minuten

1 Die Zwetschgen waschen, halbieren, entsteinen und vierteln. Birnen schälen, entkernen und klein würfeln.

2 Die Holunderbeeren waschen, von den Stielen streifen und mit 150 Milliliter Wasser, dem Rotwein, Ahornsirup, Zimt, Nelken und Zitronenschale aufkochen. Die Zwetschgenstücke und die Birnenwürfel dazugeben und das Obst bei schwacher Hitze weich kochen.

3 Die ganzen Gewürze und die Zitronenschale entfernen. Die Speisestärke mit wenig kaltem Wasser glatt verrühren und den Hollerkoch damit binden.

Gesundheitstipp In Holunderbeeren stecken reichlich Schutzstoffe aus der Apotheke Natur. Vitamin C beugt Infektionen vor, und ätherische Öle wirken bei Erkältungskrankheiten desinfizierend auf Schleimhäute und Atemwege.

Holundersuppe

1 Die Holunderbeeren waschen und von den Stielen streifen. Die Zitrone heiß abwaschen und trockenreiben, die Schale mit einer feinen Reibe abraspeln. 2 Esslöffel Saft auspressen.

2 Holunderbeeren mit etwas Wasser, der Zitronenschale und dem -saft weich dünsten. Anschließend durch ein feines Sieb streichen.

3 Die Speisestärke mit ein wenig warmem Wasser verrühren. Holundersaft nochmals aufkochen, die Speisestärke hineinrühren und die Suppe damit binden.

4 Die Vanilleschoten mit einem scharfen Messer längs aufschlitzen. Das Vanillemark herauskratzen und in die Suppe rühren, eventuell noch etwas Wasser zugeben. Auf 4 tiefe Teller verteilen und servieren.

Inhaltsstoffe Der Hauptaromaträger der Vanilleschote ist die Substanz Vanillin, die manchmal als weiße Substanz auf den Schoten auskristallisiert. Dieser Inhaltsstoff wirkt beruhigend. Die Naturmedizin schreibt der Vanille darüber hinaus auch eine leicht menstruationsfördernde Wirkung zu.

Zutaten für 4 Personen

600 g Holunderbeeren
1 unbehandelte Zitrone
50 g Speisestärke
2 Vanilleschoten

Zubereitungszeit
20 Minuten

Johannisbeere

Johannisbeerküchlein mit Zimtjoghurt

Zutaten für 4 Personen

Für die Küchlein
je 125 g rote und schwarze Johannisbeeren
2 Eier
1 Prise Salz
75 g Mehl
50 ml fettarme Milch
2 EL brauner Zucker
3 TL Butterschmalz

Für den Zimtjoghurt
150 g fettarmer Joghurt
1/2 TL gemahlener Zimt
2 TL Akazienhonig
75 g Sahne
Zimt zum Bestäuben

Zubereitungszeit
40 Minuten

1 Die Johannisbeeren verlesen, waschen, abtropfen lassen und von den Rispen streifen. Die Eier trennen. Eiweiß mit Salz zu steifem Schnee schlagen. Die Eigelbe mit Mehl, Milch und Zucker glatt rühren. Ein Drittel der Johannisbeeren zugeben, die übrigen Beeren und den Eischnee vorsichtig unterheben.

2 In einer beschichteten Pfanne 1 Teelöffel Schmalz bei mittlerer Hitze heiß werden lassen. Pro Eierkuchen 1 Esslöffel Teig hineingeben, flach drücken und von jeder Seite 3 bis 4 Minuten backen. Nacheinander aus dem Teig mit 2 Teelöffeln Schmalz 15 weitere kleine Pfannkuchen backen. Die fertigen Küchlein im Backofen bei 100 °C (Umluft 80°C, Gas niedrigste Stufe) warm halten, bis der Teig verarbeitet ist.

3 Für den Zimtjoghurt den Joghurt mit dem Zimt und dem Honig verrühren. Die Sahne steif schlagen und unter die Joghurtmasse ziehen.

4 Die Johannisbeerküchlein mit dem Zimtjoghurt portionsweise anrichten und mit etwas Zimt bestäuben.

Gesundheitstipp Wer den Ballaststoffgehalt der Küchlein erhöhen möchte, verwendet Vollkornmehl statt Weißmehl und ausschließlich schwarze Johannisbeeren. Die schwarzen Beeren enthalten nahezu die doppelte Menge an Ballaststoffen wie ihre roten Verwandten und mehr als das Fünffache an Vitamin C.

Schwarzer-Johannisbeer-Cobbler

1 Die Johannisbeeren waschen und von den Rispen streifen. Die Beeren mit dem Stabmixer pürieren und durch ein feines Sieb streichen.

2 Das Beerenmus in einen Eiswürfelbehälter füllen. Mit Folie abgedeckt etwa 4 Stunden gefrieren lassen.

3 Die Orangen auspressen. Den Honig im Orangensaft auflösen. Die Saftmischung im Kühlschrank gut durchkühlen lassen.

4 Die Limette heiß abwaschen und in Viertel schneiden. Die Johannisbeer-Eiswürfel in den Mixbecher geben und fein zerkleinern. Den Orangensaft zufügen und darunter mixen.

5 Den Drink sofort in 4 Gläser gießen und mit Mineralwasser auffüllen. Mit Limettenvierteln, Minze und Johannisbeeren garnieren und sofort servieren.

Zutaten für 4 Personen

250 g schwarze Johannisbeeren
4 große Orangen
3–4 EL flüssiger Honig
1 unbehandelte Limette
eisgekühltes Mineralwasser
einige Minzeblättchen und Johannisbeeren zum Garnieren

Zubereitungszeit
20 Minuten plus
4 Stunden Gefrierzeit

 Gesundheitstipp Schwarze Johannisbeeren enthalten Gerbsäuren und Salicylsäure, die den Darm von unliebsamen Bewohnern, die Darmprobleme auslösen, reinigen.

 Gut zu wissen Außerhalb der Beerensaison ersetzen Sie frische Johannisbeeren einfach durch 200 Milliliter Johannisbeer-Muttersaft aus dem Reformhaus. Diesen jedoch nicht einfrieren, sondern mit dem Orangensaft mischen. Pro Glas 4 Eiswürfel zerstoßen, den Drink dazugießen und mit Mineralwasser auffüllen.

Kirsche

Gefüllte Crêpes mit Kirschsauce

Zutaten für 4 Personen

Für die Sauce
800 g süße Kirschen
2 EL Zucker

Für die Vanillecreme
2 Vanilleschoten
200 g Magerquark
200 g saure Sahne
2 EL Honig
2 TL Zitronensaft

Für die Crêpes
200 g Mehl
4 Eier
400 ml Milch
1 Prise Salz
2–3 EL Öl
2 EL Puderzucker
2 EL Mandelsplitter

Zubereitungszeit
1 Stunde

1 Für die Sauce die Kirschen waschen und abtropfen lassen. Einige Kirschen beiseitelegen. Die restlichen von den Stielen zupfen und entsteinen.

2 Die Kirschen mit 3 Esslöffeln Wasser und dem Zucker aufkochen. Zugedeckt 5 Minuten bei schwacher Hitze kochen lassen. Dann pürieren und durch ein feines Sieb streichen.

3 Für die Vanillecreme die Vanilleschoten längs aufschlitzen und das Mark herauskratzen. Quark, saure Sahne, Honig, Zitronensaft und Vanillemark mit dem Handrührgerät glatt rühren.

4 Für die Crêpes aus Mehl, Eiern, Milch und Salz mit dem Handrührgerät einen dünnflüssigen Teig mixen. Eine beschichtete Pfanne dünn mit Öl ausstreichen und erhitzen. Einen Schöpflöffel voll Teig in der Pfanne verteilen. Den Teig auf beiden Seiten knusprig braten. Die Crêpes im Ofen warm halten, bis der gesamte Teig verarbeitet ist. Aus dem restlichen Teig weitere Crêpes backen. Die Pfanne immer wieder mit dem übrigen Öl ausstreichen.

5 Die Crêpes mit der Vanillecreme bestreichen und aufrollen. Dünn mit Puderzucker bestäuben und mit Mandelsplittern bestreuen. Die Kirschsauce rund um die Crêpes gießen und sofort servieren.

Erfrischende Kirschkaltschale

Zutaten für 4 Personen
700 g Kirschen
4 Orangen
1 Vanilleschote
1/4 TL gemahlener Zimt
1 TL abgeriebene unbehandelte Orangen- oder Zitronenschale
3 EL brauner Zucker
1/2 TL gemahlenes Agar-Agar
200 g saure Sahne

Zubereitungszeit
30 Minuten plus
2 Stunden Kühlzeit

1 Die Kirschen waschen, von den Stielen zupfen und entsteinen. Orangen auspressen. Die Vanilleschote mit einem scharfen Messer längs aufschlitzen und das Vanillemark herauskratzen.

2 Die Hälfte des Orangensafts, 400 Gramm Kirschen, das Vanillemark, Zimt, die Orangenschale und den Zucker im Mixer oder mit dem Stabmixer fein pürieren. Das Fruchtpüree durch ein Sieb streichen.

3 Agar-Agar mit 4 Esslöffeln kaltem Wasser glatt rühren. Den restlichen Orangensaft zum Kochen bringen. Die Agar-Agar-Lösung mit dem Schneebesen einrühren und 1 Minute unter Rühren bei schwacher Hitze kochen.

4 Mit dem Handrührgerät den heißen Orangensaft und das Kirschpüree gut vermischen. Die Flüssigkeit auf 4 tiefe Teller verteilen.

5 Die restlichen Kirschen in die Suppe streuen. Die Kirschkaltschale zum Abkühlen etwa 2 Stunden in den Kühlschrank stellen. Auf jede Portion einen Klecks saure Sahne geben.

Gesundheitstipp Bevorzugen Sie dunkle Kirschsorten. Sie enthalten mehr Kalium, Kalzium, Eisen, Magnesium und Phosphor sowie Kieselsäure als die hellen Sorten. Zusammen mit den Vitaminen der Kirsche stärken diese Mineralien unter anderem das Nervensystem und fördern die Blutbildung.

Quarkgratin mit Kirschen

1 Die Kirschen waschen, von den Stielen zupfen und entsteinen. Eine flache Gratinform fetten und die Kirschen darin verteilen. Zimt mit 1 Esslöffel Zucker mischen und die Früchte damit bestreuen.

2 Den Quark mit 2 Esslöffeln Zucker, dem Grieß, dem Backpulver, der Zitronenschale und den Eiern verrühren. Die Quarkmasse über den Kirschen glatt streichen.

3 Das Quarkgratin in den kalten Backofen schieben und bei 200 °C (Umluft 180 °C, Gas Stufe 3-4) etwa 50 Minuten backen, bis die Oberfläche schön gebräunt ist.

Inhaltsstoffe Kirschen avancieren zu Schmerzkillern. Der rote Farbstoff in der Schale, das Anthocyan, wirkt ähnlich wie Aspirin, sogar noch besser. Wichtig: Je röter, desto stärker ist die schmerzlindernde Wirkung der kleinen Früchte.

Gesundheitstipp Kirschen haben von allen Obstsorten den höchsten Gehalt an Folsäure. Dieses B-Vitamin schützt Herz und Kreislauf und ist an der Neubildung von Zellen, an der Zellteilung und Blutbildung beteiligt, daher ist Folsäure auch in der Frühschwangerschaft sehr wichtig.

Zutaten für 4 Personen

500 g Kirschen
Fett für die Form
1 TL Zimt
3 EL Rohrzucker
500 g Quark
50 g Weizenvollkorngrieß
1 Msp. Weinsteinbackpulver
1 EL abgeriebene Schale von 1 unbehandelten Zitrone
3 Eier

Zubereitungszeit
1 Stunde 20 Minuten

Kiwi

Power-Obstsalat mit Kiwi

Zutaten für 4 Personen
2 EL Sonnenblumenkerne
4 Kiwis
250 g Erdbeeren
4 Aprikosen
150 g schwarze Johannisbeeren
2 EL Limettensaft
2 EL flüssiger Honig
150 g Sahne
1 TL Zimt
1 Stängel Zitronengras
2 EL Weizenkeime

Zubereitungszeit
30 Minuten

1 Die Sonnenblumenkerne ohne Fett goldgelb rösten, dann abkühlen lassen. Die Kiwis schälen und klein schneiden. Die Erdbeeren waschen, abtropfen lassen und putzen. Je nach Größe halbieren.

2 Die Aprikosen waschen, halbieren, entsteinen und in Spalten schneiden. Die Johannisbeeren abbrausen und von den Rispen streifen.

3 Den Limettensaft mit dem Honig verrühren. Das Obst in eine Schüssel geben. Die Hälfte der Limettensaftmischung darübergeben und alles vermengen.

4 Die restliche Limettensaftmischung, die Sahne und den Zimt mit dem Stabmixer zu einer schaumigen Sauce verarbeiten. Das Zitronengras von holzigen Teilen befreien und das zarte Innere in feine Streifen schneiden.

5 Den Obstsalat in Schälchen anrichten und die Sahnesauce jeweils darübergießen. Mit den Zitronengrasstreifen, den Sonnenblumenkernen und den Weizenkeimen bestreut servieren.

 Variante Andere Obstsorten, die sich gut in diesem Salat machen, sind Orangen, Mandarinen, rosa Grapefruits, Guaven, Mangos und Bananen.

Kiwidrink

1 Neun Kiwis schälen und in den Entsafter geben. Die Orangen halbieren und den Saft auspressen. Mit dem Kiwisaft in einen hohen Mixbecher gießen.

2 Die Kräuter waschen und trockenschütteln. Die Blättchen von den Stielen zupfen und hacken. Zusammen mit dem Honig sowie dem Öl zum Saft geben und alles mit dem Stabmixer kräftig mixen.

3 Die restliche Kiwi vierteln und die Amarenakirschen auf 4 Cocktailspieße stecken. Diese in die Kiwiviertel stecken. 4 hohe Longdrinkgläser je zu 1/3 mit Eiswürfeln füllen.

4 Den Drink auf die Gläser verteilen und unter jede Portion 1/2 Esslöffel Weizenkeime rühren. Mit Mineralwasser auffüllen. Die Kiwiviertel auf die Glasränder stecken und die Drinks sofort servieren.

Gut zu wissen Frieren Sie für diesen Drink gleich Kräuterblättchen mit in die Eiswürfel ein. Das sieht nicht nur dekorativ aus, sondern verleiht dem Drink zusätzliches Aroma.

Inhaltsstoffe Eine Kiwi am Tag deckt beinahe die empfohlene Zufuhr an Vitamin C. Mit diesem Drink sind Sie also bestens versorgt.

Zutaten für 4 Personen

10 reife Kiwis

3 Orangen

2–3 Zweige Zitronenthymian oder 2–3 Stängel Zitronenmelisse

1–2 EL flüssiger Honig

2 EL Haselnuss-, Raps- oder Sonnenblumenöl

8 Amarenakirschen

2 EL Weizenkeime

Mineralwasser zum Auffüllen

Zubereitungszeit
15 Minuten

Mango

Karottensalat mit Mango

Zutaten für 4 Personen
500 g Karotten
4 Stangen Staudensellerie
3 EL Limettensaft
2 EL Rapsöl
4 EL Joghurt
1 TL geschroteter Koriander
1/4 TL gemahlenes Kurkuma
Salz, Pfeffer aus der Mühle
1/2 Bund Koriandergrün
1 Mango
100 g Cashewnusskerne

Zubereitungszeit
40 Minuten

1 Die Karotten schälen und in Scheiben schneiden. Staudensellerie waschen, putzen und in 1/2 Zentimeter breite Streifen schneiden. Beides in einem Topf mit Siebeinsatz über wenig Wasser 4 Minuten dämpfen.

2 2 Esslöffel Limettensaft mit Öl, Joghurt und 3 Esslöffeln Dämpfflüssigkeit verrühren. Mit Koriander, Kurkuma, Salz und 1 Prise Pfeffer würzen. Karotten und Sellerie auf eine Platte geben und mit dem Dressing beträufeln.

3 Koriandergrün waschen, trockenschütteln und hacken. Mango schälen, das Fruchtfleisch vom Stein schneiden, würfeln und mit 1 Esslöffel Limettensaft beträufeln. Cashewnüsse ohne Fett anrösten. Mangowürfel auf dem Salat verteilen. Koriander und Nüsse darüberstreuen.

 Gesundheitstipp Wählen Sie beim Einkaufen immer reife Mangos. Sie enthalten eine geballte Ladung an Beta-Karotin. Das Provitamin A wirkt Zellveränderungen entgegen, entschärft Raucherschäden und Sonnenbrand und hemmt die Tumorentwicklung.

Mangocreme mit Erdbeersauce

Zutaten für 4 Personen

Für die Creme
2 reife Mangos
100 g Magerquark
1 EL brauner Zucker
2 TL Zitronensaft
100 g Sahne

Für die Sauce
500 g Erdbeeren
1 EL brauner Zucker

Zubereitungszeit
20 Minuten

1 Für die Sauce die Mangos schälen und das Fruchtfleisch vom Kern schneiden, dann würfeln. Mango im Mixer oder mit dem Stabmixer fein pürieren.

2 Mit dem Handrührgerät das Mangopüree, den Quark, den Zucker und den Zitronensaft zu einer glatten Creme rühren. Die Sahne steif schlagen und unter die Creme heben.

3 Für die Sauce die Erdbeeren waschen, putzen und in Stücke schneiden. Im Mixer oder mit dem Stabmixer die Erdbeeren und den Zucker zu einer glatten Sauce pürieren. Die Erdbeersauce eventuell durch ein Sieb streichen.

4 Sauce mit der Mangocreme schichtweise in hohen Gläsern anrichten. Oder die Mangocreme auf 4 kleine Schälchen verteilen und großzügig mit der Erdbeersauce umgießen.

Variante Dieses Dessert ist ein wunderbares Grundrezept, das Sie je nach Jahreszeit variieren können. Im Sommer, wenn Pfirsiche und Aprikosen Hochsaison haben, wird die Quarkcreme mit diesen aromatischen Früchten zubereitet. Die Fruchtsauce schmeckt auch hervorragend mit Himbeeren oder einer Beerenmischung. Nutzen Sie im Winter auch das Angebot sommerfrisch geernteter und tiefgekühlter Beeren.

Mangococktail

1 Die Mango dünn schälen. Das Fruchtfleisch vom Stein schneiden, würfeln und in den Mixer geben. Limetten und Orangen auspressen und den Saft zu den Mangowürfeln gießen. Den Ahornsirup und das Öl hinzufügen und alles etwa 15 Sekunden kräftig durchmixen.

2 Den Karottensaft zur Fruchtmischung gießen. Alles mit dem Ingwer würzen und im Mixer gut vermischen. Den Mangococktail auf 4 hohe Gläser verteilen und mit Limettenscheiben garnieren. Sofort servieren.

Inhaltsstoffe Mango zeichnet sich durch einen hohen Gehalt an Beta-Karotin aus, das vor allem für gesunde Haut, Schleimhäute und Augen von Bedeutung ist. Beta-Karotin erhöht außerdem die Zahl und Wirksamkeit der weißen Blutkörperchen gegen Infektionen. Durch die gleichzeitige Aufnahme von etwas Fett – daher das im Drink enthaltene Rapsöl – kann der Körper Karotinoide gut nutzen. Voll ausgereifte Mangos enthalten zusätzlich eine geballte Ladung an Lycopin. Der rote Farbstoff zerstört bestimmte krebsverursachende freie Radikale.

Zutaten für 4 Personen

1 reife Mango (400 g)
2 Limetten
2 Orangen
4 TL Ahornsirup
1 EL Rapsöl
400 ml kalter Karottensaft
2 Msp. gemahlener Ingwer
4 Limettenscheiben zum Garnieren

Zubereitungszeit
15 Minuten

Melone

Romana-Sprossen-Salat mit Melone

Zutaten für 4 Personen

100 g TK-Erbsen
1 kleiner Romanasalat (300 g)
125 g Mungobohnensprossen
2 Stangen Staudensellerie
1 kleine Galiamelone (500 g)
4 EL Obstessig
2 EL Sojasauce
Salz, Pfeffer aus der Mühle
1/4 TL gemahlener Ingwer
5 EL Sonnenblumenöl
1 EL Sesamöl
1 Knoblauchzehe

Zubereitungszeit
20 Minuten

1 Die Erbsen auftauen lassen. Den Salat waschen, putzen, trockenschütteln und in 1 Zentimeter breite Streifen schneiden.

2 Die Sprossen abbrausen und abtropfen lassen. Selleriestangen waschen, putzen und in feine Scheiben schneiden. Die Melone quer halbieren, entkernen und das Fruchtfleisch mit einem Kugelausstecher herauslösen.

3 Den Essig mit Sojasauce, Salz, Pfeffer und Ingwer verquirlen. Beide Ölsorten unterschlagen. Den Knoblauch abziehen und dazupressen. Alle Salatzutaten mit dem Dressing vermischen. Den Salat auf 4 Tellern anrichten und sofort servieren.

Gesundheitstipp Mit ihrem hohen Gehalt an Vitaminen und Mineralstoffen werten Sprossen jeden Salat auf. Da die kleinen Kraftpakete jedoch auch ein guter Nährboden für gesundheitsschädliche Keime sind, sollten Sie sie immer gut mit kaltem Wasser abspülen oder kurz blanchieren.

Melonensalat mit Mandelcreme

1 Für den Salat die Melonen halbieren, entkernen und das Fruchtfleisch mit einem Kugelausstecher herauslösen. Die Orangen auspressen. Die Melonenkugeln vorsichtig mit dem Orangen- und dem Zitronensaft vermischen.

2 Für die Mandelcreme Mandelmus, Joghurt und Honig mit dem Handrührgerät vermischen. Den Ricotta darunter rühren.

3 Den Melonensalat auf 4 Glasschalen verteilen. Je einen Klecks Mandelcreme daraufgeben. Sofort servieren.

 Inhaltsstoffe Honigmelonen stecken voller Vitamin C und Karotinoide. Beide Substanzen halten unsere Haut länger jung: Vitamin C festigt das Bindegewebe der Haut, und Karotinoide, die nach Bedarf im Körper in Vitamin A umgewandelt werden, regen den Hautstoffwechsel an.

Zutaten für 4 Personen

Für den Salat
400 g Zuckermelone
400 g Honigmelone
400 g Wassermelone
2 Orangen
2 TL Zitronensaft

Für die Creme
2 EL Mandelmus
100 g Joghurt
1 EL Honig
100 g Ricotta

Zubereitungszeit
30 Minuten

Forellenmousse auf Melone

1 Die Forellenfilets von eventuell vorhandenen Gräten und der Haut befreien und in grobe Stücke teilen. Mit Crème fraîche und der Hälfte der Garnelen im Mixer pürieren. Mit Pfeffer abschmecken und 2 Stunden kalt stellen.

2 Die Melone halbieren und entkernen. Die Melonenhälfte in Spalten schneiden, schälen und auf 4 Teller setzen.

3 Den Dill waschen und trockenschütteln. Von der Mousse mit einem Löffel Nocken abstechen und neben den Melonenspalten anrichten. Mit den restlichen Garnelen, dem Forellenkaviar und dem Dill garnieren.

Inhaltsstoffe In dieser feinen Vorspeise verbergen sich natürliche Schönmacher: Das fettlösliche Vitamin A im Forellenfilet und seine Vorstufe, das Beta-Karotin, in der Zuckermelone sorgen für eine straffe Haut, weil sie das Wachstum aller sich ständig neu bildenden Zellen fördern. Das Kalzium in den Milchprodukten begünstigt das Wachstum von Haaren und Nägeln.

Zutaten für 4 Personen

200 g geräucherte Forellenfilets

2 EL Crème fraîche

200 g geschälte, ungegarte Garnelen

Pfeffer aus der Mühle

1 reife Cantaloupemelone

4 kleine Stängel Dill

2 EL Forellenkaviar

Zubereitungszeit
20 Minuten plus
2 Stunden Kühlzeit

Orange

Spanischer Spinatsalat mit Orangen

Zutaten für 4 Personen

125 g Spinat
2 rote Zwiebeln
4 Orangen
1/2 Bund Schnittlauch
1 Stängel Majoran
3 EL Rotweinessig
Salz, Pfeffer aus der Mühle
6 EL Olivenöl
60 g schwarze Oliven

Zubereitungszeit
30 Minuten

1 Den Spinat verlesen und waschen. Grobe Stiele entfernen. Die Zwiebeln abziehen und in feine Streifen schneiden.

2 Die Orangen so schälen, dass die weiße Haut mit entfernt wird. Die Filets mit einem scharfen Messer zwischen den Trennhäutchen herauslösen und dabei den abtropfenden Saft auffangen.

3 Schnittlauch waschen, trockenschütteln und in Röllchen schneiden. Majoran waschen, trockenschütteln und die Blättchen abzupfen.

4 Schnittlauch und Majoran mit Essig, Salz, Pfeffer, Orangensaft und dem Öl verquirlen. Orangenfilets, Spinat und Zwiebeln damit mischen. Den Spinatsalat auf Tellern anrichten und die Oliven vor dem Servieren darauf verteilen.

Gesundheitstipp Provitamin-A-reiche Gemüsesorten wie Spinat sollten stets mit etwas Pflanzenöl zubereitet werden. Der Grund: Es enthält langkettige Fettsäuren, die der Körper braucht, um Gallensalze für den Vitamin-A-Stoffwechsel zu produzieren. Fehlen diese, kann Vitamin A nicht verwertet werden, selbst wenn es in großen Mengen zugeführt wird.

Heilbutt auf Orangen-Fenchel-Gemüse

1 Die Heilbuttfilets waschen, trockentupfen und in 8 gleich große Stücke schneiden. Mit Salz, Pfeffer und Zitronensaft würzen. Den Fenchel waschen und putzen. Das zarte Grün hacken und beiseitelegen. Die Knollen vierteln, vom Strunk befreien und in dünne Scheiben schneiden. Die Zwiebel abziehen und fein hacken.

2 Das Öl erhitzen und die Zwiebel darin glasig dünsten. Die Fenchelscheiben dazugeben und kurz andünsten, die Brühe angießen. Den Fenchel zugedeckt 6 bis 8 Minuten garen.

3 Die unbehandelte Orange heiß waschen, gründlich abtrocknen und 1 Teelöffel Schale abreiben. Beide Orangen so schälen, dass die weiße Haut mit entfernt wird. Dann filetieren, dabei den Saft auffangen.

4 Die Hälfte der Orangenfilets und den aufgefangenen Orangensaft unter das Gemüse mischen. Salzen und pfeffern. Die Heilbuttfilets darauflegen und zugedeckt 5 bis 7 Minuten ziehen lassen.

5 Die Heilbuttfilets herausheben und warm stellen. Die übrigen Orangenfilets, die Orangenschale und die saure Sahne unter das Gemüse mischen und erwärmen. Das Gemüse auf 4 Teller verteilen und die Heilbuttfilets darauf anrichten. Alles mit dem Fenchelgrün bestreuen und sofort servieren.

Zutaten für 4 Personen
4 Heilbuttfilets (500 g)
Salz, Pfeffer aus der Mühle
2 EL Zitronensaft
4–5 Fenchelknollen (800 g)
1 Zwiebel
1 EL Rapsöl
150 ml Gemüsebrühe
2 Orangen (1 unbehandelt)
2 EL saure Sahne

Zubereitungszeit
35 Minuten

Papaya

Scharfe Hähnchenkeulen mit Papayasauce

Zutaten für 4 Personen

Für die Keulen
4 Hähnchenkeulen
Saft von 1 Limette
Salz, Pfeffer aus der Mühle
3 1/2 EL Olivenöl
3 Stängel Petersilie
1 TL Thymianblättchen
2 kleine rote Chilischoten

Für die Sauce
2 Papayas
2 Frühlingszwiebeln
1 rote Paprikaschote
Salz, Pfeffer aus der Mühle
Saft von 1/2 Limette

Zubereitungszeit
50 Minuten plus
12 Stunden Marinierzeit

1 Die Hähnchenkeulen im Gelenk durchschneiden und die Haut abziehen. Den Saft von 1 Limette mit Salz, Pfeffer und 3 Esslöffeln Olivenöl verquirlen.

2 Die Petersilie waschen, trockenschütteln und zusammen mit den Thymianblättchen hacken. Die Chilischoten waschen, entkernen und fein würfeln. Mit den Kräutern unter die Marinade rühren. Die Hähnchenteile damit bestreichen. Über Nacht im Kühlschrank marinieren.

3 Für die Sauce die Papayas halbieren und die Kerne mit einem Teelöffel herausschaben. Papayas dünn schälen und eine Hälfte klein würfeln. Die Frühlingszwiebeln waschen, putzen und fein schneiden. Die Paprikaschote putzen, waschen und klein würfeln.

4 Die restliche Papayahälfte pürieren. Die Frühlingszwiebeln, Papaya- und Paprikawürfel darunter heben. Mit Salz, Pfeffer und dem Saft von 1/2 Limette würzen.

5 Eine Grillpfanne mit 1/2 Esslöffel Olivenöl ausstreichen und stark erhitzen. Die Hähnchenkeulen aus der Marinade heben und abtropfen lassen. Im heißen Öl 25 bis 30 Minuten braten und dabei ab und zu wenden. Mit der Papayasauce servieren.

Inhaltsstoffe Die Sauce deckt fast komplett den Tagesbedarf an Vitamin C, die Chilischoten töten Bakterien ab, und Geflügelfleisch wappnet den Körper mit Zink, Eisen und B-Vitaminen gegen Viren.

Papayas mit Beerensauce

Zutaten für 4 Personen
250 g gemischte TK-Beeren
2 EL Puderzucker
1 Päckchen Vanillezucker
1 EL Kirschwasser
2 vollreife Papayas
2 EL Haselnusskerne
einige Zweige Zitronenthymian zum Garnieren

**Zubereitungszeit
20 Minuten**

1 Beeren auftauen lassen. Mit dem Puderzucker, dem Vanillezucker und dem Kirschwasser fein pürieren. Nach Wunsch durch ein feines Sieb streichen. Die Beerensauce als Spiegel auf 4 Dessertteller geben.

2 Papayas halbieren, die Kerne mit einem Löffel herausschaben und das Fruchtfleisch mit einem Kugelausstecher vorsichtig herauslösen.

3 Die Haselnusskerne ohne Fett leicht rösten und in Scheiben schneiden. Die Papayakugeln auf der Beerensauce anrichten. Nüsse darüberstreuen, alles mit Zitronenthymian garnieren und sofort servieren.

Gesundheitstipp Sonnenanbeter sollten zu Papayas greifen. Die Früchte enthalten Beta-Karotin, das die Haut nach einem Sonnenbad vor anhaltenden Rötungen bewahrt.

Inhaltsstoffe Beeren enthalten so viele gesunde Ballaststoffe wie keine andere Obstsorte, zudem sind sie reich an Kalium und Eisen. Die Beerensaison ist verhältnismäßig kurz, daher sind tiefgekühlte Beeren und Beerenmischungen eine wunderbare Alternative zu frischen Früchten.

Avocado-Papaya-Sandwich

1 Die Avocados halbieren und die Steine herauslösen. Mit einem Esslöffel das Fruchtfleisch aus den Schalenhälften lösen und mit dem Stabmixer pürieren.

2 Die Zwiebel abziehen und in feine Würfel schneiden. Mit dem Avocadopüree verrühren. Die Creme mit Tabascosauce, Salz und dem Zitronensaft würzen.

3 Den Feldsalat waschen, putzen, trockenschütteln und je nach Größe auseinander pflücken. Die Papaya halbieren. Die Kerne mit einem Löffel herausschaben und die Fruchthälften schälen. Das Papayafruchtfleisch in dünne Spalten schneiden.

4 Den grünen Pfeffer mit der Gabel leicht zerdrücken und mit der Crème fraîche verrühren. Mit Salz würzen. Die Brotscheiben im Toaster rösten.

5 Die Hälfte der Brotscheiben mit der Avocadocreme bestreichen. Jeweils mit Salatblättern und Papayaspalten belegen und einen Klecks Crème fraîche daraufgeben. Die restlichen Brotscheiben darauflegen. Die Sandwiches diagonal durchschneiden und sofort servieren.

Variante Wer es lieber milder mag, verrührt die Crème fraîche anstatt mit grünem Pfeffer mit 1 Esslöffel Schnittlauchröllchen oder in feine Streifen geschnittenem Bärlauch.

Zutaten für 4 Personen
2 reife Avocados
1 kleine rote Zwiebel
einige Spritzer Tabascosauce
Salz
3 EL Zitronensaft
75 g Feldsalat
1 reife Papaya
1 TL eingelegter grüner Pfeffer
8 Scheiben Weizenvollkornbrot
3 EL Crème fraîche

Zubereitungszeit
20 Minuten

Pfirsich

Pfirsichbecher mit Pinienkerncreme

Zutaten für 4 Personen

Für die Creme
50 g Pinienkerne
80 g Sahne
1/2 TL abgeriebene Schale von 1 unbehandelten Zitrone
1 EL Honig
200 g Magerquark
3 EL Joghurt
1 Päckchen Vanillezucker

Für den Fruchtsalat
500 g Pfirsiche
200 g Brombeeren
1 Orange
2 TL Honig

Zubereitungszeit
30 Minuten

1 Für die Creme die Pinienkerne, Sahne, Zitronenschale und Honig im Zerkleinerer oder im Mixer fein pürieren. Mit dem Handrührgerät die Pinienkerncreme mit dem Quark, dem Joghurt und dem Vanillezucker glatt rühren.

2 Für den Fruchtsalat die Pfirsiche waschen, halbieren und entsteinen. Das Fruchtfleisch in schmale Schnitze schneiden. Die Brombeeren sorgfältig verlesen, vorsichtig waschen und gut abtropfen lassen.

3 Die Orange auspressen. Den Orangensaft mit dem Honig verrühren. Die Pfirsiche und die Brombeeren mit dem Orangensaft vermischen.

4 Den Fruchtsalat und die Pinienkerncreme in 4 hohe Gläser schichten und servieren.

 Gut zu wissen Pfirsiche haben nicht immer die gleiche Qualität, da sie ihre Süße und Saftigkeit erst in den letzten Reifetagen entwickeln. Voll ausgereifte Früchte geben auf Druck nach, und der Stein lässt sich leicht herauslösen.

Gratinierte Pfirsiche

1 Die Pfirsiche waschen, halbieren und entsteinen. Die Kekse fein zerbröseln. Mit dem Orangensaft beträufeln. Mandeln, Zucker, Crème fraîche und Eigelb hinzufügen. Alles gut vermischen und in die Pfirsichhälften füllen.

2 Die gefüllten Pfirsiche nebeneinander in eine kleine, flache ofenfeste Form setzen. Mit den gehackten Mandeln bestreuen und den Kirschsaft angießen.

3 Die Pfirsiche im vorgeheizten Backofen bei 220 °C (Umluft 200 °C, Gas Stufe 4–5) etwa 10 Minuten gratinieren, bis die Oberfläche leicht knusprig ist, dann herausnehmen. Die Früchte mit etwas Saft auf 4 Tellern anrichten und warm servieren.

Gesundheitstipp Falls jemand mitisst, der das Getreideeiweiß Gluten nicht verträgt, verwenden Sie zum Füllen glutenfreie Kekse aus dem Reformhaus. Auch geeignet sind Amarettini, die italienischen Mandelmakronen, die ohne Mehl auskommen.

Zutaten für 4 Personen

4 Pfirsiche (500 g)
5 Vollkornkekse (ca. 50 g)
2 1/2 EL Orangensaft
1 EL gemahlene Mandeln
1 TL brauner Zucker
1 EL Crème fraîche
1 Eigelb
1 EL gehackte Mandeln
1/8 l Kirschsaft

Zubereitungszeit
30 Minuten

Entenbrust mit Pfirsichen

1 Die Entenbrustkoteletts waschen und trockentupfen. Wasser zum Kochen bringen. Die Pfirsiche kurz hineingeben, abgießen, kalt abschrecken und häuten. Die Früchte halbieren und entsteinen.

2 Das Olivenöl erhitzen und die Koteletts darin bei mittlerer bis starker Hitze auf jeder Seite etwa 3 Minuten braten. Herausnehmen, mit Salz und Pfeffer würzen und in eine ofenfeste Form mit Deckel geben. Im vorgeheizten Backofen bei 100 °C (Umluft 80 °C, Gas Stufe 1) warm halten.

3 Das Fett aus der Pfanne gießen. Die Butter darin zerlassen. Den Zucker unterrühren. Die Pfirsichhälften darin von beiden Seiten 3 Minuten karamellisieren, herausnehmen und zu den Entenbrustkoteletts geben.

4 Den Fond mit Roséwein und Aceto balsamico ablöschen und etwas einkochen lassen. Die Entenbrustkoteletts und die Pfirsiche auf vorgewärmten Tellern anrichten und mit dem Fond begießen.

 Tipp Zur Entenbrust mit Pfirsichen schmeckt Kartoffelgratin oder einfach nur ein Stück Baguette.

Zutaten für 4 Personen

1 Entenbrust mit Knochen (ca. 1 kg; vom Metzger quer in Doppelkoteletts teilen lassen)
6 Pfirsiche
3 EL Olivenöl
Salz, Pfeffer aus der Mühle
3 EL Butter
2 EL brauner Zucker
1/4 l trockener Roséwein
4 EL Aceto balsamico

Zubereitungszeit
30 Minuten

Pflaume

Quarkklößchen mit Pflaumenkompott

Zutaten für 4 Personen

Für das Kompott
500 g Pflaumen
3 EL brauner Zucker
1 Gewürznelke
1 unbehandelte Orange

Für die Klößchen
30 g Walnusskerne
400 g Magerquark
70 g feiner Grieß
1 Ei
1 EL brauner Zucker
1 EL weiche Butter
1 Prise gemahlener Kardamom
1/2 TL abgeriebene Schale von 1 unbehandelten Zitrone
Salz
1/2 TL gemahlener Zimt

Zubereitungszeit
1 Stunde

1 Für das Kompott die Pflaumen waschen, halbieren und entsteinen. Mit Zucker, der Gewürznelke und 2 Esslöffeln Wasser 10 Minuten bei schwacher Hitze kochen lassen. Anschließend die Gewürznelke entfernen.

2 Die Orange heiß abwaschen, trocknen und mit einem Zestenreißer von der Schale Zesten abziehen und beiseitestellen. Die Orange auspressen. Das Pflaumenkompott mit dem Saft im Mixer fein pürieren. Die Walnusskerne auf ein kleines Blech geben und 5 Minuten im vorgeheizten Backofen bei 200 °C (Umluft 180 °C, Gas Stufe 3–4) rösten. Danach fein hacken.

3 Quark, Grieß, Ei, Zucker, Butter, Kardamom und Zitronenschale mit dem Handrührgerät zu einer glatten Masse verrühren. Daraus mit angefeuchteten Händen Klößchen von 3 Zentimeter Durchmesser formen.

4 In einem Topf reichlich Salzwasser zum Kochen bringen. Die Quarkklößchen darin 9 bis 11 Minuten ziehen lassen. Mit dem Schaumlöffel herausheben und abtropfen lassen.

5 Die Pflaumensauce leicht erwärmen und auf 4 große Teller verteilen. Die Klößchen daraufsetzen. Leicht mit Zimt bestäuben und mit den Walnüssen und den Orangenzesten bestreuen. Sofort servieren.

Schweinefleisch in Pflaumensauce

1 Für die Sauce die Pflaumen waschen, halbieren und entkernen. Pflaumen mit 4 Esslöffel Sherry, Zucker, Ingwer, Zitronensaft, Zitronenschale, Zimt und 1 Prise Chilipulver vermischen. 1 Stunde marinieren.

2 Die Pflaumen mit der Marinade zum Kochen bringen und 4 Minuten bei schwacher Hitze köcheln. Dann mit dem Stabmixer fein pürieren.

3 Fleisch in Streifen schneiden. Mit Speisestärke und 2 Esslöffeln Sojasauce vermischen, 30 Minuten darin marinieren. Zwiebel abziehen und in feine Ringe schneiden. Karotten schälen, putzen und in dünne Scheiben schneiden.

4 Das Fleisch in zwei Portionen in je 1 Esslöffel Öl im Wok braten. Angebratenes Fleisch beiseitestellen, Wok säubern. 1 Esslöffel Öl erhitzen, die Zwiebel darin unter Rühren anbraten. Die Karotten dazugeben und das Ganze leicht salzen. Alles 3 Minuten unter Rühren braten. Das Fleisch untermischen und mit der Pflaumensauce aufgießen.

5 Das Fleisch in der Pflaumensauce bei schwacher Hitze kurz kochen. Mit Sojasauce, Chili und Sherry abschmecken und auf einer Platte anrichten.

Zutaten für 4 Personen

400 g Pflaumen

Sherry medium dry

1 TL brauner Zucker

1 TL frisch geriebener Ingwer

1 TL Zitronensaft

1/2 TL abgeriebene Schale von 1 unbehandelten Zitrone

1/4 TL gemahlener Zimt

Chilipulver

500 g mageres Schweineschnitzel

2 TL Speisestärke

Sojasauce

1 Zwiebel

300 g Karotten

3 EL Sojaöl

Salz

Zubereitungszeit
30 Minuten plus 1 Stunde und 30 Minuten Marinierzeit

Sanddorn

Sanddornsorbet mit Pinienkernkrokant

Zutaten für 8 Personen
250 g Zucker
150 ml Sanddorn-Ursaft
400 ml frisch gepresster Orangensaft
2 EL Cointreau
3 Blatt Gelatine
12 Stücke Würfelzucker
1 EL Zitronensaft
50 g Pinienkerne
8 EL steif geschlagene Sahne
Zitronenmelisse zum Garnieren

Zubereitungszeit
40 Minuten plus
3–4 Stunden Gefrierzeit

1 Vom Zucker 3 Esslöffel abnehmen. Den Rest mit 1/2 Liter Wasser offen 10 Minuten zu einem dünnflüssigen Sirup kochen. Abkühlen lassen. Sirup mit dem Sanddornsaft mischen. Orangensaft durch ein feines Sieb dazugeben. Alles mit Cointreau abschmecken.

2 Gelatine in kaltem Wasser einweichen. Tropfnass in einen Topf geben und auflösen. In die Saftmischung rühren und abkühlen lassen. Die Sorbetmasse zuerst in der Eismaschine, dann im Gefrierfach etwa 3 Stunden gefrieren.

3 Den Würfelzucker mit dem Zitronensaft und dem übrigen Zucker karamellisieren. Die Pinienkerne unterrühren und alles sofort auf ein Stück Backpapier geben. Den Krokant mit 2 Gabeln in Stücke teilen und abkühlen lassen.

4 Das Sanddornsorbet mit dem Krokant und der Sahne in Eisschalen anrichten. Mit der Zitronenmelisse garniert servieren.

Gesundheitstipp Sanddornsaft ist der absolute Spitzenreiter beim Vitamin-C-Gehalt. Mit kaltem Mineralwasser aufgegossen, ist in Sekundenschnelle für eine gesunde Erfrischung gesorgt.

Zitrusfrüchte mit Sanddorn-Dickmilch

Zutaten für 4 Personen

1 EL gehackte Mandeln
4 Orangen
2 rosa Grapefruits
1 EL Zitronensaft
1 EL Vanillezucker
200 g Dickmilch
100 ml Buttermilch
4 EL Wildfrucht-Sanddorn-Fruchtzubereitung, honiggesüßt (Reformhaus)
4 EL gemahlene Mandeln

Zubereitungszeit
30 Minuten

1 Die Mandeln ohne Fett leicht anrösten. Vom Herd nehmen und abkühlen lassen.

2 Die Orangen und die Grapefruits so schälen, dass die weiße Haut vollständig entfernt wird. Die Filets zwischen den Trennwänden herausschneiden, in ein Sieb geben und abtropfen lassen, dabei den Saft auffangen. Die leeren Trennwände über der Schüssel gut ausdrücken.

3 Die Zitrusfruchtfilets in eine Schüssel legen. Den Zitronensaft mit 2 Esslöffeln abgetropftem Zitrussaft und dem Vanillezucker verrühren und über das Obst in der Schüssel träufeln.

4 Die Dickmilch mit der Buttermilch und 4 Esslöffel Zitrussaft verrühren, das Sanddornmark und die gemahlenen Mandeln untermischen. Die Sanddornsauce auf 4 Teller gießen, die Zitrusfrüchte dekorativ darauf anrichten und mit den gerösteten Mandeln bestreuen.

 Inhaltsstoffe Mit dem Vitamin-C-Gehalt dieses Gerichts halten Sie jeder Grippewelle stand, denn eine Portion liefert schon mehr als das Doppelte der täglich empfohlenen Menge. Neben den Zitrusfrüchten ist vor allem der Sanddorn eine richtige Vitamin-C-Bombe.

Sanddorn-Soja-Shake

1 Die Banane schälen, grob zerkleinern und in den Mixer geben. Die Heidelbeeren in einem Sieb abbrausen und abtropfen lassen. Je 5 Heidelbeeren auf 4 Holzspieße stecken, den Rest zu den Bananen geben.

2 Den Zitronensaft, die Sanddorn-Fruchtzubereitung und die Hälfte der Sojamilch zu den Früchten in den Mixer geben. Alles fein pürieren.

3 Die übrige Sojamilch hinzufügen und alles kurz und kräftig durchmixen. Den Drink auf 4 hohe Gläser verteilen und mit den Heidelbeerspießen garnieren. Sofort servieren.

 Inhaltsstoffe Soja ist ein sehr guter Lieferant für hochwertige Proteine, B-Vitamine und Mineralstoffe. Der geringe Fettanteil besteht überwiegend aus mehrfach ungesättigten Fettsäuren, die sich positiv auf die Blutfettwerte auswirken und dadurch der Verengung der Blutgefäße vorbeugen.

Zutaten für 4 Personen

1 Banane
150 g Heidelbeeren
4 EL Zitronensaft
4 TL Wildfrucht-Sanddorn-Fruchtzubereitung, honiggesüßt (Reformhaus)
1/2 l kalte Sojamilch

Zubereitungszeit
15 Minuten

Stachelbeere

Stachelbeersülze mit Mohnsauce

Zutaten für 4 Personen

Für die Sülze
1/2 kleine Galiamelone (ca. 300 g)
100 g grüne Weintrauben
100 g grüne Stachelbeeren
1/8 l Ananassaft
1 EL Zitronensaft
2 EL brauner Rohrzucker
1 TL Agar-Agar
3 Stängel Zitronenmelisse

Für die Sauce
1/2 Vanilleschote
1/8 l fettarme Milch
30 g gemahlener Mohn
100 g saure Sahne
2 TL Akazienhonig

Zubereitungszeit
45 Minuten plus
2 Stunden Kühlzeit

1 Für die Sülze die Melone entkernen, das Fruchtfleisch mit einem Kugelausstecher herauslösen. Das übrige Fruchtfleisch schälen und klein schneiden. Die Trauben waschen, halbieren und entkernen. Die Stachelbeeren waschen und putzen.

2 Den Ananassaft und 75 Milliliter Wasser mit dem Zitronensaft und dem Zucker aufkochen. Agar-Agar und 3 Esslöffel Wasser verquirlen. In die Saftmischung rühren und alles 2 bis 3 Minuten bei schwacher Hitze kochen lassen.

3 Die Saftmischung vom Herd nehmen und das Obst dazugeben. Die Zitronenmelisse waschen, trockenschütteln, die Blättchen abzupfen. Einige beiseitelegen, den Rest in feine Streifen schneiden und unter die Fruchtmasse rühren. 4 Förmchen kalt ausspülen. Die Masse hineinfüllen und 2 Stunden im Kühlschrank erstarren lassen.

4 Für die Sauce die Vanilleschote längs aufschlitzen und das Mark herauskratzen. Mit der Milch und dem Mohn aufkochen und zugedeckt 10 Minuten quellen lassen. Vom Herd nehmen, mit der sauren Sahne und dem Honig glatt rühren.

5 Die Sülzen mit einem Messer vom Rand der Portionsförmchen lösen. Auf 4 Teller stürzen. Rundherum etwas Mohnsauce gießen und mit Zitronenmelisse garnieren.

 Gesundheitstipp Für alle, denen es schwer fällt, täglich ein bis zwei Portionen frisches Obst zu essen, ist die Fruchtsülze genau das Richtige.

Stachelbeertarte

1 Stachelbeeren waschen und putzen. Den Boden der Springform einfetten.

2 Butter schaumig rühren, nach und nach Zucker, Vanillezucker und Salz unterrühren. Die Eier einzeln hinzufügen und gut verrühren.

3 Mehl und Backpulver vermischen und vorsichtig untermischen. Den Teig in die Springform füllen, glatt streichen und die Stachelbeeren darauf verteilen.

4 Die Stachelbeertarte in den vorgeheizten Backofen schieben und etwa 45 Minuten bei 180 °C (Umluft 160 °C, Gas Stufe 2–3) backen.

5 Den Kuchen aus dem Backofen nehmen und etwas abkühlen lassen. Die Aprikosenkonfitüre kurz aufkochen, bis sie flüssig ist und die Tarte damit bestreichen.

 Gut zu wissen Beim Einkauf sollten Sie grüne, noch nicht ganz reife Stachelbeeren wählen. Sie haben eine weichere Schale und lassen sich besser verarbeiten. Sie können aber auch voll ausgereifte Beeren kaufen und diese vor der Zubereitung aufschneiden oder anstechen.

Zutaten für 1 Springform (24 cm Ø)

400 g Stachelbeeren
Fett für die Form
125 g weiche Butter
150 g Zucker
1 Päckchen Vanillezucker
1 Prise Salz
3 kleine Eier
200 g Weizenmehl
1 TL Backpulver
4 EL Aprikosenkonfitüre

Zubereitungszeit
1 Stunde 10 Minuten

Forellen mit Stachelbeeren

1 Die Stachelbeeren putzen, waschen und abtropfen lassen. Zucchini und Tomaten waschen, putzen und in Scheiben schneiden. Zwiebel abziehen und fein würfeln. Knoblauch abziehen und in Scheiben schneiden. Die Zitrone heiß abwaschen und in Scheiben schneiden.

2 Zwiebeln, Stachelbeeren, Zucchini und Tomaten mit 2 Esslöffeln Öl in einer Schüssel vermischen und mit Salz, Pfeffer und Oregano würzen.

3 Forellen kalt abspülen und trockentupfen. Innen und außen mit Salz und Pfeffer würzen, Zitronen- und Knoblauchscheiben in den Bauch legen.

4 Zwei große Blätter Alufolie ausbreiten und mit 2 Esslöffeln Olivenöl einfetten. Je eine Forelle darauflegen. Mit der Stachelbeer-Gemüse-Mischung bedecken und fest verschließen. Die Alupäckchen auf ein Blech legen.

5 Die Forellen im vorgeheizten Backofen bei 200 °C (Umluft 180 °C, Gas Stufe 3-4) 45 Minuten garen.

Zutaten für 4 Personen

300 g Stachelbeeren
2 Zucchini
4 Tomaten
1 Zwiebel
1 Knoblauchzehe
1/2 unbehandelte Zitrone
4 EL Olivenöl
Salz, Pfeffer aus der Mühle
Oregano
2 küchenfertige Forellen

Zubereitungszeit
1 Stunde 15 Minuten

Wacholder

Rehfilets mit Wacholdersauce

Zutaten für 4 Personen

12 kleine Karotten
4 Rehfilets (à 125 g)
Salz, Pfeffer aus der Mühle
4 Scheiben Speck
4 Schalotten
20 g Butterschmalz
8 Wacholderbeeren
4 cl Calvados
300 ml Wildfond
1 TL Aceto balsamico
100 g Crème double

Zubereitungszeit
45 Minuten

1 Die Karotten waschen, putzen und bei Bedarf die Schale abnehmen. Die Karotten zuerst längs, dann quer halbieren. Die Rehfilets waschen, trockentupfen und etwas flach klopfen. Mit Salz und Pfeffer bestreuen. Den Speck um die Fleischstücke wickeln und mit Küchengarn festbinden.

2 Die Schalotten abziehen und in feine Würfel schneiden. Das Schmalz in einer großen gusseisernen Pfanne erhitzen und die umwickelten Rehfilets und die Karotten darin auf allen Seiten insgesamt etwa 8 Minuten anbraten.

3 Die Rehfilets und die Karotten aus der Pfanne nehmen und im vorgeheizten Backofen bei 80 °C warm halten. Die Schalotten im restlichen Fett in der Pfanne glasig dünsten.

4 Die Wacholderbeeren leicht andrücken, zu den Schalotten geben und 1 Minute mitdünsten. Alles mit dem Calvados und dem Wildfond ablöschen.

5 Die Sauce auf die Hälfte einkochen lassen. Mit Salz, Pfeffer und Aceto balsamico abschmecken und die Crème double unterrühren. Die Rehfilets zusammen mit der Sauce anrichten.

Tomatensuppe mit Wacholderrahm

1 Die Tomaten mit kochendem Wasser überbrühen, abziehen, putzen und in kleine Würfel schneiden. Die Paprikaschoten halbieren, putzen, waschen und klein würfeln.

2 Zwiebel und Knoblauch abziehen und fein schneiden. Zuerst die Zwiebel im Olivenöl glasig dünsten, dann den Knoblauch zugeben. Paprika dazugeben und unter Rühren kurz anbraten.

3 Die Tomaten, die Brühe und den Gemüsesaft zum Gemüse in den Topf geben. Mit dem Lorbeerblatt, Salz, Pfeffer und Cayennepfeffer würzen und die Suppe zugedeckt bei mittlerer Hitze etwa 15 Minuten kochen lassen.

4 Das Tomatenmark in die Suppe rühren und mit Salz und Cayennepfeffer abschmecken, evtl. das Gemüse mit dem Kartoffelstampfer etwas zerkleinern.

5 Die Wacholderbeeren im Mörser fein zerreiben. Die Sahne halb steif schlagen und die Wacholderbeeren vorsichtig unterziehen. Die Suppe auf 4 tiefe Teller verteilen und je einen Klacks des Wacholderrahms daraufsetzen.

Zutaten für 4 Personen

700 g vollreife Tomaten
2 rote Paprikaschoten
1 Zwiebel
1 Knoblauchzehe
2 EL Olivenöl
1/2 l Gemüsebrühe
1/4 l Gemüsesaft
1 Lorbeerblatt
Salz, Pfeffer aus der Mühle
1 Prise Cayennepfeffer
1 EL Tomatenmark
3 Wacholderbeeren
80 g Sahne

Zubereitungszeit
45 Minuten

 Tipp Schneller verarbeiten lassen sich Pizzatomaten aus der Dose. Einfach den Inhalt von 2 Dosen anstelle der frischen Tomaten verwenden.

Weintraube

Radicchio mit Trauben und Pilzen

Zutaten für 4 Personen

1 Radicchio (etwa 200 g)
150 g Champignons
200 g helle Weintrauben
1 EL Walnusskerne
2 EL Aceto balsamico bianco
Salz, Pfeffer aus der Mühle
4 EL Olivenöl
einige Stängel Basilikum

**Zubereitungszeit
15 Minuten**

1 Radicchio putzen, die einzelnen Blätter ablösen und waschen. Radicchio trockenschwenken und in mundgerechte Stücke reißen.

2 Pilze putzen und in dünne Scheiben schneiden. Die Trauben waschen, abzupfen und halbieren. Nach Belieben entkernen. Walnusskerne in kleine Stücke brechen und mit den vorbereiteten Zutaten in einer Schüssel mischen.

3 Essig mit Salz und Pfeffer verrühren. Öl nach und nach mit einer Gabel darunterrühren, bis eine cremige Sauce entsteht. Unter den Salat mischen.

4 Das Basilikum waschen, trockenschwenken, die Blättchen abzupfen und in Streifen schneiden. Den Salat anrichten und mit dem Basilikum garnieren.

Bunter Obstsalat mit Minzejoghurt

Zutaten für 4 Personen
1 kleines Bund Minze
250 g Naturjoghurt
2 EL Ahornsirup
1 Apfel (mit roter Schale)
1 Birne
Saft von 1 Zitrone
1 Banane
100 g blaue Weintrauben
1 Kiwi
2 EL Mandelstifte

Zubereitungszeit
30 Minuten

1 Minze waschen und trockenschütteln. Einige Blättchen zum Garnieren beiseitelegen, die restlichen hacken. Mit Joghurt und Ahornsirup verrühren. Den Minzejoghurt bis zum Servieren kalt stellen.

2 Apfel und Birne waschen, entkernen und in Spalten schneiden. Im Zitronensaft wenden. Banane schälen, in Scheiben schneiden und mit Apfel und Birne mischen. Trauben waschen, halbieren und entkernen. Kiwi schälen, in Scheiben schneiden. Trauben und Kiwi mit vorbereitetem Obst mischen.

3 Den Obstsalat mit Minzejoghurt anrichten. Mandeln in einer Pfanne ohne Fett goldbraun rösten und mit Minzeblättchen darüberstreuen.

 Inhaltsstoffe Die positive Wirkung der Milchsäurebakterien aus dem Joghurt auf die Darmflora ist lange bekannt und ausführlich untersucht worden. Doch Wissenschaftler sind noch einem weiteren Gesundheitsplus des beliebten Milchprodukts auf der Spur: Sie vermuten, dass regelmäßiger Genuss von Joghurt auch den Cholesterinspiegel im Blut senken kann.

Meerrettich-Trauben-Creme auf Nektarinen

1 Die Nektarinen und die Trauben waschen. Nektarinen halbieren und entkernen. Die Trauben von den Stielen zupfen, halbieren und entkernen.

2 Die Petersilie waschen und trockenschütteln, die Blättchen abzupfen. Die Walnusskerne grob hacken.

3 Quark, Joghurt, Meerrettich, das Nussmus und den Zitronensaft mit dem Handrührgerät gut vermischen. Die Creme mit Salz und Pfeffer abschmecken und die Hälfte der Trauben untermischen.

4 Mit zwei Esslöffeln von der Meerrettich-Nuss-Creme kleine Klößchen abstechen. Die Klößchen in die Nektarinenhälften setzen. Mit Petersilie, den restlichen Trauben und den Walnusskernen garnieren.

Variante Mit 100 Gramm Joghurt verwandeln Sie die Meerrettich-Nuss-Creme in einen leckeren Dip. Zu dieser pikanten Sauce schmecken knackig frische Gemüsesticks: Karotten, Sellerie, Kohlrabi und Gurken, in dünne Streifen geschnitten.

Gesundheitstipp Wenn Ihre Nase wieder einmal läuft und die nächste Grippewelle anrollt, dann greifen Sie zu Meerrettich – der besten pflanzlichen Medizin gegen Erkältungen. Das kraftvolle Küchengewürz ist ein natürliches Antibiotikum und stärkt mit seinem Vitamin-C-Reichtum zusätzlich die Abwehr.

Zutaten für 4 Personen

4 Nektarinen

200 g blaue Trauben

2 kleine Stängel Petersilie

20 g Walnusskerne

200 g Magerquark

2 EL Joghurt

1 EL frisch geriebener Meerrettich

1 EL Nussmus

2 EL Zitronensaft

Salz, Pfeffer aus der Mühle

Zubereitungszeit
15 Minuten

Zitrone

Zitronen-Limetten-Mousse

Zutaten für 4 Personen

Für die Mousse
250 g Magerquark
100 g saure Sahne
1 unbehandelte Limette
1 unbehandelte Zitrone
3 EL Cointreau
5 EL Puderzucker
4 Blatt weiße Gelatine
150 g Sahne
1 EL Zucker
4 Souffléförmchen (je 200 ml Inhalt)
Butter für die Förmchen

Für die Sauce
300 g Erdbeeren
1–2 EL Honig
1/2 TL gemahlene Vanille

Zubereitungszeit
45 Minuten plus
3 Stunden Kühlzeit

1 Für die Mousse den Quark mit der sauren Sahne glatt rühren. Limette und Zitrone heiß abwaschen und trockenreiben. Jeweils die Schale in Streifen abschneiden und beiseitelegen. Die Früchte auspressen. Je 3 Esslöffel Saft mit Cointreau und Puderzucker unter die Quarkcreme rühren.

2 Die Gelatine in kaltem Wasser einweichen. Tropfnass in einen kleinen Topf geben, bei schwacher Hitze auflösen und unter die Quarkcreme rühren. Die Sahne mit dem Zucker steif schlagen und unter die Creme ziehen.

3 Die Förmchen mit Butter ausfetten. Die Quarkmasse hineinfüllen und zugedeckt 3 Stunden kalt stellen. Vor dem Stürzen die Förmchen kurz in heißes Wasser tauchen, bis sich die Creme vom Rand löst. Die Mousse auf Teller stürzen.

4 Für die Sauce die Erdbeeren waschen, putzen und mit dem Stabmixer pürieren. Honig und Vanille unterrühren. Die Sauce jeweils rund um die Mousse anrichten. Mit den Limetten- und Zitronenschalenstreifen garniert servieren.

Variante Ganz nach Saison eignen sich auch vollreife Aprikosen, Kiwis, Mangos oder rote sowie schwarze Johannisbeeren als Grundlage für die Fruchtsauce. Saucen aus Beeren sollten Sie nach dem Pürieren durch ein feines Sieb streichen, um die Kernchen zu entfernen.

Putenschnitzel mit Zitronensauce

1 Die Putenschnitzel waschen, trockentupfen und in mundgerechte Stücke schneiden. Rundum mit Salz und Cayennepfeffer würzen und beiseitestellen.

2 1 Zitrone heiß waschen und trockenreiben, die Schale fein abreiben. Die Putenstücke mit der Hälfte der abgeriebenen Zitronenschale auf beiden Seiten bestreuen und 15 Minuten kalt stellen. Beide Zitronen halbieren und den Saft auspressen.

3 Die Frühlingszwiebeln waschen, putzen und in schmale Ringe schneiden. Das Öl erhitzen und die Putenstücke darin kräftig anbraten. Die Frühlingszwiebeln darunter mischen und kurz mitbraten.

4 Das Putenfleisch mit Mehl bestäuben. Den Zitronensaft mit dem Hühnerfond mischen, dazugießen, aufkochen und 10 Minuten bei mittlerer Hitze kochen lassen. Die Sauce mit Salz und Cayennepfeffer abschmecken und die restliche Zitronenschale einstreuen. Die Putenstücke mit der Sauce anrichten, mit den Frühlingszwiebeln garnieren und servieren.

Gesundheitstipp Die einfachste Art, seinen täglichen Vitamin-C-Bedarf zu decken, besteht darin, täglich Zitrusfrüchte pur, in Form von Saft oder eines leckeren Desserts zu essen. Zitronen haben den höchsten Vitamin-C-Gehalt von allen Zitrusfrüchten.

Zutaten für 4 Personen
750 g Putenschnitzel
Salz, Cayennepfeffer
2 unbehandelte Zitronen
2 Bund Frühlingszwiebeln
3 EL Sonnenblumenöl
2 TL Mehl
1/4 l Hühnerfond (Glas)
Frühlingszwiebeln zum Garnieren

Zubereitungszeit
30 Minuten

Kräuter-Zitronen-Risotto

1 Porree längs halbieren, gründlich waschen, putzen und in feine Streifen schneiden. Die Schalotte und den Knoblauch abziehen und fein würfeln. Die Zitrone heiß abwaschen und trockenreiben. Die Schale fein abreiben und den Saft auspressen.

2 Porree, Schalotte und Knoblauch im Olivenöl andünsten. Den Reis hinzufügen und kurz mitdünsten. Den Wein dazugießen und alles mit Zitronensaft und Zitronenschale würzen. Den Reis unter Rühren bei schwacher Hitze 40 Minuten garen, dabei immer wieder Brühe angießen.

3 Den Risotto mit Salz und Pfeffer würzen. Kurz vor Ende der Garzeit die Kräuter abbrausen, trockenschütteln und fein hacken. Zusammen mit der Butter und dem Parmesan unter den Risotto ziehen. Auf 4 tiefe Teller verteilen und sofort servieren.

 Tipp Gut zum Risotto passt Romanasalat mit Oliven, Tomaten und Gurken.

Zutaten für 4 Personen
1 große Stange Porree
1 Schalotte
1 Knoblauchzehe
1 unbehandelte Zitrone
2 EL Olivenöl
200 g Risottoreis
150 ml Weißwein
1/2 l Gemüsebrühe
Salz, Pfeffer aus der Mühle
2 Bund gemischte Kräuter (Thymian, Oregano, Estragon, Basilikum, Petersilie)
2 EL Butter
80 g geriebener Parmesan

Zubereitungszeit
1 Stunde

Gemüserezepte

Kohl, Karotten, Spinat, Kohlrabi, Fenchel oder Rüben entwickeln im Wachstums- und Reifeprozess weniger Fruchtzucker als Obst, lassen sich deshalb bei der Zubereitung mit Salz, Kräutern und Gewürzen geschmacklich zu enormer Mannigfaltigkeit verändern und verfeinern. Wichtig dabei: möglichst nur kurz und bei nicht allzu großer Hitze garen, sonst werden Vitamine, Enzyme, Hormone und andere geschmacksspendende Phyto-Moleküle zerstört, der kostbare Eigengeschmack des Nahrungsmittels geht auf diese Weise verloren. Ansonsten lassen sich mit Liebe und Erfindungsreichtum aus heimischen Kartoffeln, aus Kohl und anderen bodenständigen Gemüsesorten die leckersten Gerichte zaubern.

Agar-Agar

Erdbeerstern im Aprikosenhimmel

Zutaten für 4 Personen

1 kg Erdbeeren
(frisch oder tiefgekühlt)
2 EL Zucker
2 gestrichene TL Agar-Agar
(Reformhaus)
500 g Aprikosen
2 Orangen
1 EL Honig
1/2 TL abgeriebene Schale von
1 unbehandelten Zitrone
1 EL Zitronensaft
150 g Sahne

Zubereitungszeit
30 Minuten plus
2 Stunden Kühlzeit

1 Die Erdbeeren waschen, putzen und in Stücke schneiden. Tiefgekühlte Früchte auftauen lassen. Erdbeeren und Zucker mit dem Stabmixer pürieren und durch ein Sieb streichen. Agar-Agar mit 5 Esslöffel kaltem Wasser glatt rühren.

2 Erdbeermark unter Rühren zum Kochen bringen. Aufgelöstes Agar-Agar mit dem Schneebesen darunterrühren. Das Erdbeermark noch 1 Minute unter Rühren kochen lassen.

3 Das Erdbeergelee etwa 1 Zentimeter hoch in eine flache Form gießen. Zuerst im Wasserbad etwas abkühlen lassen, danach im Kühlschrank 2 Stunden schnittfest werden lassen.

4 Für die Sauce die Aprikosen waschen, entsteinen und in Stücke schneiden. Die Orangen auspressen. Den Orangensaft mit Aprikosen, Honig, Zitronenschale und -saft mit dem Stabmixer pürieren.

5 Die Sahne steif schlagen. Die Aprikosensauce auf großen Tellern verteilen. Das Erdbeergelee mit Plätzchenformen ausstechen und auf die Teller setzen. Mit der Sahne garnieren.

 Gut zu wissen Mit Agar-Agar gelingen problemlos Desserts und Torten, aber auch pikante Gemüsesülzen.

Schwarze Johannisbeerwürfel

1 Die Johannisbeeren waschen, mit einer Gabel von den Rispen streifen und im Mixer oder mit dem Stabmixer fein pürieren. Das Johannisbeerpüree durch ein Sieb streichen. Das Agar-Agar-Pulver mit 4 Esslöffel kaltem Wasser glatt rühren.

2 In einem Topf den Orangensaft mit dem Zucker verrühren, zum Kochen bringen. Die Agar-Agar-Lösung mit dem Schneebesen einrühren und die Mischung unter Rühren 1 Minute kochen lassen.

3 Den heißen Orangensaft und das Johannisbeerpüree mit dem Handrührgerät glatt rühren. Die Masse etwa 2 Zentimeter hoch in eine flache Form gießen, diese in ein kaltes Wasserbad stellen und gelieren lassen. Dann 1 Stunde kalt stellen, bis das Gelee schnittfest ist.

4 Das Johannisbeergelee auf ein Brett stürzen und in gleichmäßig große Würfel schneiden.

Gesundheitstipp Wenn Sie auf Gelatine verzichten möchten, ist Agar-Agar eine prima Alternative. Das altbekannte Geliermittel wird aus Rotalgen gewonnen. Es ist reich an Mineralstoffen und verdauungsförderndem Pektin.

Zutaten für 4 Personen

400 g schwarze Johannisbeeren

1 TL gemahlenes Agar-Agar

300 ml frisch gepresster Orangensaft

2 EL brauner Zucker

Zubereitungszeit
30 Minuten plus
2 Stunden Kühlzeit

Artischocke

Sommersalat mit rohen Artischocken

Zutaten für 4 Personen

Saft von 1/2 Zitrone
2 kleine Artischocken
300 g gemischte Blattsalate (Kopfsalat, Batavia, Romana, Rucola)
8 Radieschen
2 Tomaten
2 Schalotten
1 kleine Knoblauchzehe
1/2 Bund Petersilie
3 EL Rotweinessig
Salz, Pfeffer aus der Mühle
3 EL Olivenöl
3 EL Rapsöl

Zubereitungszeit
30 Minuten

1 Wasser in eine Schüssel füllen und den Zitronensaft zugeben. Die Stiele der Artischocken abschneiden. Blättchen herauszupfen, das Heu herausschaben, dabei die Böden freilegen, schälen und sofort ins Zitronenwasser legen.

2 Die Salate putzen, waschen, trockenschleudern und mundgerecht zerpflücken. Die Radieschen waschen, putzen und in dünne Scheiben schneiden. Die Tomaten waschen, putzen und achteln. Schalotten und Knoblauch abziehen und fein würfeln. Die Petersilie waschen und trockenschütteln, die Blätter abzupfen und fein hacken.

3 Essig, Salz, Pfeffer und beide Öle verquirlen. Die Artischocken abtropfen lassen, in sehr feine Streifen schneiden und in der Marinade wenden. Sämtliche vorbereiteten Zutaten dazugeben und alles gut vermischen.

 Inhaltsstoffe Mit Artischocken geht es Magen-Darm-Beschwerden und Verdauungsproblemen an den Kragen! Ihre Bitterstoffe regen den Gallenfluss an, reichlich Ballaststoffe verkürzen die Verweildauer der Nahrungsreste im Darm.

Insalata italiana

Zutaten für 4 Personen
4 Tomaten
1 gelbe Paprikaschote
2 Bund Rucola
2 Romanasalate
2 Bund Basilikum
200 g eingelegte Artischockenherzen (in Lake)
20 schwarze Oliven
140 g kleine Mozzarellakugeln
4 TL Pinienkerne
2 EL Pesto
2 EL Aceto balsamico
2 EL Olivenöl
Salz, Pfeffer aus der Mühle

Zubereitungszeit
35 Minuten

1 Tomaten waschen, putzen und achteln. Paprika waschen, putzen und in dünne Streifen schneiden.

2 Rucola und Romanasalat waschen, putzen und trocken- schütteln. Rucola in Stücke teilen. Romana in Streifen schnei- den. Beide Salate auf tiefe Teller verteilen.

3 Basilikum waschen, trockenschütteln, Blättchen zum Salat geben. Artischockenherzen halbieren. Mit Paprika, Tomaten, Oliven und Mozzarella auf die Salatportionen geben. Pinien- kerne in einer beschichteten Pfanne ohne Fett unter Rühren rösten und abkühlen lassen.

4 Pesto, Aceto balsamico, Öl und 6 Esslöffel Wasser verrüh- ren. Mit Salz und Pfeffer würzen und über die Salatportionen träufeln. Den Salat mit Pinienkernen bestreut servieren.

 Gesundheitstipp Tomaten versorgen uns mit Folsäure, die wichtig für gesundes Zellwachstum ist. Artischocken regen dank dem Bitterstoff Cynarin die Leberenzyme sowie die Bildung von Gallensaft an und fördern so die Entgiftung des Körpers.

Risotto mit jungen Artischocken

1 Die Artischocken waschen, äußere Blätter entfernen und übrige Blätter und Stiele kürzen. Artischockenböden und Stiele dünn schälen. Artischocken achteln, das Heu entfernen. Zitronensaft und etwas kaltes Wasser verrühren und die Artischocken hineinlegen.

2 Schalotten abziehen, würfeln und im heißen Öl glasig werden lassen. Artischocken abtropfen lassen, in den Topf geben und etwa 3 Minuten braten. Reis zugeben und glasig braten.

3 Wein zufügen und unter Rühren offen einkochen. Brühe nach und nach unterrühren. Risotto 20 Minuten zugedeckt garen. Ab und zu umrühren.

4 Sahne unterrühren. Risotto mit Salz, Pfeffer und Muskat würzen. Die Hälfte des Käses unterrühren. Risotto mit dem übrigen Käse bestreuen und servieren.

Zutaten für 4 Personen
8 kleine Artischocken
Saft von 2 Zitronen
2 Schalotten
4 EL Olivenöl
250 g Risottoreis
8 EL trockener Weißwein
700 ml heiße Gemüsebrühe
4 EL Sahne
Salz, Pfeffer aus der Mühle
1 Prise geriebene Muskatnuss
8 EL frisch geriebener Parmesan

Zubereitungszeit
45 Minuten

Inhaltsstoffe Artischocken enthalten Inulin, ein unverdauliches Kohlenhydrat. Es fördert das Wachstum von »guten« Keimen in der Darmflora.

Blumenkohl

Blumenkohl mit Gemüsebröseln

Zutaten für 4 Personen

Salz
2 Knoblauchzehen
1 Blumenkohl
1 kleine Zucchini
1 gelbe oder rote Paprikaschote
1 Fleischtomate
1 Bund Petersilie
2 EL Butter
3 EL Semmelbrösel
Pfeffer aus der Mühle
4 EL geriebener Emmentaler

Zubereitungszeit
30 Minuten

1 In einem Topf 1 1/2 Liter Salzwasser aufkochen. Den Knoblauch abziehen und hinzufügen. Den Blumenkohl waschen und putzen, dabei ganz lassen. Den Blumenkohl mit dem Strunk nach unten in das kochende Wasser geben und 15 Minuten zugedeckt garen.

2 Zucchini und Paprikaschote waschen und putzen, beides in kleine Würfel schneiden. Tomate waschen, putzen, vierteln, entkernen und fein würfeln. Die Petersilie waschen und trockenschütteln, die Blättchen abzupfen und fein hacken.

3 Die Butter zerlassen. Paprika- und Zucchiniwürfel sowie die Semmelbrösel darin unter ständigem Rühren 5 Minuten braten. Die Tomaten untermischen und alles leicht salzen und pfeffern.

4 Den Blumenkohl aus dem Garsud heben, vierteln und auf einer Platte anrichten. Mit der Bröselmischung, dem Käse und der Petersilie bestreut servieren.

 Gesundheitstipp Achten Sie beim Einkauf von Blumenkohl darauf, dass die Röschen knackig und frei von schadhaften Stellen sind. Die Blätter und der Strunk sollten grün und frisch sein. Durch langes Lagern leiden licht- und sauerstoffempfindliche Vitamine stark.

Indische Gemüsepfanne

1 Ingwer schälen, Knoblauch abziehen. Chilischoten waschen, putzen und entkernen. Mit Ingwer und Knoblauch fein hacken. Alles vermischen. Zwiebeln abziehen und würfeln.

2 Blumenkohl waschen, putzen, in Röschen teilen. Kartoffeln schälen. Zucchini waschen und putzen. Zucchini und Kartoffeln würfeln. Joghurt mit Mehl, Mandeln, Tomatenmark und Brühe glatt rühren.

3 Das Öl erhitzen und die Zwiebel-Ingwer-Chili-Mischung darin 2 Minuten braten. Kreuzkümmel, Garam Masala und Kurkuma mitbraten. Joghurt unterrühren. Gemüse und Kartoffeln dazugeben.

4 Alles zugedeckt 30 Minuten garen. Mit Salz abschmecken. Koriander waschen, trockenschütteln, die Blättchen abzupfen und darüberstreuen.

Inhaltsstoffe Garam Masala ist eine wärmende Gewürzmischung aus Indien. Sie besteht u. a. aus Kreuzkümmel, Koriander, schwarzem Pfeffer, Muskat, Zimt, Kardamom und Nelken.

Zutaten für 4 Personen

4 cm frische Ingwerwurzel
3 Knoblauchzehen
2 rote Chilischoten
3 Zwiebeln
300 g Blumenkohl
400 g festkochende Kartoffeln
300 g Zucchini
200 g Joghurt
1 TL Weizenvollkornmehl
2 EL gemahlene Mandeln
2 EL Tomatenmark
1/8 l Brühe
2 EL Öl
2 TL gemahlener Kreuzkümmel
3 TL Garam Masala
1/2 TL Kurkuma
Salz
3 Stängel Koriandergrün

Zubereitungszeit
1 Stunde

Bohne

Mexikanische Bohnensuppe mit Avocado

Zutaten für 4 Personen
100 g getrocknete weiße Bohnen
1 Zwiebel
2 Knoblauchzehen
1 frische grüne Chilischote
200 g Karotten
300 g grüne Bohnen
300 g Tomaten
4 kleine Stängel Koriandergrün
2 EL Sonnenblumenöl
2-3 TL Instant-Gemüsebrühe
1 TL getrockneter Oregano
1 Prise gemahlener Koriander
1 reife Avocado
1 Limette
Salz

Zubereitungszeit
50 Minuten plus
6 Stunden Einweichzeit

1 Die weißen Bohnen 6 Stunden in reichlich kaltem Wasser einweichen. Anschließend abgießen und mit 1 1/4 Liter Wasser im Schnellkochtopf 20 Minuten weich kochen. Dann abgießen, dabei die Kochflüssigkeit auffangen.

2 Zwiebel und Knoblauch abziehen und fein hacken. Die Chilischote waschen, putzen, entkernen und fein hacken.

3 Karotten schälen und in 1 Zentimeter dicke Scheiben schneiden. Grüne Bohnen waschen, putzen und in 3 Zentimeter lange Stücke teilen. Die Tomaten kurz in kochendes Wasser legen und häuten. Die Tomaten putzen und klein schneiden. Den Koriander waschen, trockenschütteln und fein hacken.

4 Das Öl erhitzen. Zwiebeln und Knoblauch darin bei schwacher Hitze glasig dünsten, dann unter Rühren goldgelb braten. Das Bohnenkochwasser angießen und zum Kochen bringen. Mit Brühe, Oregano, Koriander und der Chilischote würzen.

5 Die Karotten und die grünen Bohnen dazugeben. 12 Minuten kochen. Dann die Tomaten und die weißen Bohnen untermischen. Alles 7 Minuten weiterkochen.

6 Avocado schälen, entkernen. In dünne Scheiben, Limette in Schnitze schneiden. Die Suppe salzen, auf Teller verteilen und mit Koriander, Avocado- und Limettenschnitzen garnieren.

Rote Bohnenpfanne mit Hähnchen

Zutaten für 4 Personen
400 g Hähnchenbrustfilet
Pfeffer aus der Mühle
2 Karotten
3 Stangen Staudensellerie
2 Zwiebeln
1 Knoblauchzehe
2 EL Sonnenblumenöl
Salz
400 g gegarte rote Bohnen
75 ml Hühnerbrühe
3-4 EL Aceto balsamico
1 TL brauner Zucker
1 Kästchen Kresse

Zubereitungszeit
30 Minuten

1 Das Hähnchenfleisch waschen, trockentupfen, in feine Streifen schneiden und pfeffern. Die Karotten schälen, die Selleriestangen waschen und putzen. Beides in feine Scheiben schneiden. Zwiebeln und Knoblauch abziehen und fein würfeln.

2 1 Esslöffel Öl erhitzen, das Fleisch darin in zwei Portionen 2 bis 3 Minuten anbraten. Das Fleisch herausnehmen, salzen und warm stellen.

3 1 Esslöffel Öl hinzufügen, erhitzen und die Zwiebeln darin glasig dünsten. Karotten, Sellerie, Knoblauch und Bohnen zugeben und kurz andünsten. Die Brühe dazugießen und alles zugedeckt 8 Minuten dünsten.

4 Mit Salz, Pfeffer, Aceto balsamico und Zucker würzen. Die Hähnchenstreifen untermischen. Das Pfannengericht auf 4 Tellern anrichten. Die Kresse abbrausen, trockenschütteln, knapp über dem Wurzelansatz abschneiden und vor dem Servieren darüber verteilen.

Gesundheitstipp Wenn Sie unter Verstopfung leiden, schaffen Ballaststoffe Abhilfe. Einen besonders hohen Ballaststoffgehalt haben Hülsenfrüchte, zu denen auch rote Bohnen gehören. 100 Gramm Bohnen liefern 22 Gramm Ballaststoffe, das sind zwei Drittel des empfohlenen Tagesbedarfs.

Bohnensalat mit Gazpachodressing

1 Die Bohnenkerne enthülsen. Bohnenkerne in 1 Liter Salzwasser in 15 bis 20 Minuten weich kochen. Die Bohnen abgießen und abtropfen lassen.

2 Die Zwiebel und den Knoblauch abziehen und fein hacken. Die Tomaten waschen, putzen und in Stücke schneiden. Die Paprika waschen, putzen und in sehr kleine Würfel schneiden. Die Petersilie waschen, trockenschütteln und fein hacken.

3 Für das Dressing Tomatenstücke, Olivenöl, Weizenkeimöl, Essig und Hefeflocken mit dem Stabmixer zu einer glatten Sauce pürieren.

4 Die Bohnenkerne mit Zwiebeln, Knoblauch, Paprika, Petersilie und dem Dressing vermischen. Den Bohnensalat 1 Stunde durchziehen lassen, danach mit Salz und Pfeffer abschmecken.

Variante Sie können den Salat auch mit getrockneten weißen Bohnen zubereiten. Dafür 200 Gramm weiße Bohnen 6 Stunden einweichen, dann abgießen, mit 1 Liter Wasser aufkochen und etwa 1 Stunde garen.

Inhaltsstoffe Die Hefeflocken reichern diesen Salat mit vielen Vitaminen, Mineralstoffen und Spurenelementen an. Streuen Sie auch über Drinks, Müsli oder Suppen Hefeflocken – das ist die beste Art, eine Extraportion wertvoller Nährstoffe zu bekommen.

Zutaten für 4 Personen

600 g frische dicke Bohnenkerne
Salz
1 Zwiebel
1 Knoblauchzehe
2 Tomaten
1 grüne Paprikaschote
1 Bund Petersilie
1 EL Olivenöl
1 EL Weizenkeimöl
2 EL Sherryessig
1 EL Hefeflocken
Pfeffer aus der Mühle

Zubereitungszeit
35 Minuten plus
1 Stunde Marinierzeit

Brokkoli

Hirse-Brokkoli-Auflauf

Zutaten für 4 Personen
250 g Hirse
1/2 l Gemüsebrühe
1 TL getrockneter Liebstöckel
1/2 Bund Dill
2 Frühlingszwiebeln
400 g Brokkoli
3 Eier
200 g Joghurt
50 g geriebener Parmesan
Salz, Pfeffer aus der Mühle
1 EL Butter für die Förmchen

Zubereitungszeit
1 Stunde

1 Den Backofen auf 100 °C (Umluft 80 °C, Gas Stufe 1) vorheizen. Hirse waschen und abtropfen lassen. Mit Brühe und Liebstöckel zugedeckt 3 Minuten kochen, danach im Ofen 25 Minuten quellen lassen.

2 Dill waschen und trockenschütteln. Die Spitzen abzupfen und fein hacken. Frühlingszwiebeln waschen, putzen und fein schneiden. Brokkoli waschen, putzen und in Röschen teilen. Zugedeckt in einem Siebeinsatz über Wasserdampf 8 Minuten garen.

3 Die Backofentemperatur auf 200 °C (Umluft 180 °C, Gas Stufe 3–4) erhöhen. Die Eier trennen. Die Eigelbe mit dem Joghurt verrühren. Mit Hirse, Dill, Frühlingszwiebeln und Parmesan mischen. Salzen und pfeffern. Eiweiß steif schlagen und unter die Hirsemasse heben. Brokkoli daruntermischen.

4 4 Auflaufförmchen mit der Butter ausstreichen. Die Hirsemasse hineinfüllen und alles im vorgeheizten Backofen 30 Minuten backen.

Gesundheitstipp Besonders Kinder und Jugendliche sollten häufig Hirse essen: Sie ist außerordentlich reich an Fluor und kann daher zur Kariesprophylaxe beitragen.

Brokkoli-Paprika-Salat

1 Das Gemüse waschen und putzen. Den Brokkoli in kleine Röschen teilen. Die Paprika in kleine Würfel schneiden. Das Basilikum waschen, trockenschütteln und fein schneiden. Zwiebel und Knoblauch abziehen, fein hacken.

2 Den Brokkoli zugedeckt in einem Siebeinsatz über Wasserdampf in 7 bis 8 Minuten bissfest garen.

3 Zitronensaft, Essig und Olivenöl mit dem Schneebesen gut verrühren. Das Dressing mit Salz und Pfeffer abschmecken.

4 Brokkoli, Paprika, Basilikum, Zwiebeln und Knoblauch mit dem Dressing vermischen. Den Brokkoli-Paprika-Salat nur kurz durchziehen lassen. Dann mit den Pinienkernen bestreuen, auf 4 Tellern anrichten und servieren.

Zutaten für 4 Personen

600 g Brokkoli

1 gelbe Paprikaschote

1 Bund Basilikum

1 rote Zwiebel

1 Knoblauchzehe

2 EL Zitronensaft

1 EL Weißweinessig

3 EL Olivenöl

Salz, Pfeffer aus der Mühle

30 g Pinienkerne

Zubereitungszeit
30 Minuten

 Tipp Der Salat ist noch schneller zubereitet, wenn Sie anstatt Basilikum, Zwiebel und Knoblauch eine tiefgekühlte italienische Kräutermischung verwenden.

Inhaltsstoffe Blumenkohl, der Verwandte des Brokkolis, könnte vor Neid noch blasser werden. Denn Brokkoli enthält bei gleichem Energiegehalt etwa fünfmal mehr Kalzium, doppelt so viel Eisen, die 15-fache Menge an Karotin sowie 4-mal mehr Vitamin C!

Lachs mit Brokkoli und Garnelen

1 Lachsfilet kalt waschen, trockentupfen und in mundgerechte Würfel schneiden. Dabei vorhandene Gräten entfernen.

2 Limette heiß abwaschen und trocknen. Die Schale fein abreiben und den Saft auspressen. Limettenschale und -saft mit Salz und Pfeffer verrühren. Die Lachswürfel darin wenden.

3 Brokkoli waschen, putzen und in Röschen teilen. Den Brokkoli in wenig Wasser etwa 5 Minuten zugedeckt dünsten. Abtropfen lassen, dabei die Garflüssigkeit auffangen.

4 Butter aufschäumen, Mehl einstreuen und unter Rühren goldgelb werden lassen. Nach und nach mit Fond, Wein und dem Brokkoliwasser ablöschen und sämig kochen. Schmand und Senf einrühren und mit Salz und Pfeffer abschmecken.

5 Brokkoli, Lachs und Garnelen vorsichtig unter die Sauce rühren. Alles bei schwacher Hitze noch 3 bis 4 Minuten darin ziehen lassen.

6 Petersilie waschen, trockenschütteln und grob hacken. Das Lachsgericht auf Tellern anrichten und vor dem Servieren mit Petersilie bestreuen.

Gesundheitstipp Lachs enthält Selen und Vitamin E, Garnelen enthalten Selen, Jod und Fluor. Brokkoli zählt mit seinem Vitalstoffgehalt zu den gesündesten Gemüsen überhaupt. Die Brokkolistiele sind übrigens besonders reich an Chlorophyll und Selen.

Zutaten für 4 Personen

500 g Lachsfilet
1 Limette
Salz, weißer Pfeffer aus der Mühle
600 g Brokkoli
1/2 EL Butter
2 EL Weizenmehl Type 1050
400 ml Hummerfond (Glas)
1/8 l trockener Weißwein
3 EL Schmand
1–2 EL Dijonsenf
100 g geschälte, gegarte Garnelen
3 Stängel glatte Petersilie

Zubereitungszeit
1 Stunde

Buchweizen

Buchweizenpfanne mit Feta

Zutaten für 4 Personen
2 Stangen Porree
2 Karotten
1 EL Olivenöl
200 g Buchweizen
1/2 l Gemüsebrühe
Salz, Pfeffer aus der Mühle
gemahlener Koriander
gemahlener Kreuzkümmel
2 Stängel Minze
1/2 Bund glatte Petersilie
250 g geräucherte, gekochte Putenbrust
200 g Schafskäse (Feta)

Zubereitungszeit
45 Minuten

1 Porree längs halbieren, gründlich waschen und putzen. Karotten waschen und putzen. Porree und Karotten in dünne Scheiben schneiden.

2 Das Öl in einer großen beschichteten Pfanne erhitzen. Karotten und weiße Teile vom Porree darin anbraten. Buchweizen dazugeben und die Mischung mit der Gemüsebrühe ablöschen.

3 Mit Salz, Pfeffer, Koriander und Kreuzkümmel würzen und zugedeckt bei schwacher Hitze 20 Minuten garen. Das zarte Grün vom Porree dazugeben und das Pfannengericht weitere 10 Minuten garen.

4 Die Kräuter waschen, trockenschütteln und hacken. Putenbrust und Feta in feine Streifen schneiden. Beide Zutaten in die Buchweizenpfanne geben und 3 bis 4 Minuten unter Rühren erhitzen. Das Gericht in der Pfanne servieren.

 Gesundheitstipp Buchweizen ist ein glutenfreies Getreide, wird also von Menschen, die unter der Krankheit Zöliakie leiden, problemlos vertragen. Buchweizen enthält nennenswerte Mengen an Magnesium, Selen und Zink.

Buchweizen-Gewürzwaffeln

1 Den Honig, die Butter und den Vanillezucker schaumig rühren. Die Eier nach und nach hinzufügen. Das Mehl und die Nüsse unterrühren, zum Schluss das Backpulver untermengen.

2 Milch, Zitronenschale, Zimt, Nelken, Piment, Kardamom und Salz unter die Buttermischung rühren. Den Teig zugedeckt etwa 10 Minuten quellen lassen.

3 Das Waffeleisen mit wenig Butter bestreichen und auf mittlerer Stufe vorheizen. Von dem Teig 1 bis 2 kleine Schöpflöffel hineingeben, verteilen und zu einer Waffel backen. Herausnehmen und warm halten. So weiterverfahren, bis der gesamte Teig verbraucht ist. Das Waffeleisen zwischendurch mit etwas Butter bestreichen.

Variante Für pikante Waffeln den Honig, den Vanillezucker, die Zitronenschale und die Gewürze weglassen und stattdessen 50 Gramm geriebenen Käse und 3 Esslöffel gehackte frische Kräuter unter den Waffelteig mischen. Zu den pikanten Waffeln passt Schnittlauchjoghurt oder Kräuterquark.

Zutaten für 6 Waffeln

3 EL Honig
75 g weiche Butter
1/2 Päckchen Vanillezucker
3 Eier
75 g Buchweizenmehl
75 g gemahlene Haselnusskerne
1/2 TL Backpulver
1/4 l Milch
1 TL abgeriebene Schale von 1 unbehandelten Zitrone
1/2 TL gemahlener Zimt
je 1 Msp. gemahlene Nelken und Piment
gemahlener Kardamom
1 Prise Salz
Butter für das Waffeleisen

Zubereitungszeit
30 Minuten

Chicorée

Überbackener Chicorée

Zutaten für 4 Personen

6 Stauden Chicorée
2 Schalotten
30 g Butter
300 ml Geflügelfond (Glas)
100 ml trockener Weißwein
Saft von 1 Zitrone
Salz, Pfeffer aus der Mühle
1 TL Zucker
2 feste Tomaten
Fett für die Form
2 EL Petersilie
150 g Gouda in Scheiben

Zubereitungszeit
45 Minuten

1 Chicorée waschen, längs halbieren, den Strunk entfernen und putzen. Schalotten abziehen und würfeln.

2 Butter in einer Kasserolle erhitzen. Schalotten darin glasig braten. Fond, Wein und Zitronensaft dazugießen und alles offen auf die Hälfte einkochen lassen. Sud mit Salz, Pfeffer und Zucker würzen.

3 Die Tomaten waschen, putzen und würfeln. Chicoréehälften mit den Schnittflächen nach unten in eine gefettete ofenfeste Form legen. Petersilie waschen, trockenschütteln, fein hacken. Tomaten und Petersilie darüberstreuen und den vorbereiteten Sud angießen.

4 Den Chicorée im vorgeheizten Backofen bei 180 °C (Umluft 160 °C, Gas Stufe 2–3) etwa 20 Minuten offen garen. Käse entrinden. Chicorée damit belegen. Das Gericht überbacken, bis der Käse goldbraun ist.

 Gut zu wissen Den Keil am Wurzelansatz des Chicorées sollte man immer herausschneiden, da er bitter schmeckt. Lagern Sie die Chicoréestauden zu Hause immer kühl und vor allem dunkel, damit sie schön weiß bleiben.

Rotbarsch mit Chicorée

1 Das Rotbarschfilet in 7 Zentimeter große Stücke schneiden. Das Mehl auf einen Teller geben, mit Salz und Pfeffer mischen. Die Fischstücke darin wenden. Überschüssiges Mehl entfernen.

2 Die Hälfte der Butter in einer beschichteten Pfanne erhitzen. Die Fischstücke darin auf jeder Seite 1 Minute braten. Auf einen Teller legen und im vorgeheizten Backofen bei 100 °C (Umluft 80 °C, Gas Stufe 1) warm stellen.

3 Den Chicorée waschen, putzen und den Strunk entfernen. Große Blätter in Streifen schneiden, kleine ganz verwenden. 20 Gramm Butter in der Pfanne erhitzen. Den Chicorée darin kurz anbraten.

4 1 Orange heiß abwaschen und trockenreiben. Von der Hälfte die Schale abreiben. Beide Orangen auspressen. Den Saft in die Pfanne geben und den Chicorée zugedeckt 5 Minuten schmoren. Mit Orangenschale, Zucker, Salz und Pfeffer würzen und die Flüssigkeit offen auf die Hälfte einkochen lassen.

5 Crème fraîche unter die Sauce rühren. Fischstücke mit dem ausgetretenen Saft unter den Chicorée heben und alles kurz erhitzen. Auf 4 Tellern anrichten und Reis dazu reichen.

Gesundheitstipp Bereiten Sie zweimal pro Woche ein (See-)Fischgericht zu, um Ihre Jodversorgung zu sichern. Das lebenswichtige Spurenelement senkt das Risiko der Kropfbildung.

Zutaten für 4 Personen

600 g Rotbarschfilet
3 EL Weizenmehl Type 1050
Salz, weißer Pfeffer aus der Mühle
40 g Butter
600 g Chicorée
2 unbehandelte Orangen
1/4 TL Zucker
3 EL Crème fraîche
Reis als Beilage

Zubereitungszeit
35 Minuten

Endivie

Nussiger Endiviensalat

Zutaten für 4 Personen

Für den Salat
2 Endiviensalate
2 Stauden Chicorée
1 reife Mango
10 Stängel Koriandergrün
400 g gegarte Hirse
4 EL geröstete Cashewnusskerne
1 Limette

Für das Dressing
8 EL Limettensaft
4 EL Maiskeimöl
2 TL Honig
Salz, Pfeffer aus der Mühle
1/2 TL gemahlener Koriander
je 2 Msp. gemahlener Ingwer und Cayennepfeffer

Zubereitungszeit
30 Minuten

1 Endiviensalate waschen, putzen und trockenschütteln. In feine Streifen schneiden und auf 4 großen Tellern anrichten.

2 Chicorée waschen und die Blätter vom Strunk lösen. Chicoréeblätter fächerförmig auf dem Endiviensalat verteilen. Mango schälen. Fruchtfleisch in großen Stücken vom Stein schneiden und klein würfeln. In die Mitte der Salatportionen häufen.

3 Koriander waschen, trockenschütteln, die Blättchen von den Stielen zupfen. Hirse mit der Gabel auflockern, Korianderblättchen untermischen.

4 Für das Dressing den Limettensaft mit Öl, 4 Esslöffeln Wasser und Honig verrühren. Mit Salz, Pfeffer, Koriander, Ingwer und Cayennepfeffer abschmecken.

5 Die Hälfte des Dressings unter die Hirse mischen. Die Hirse auf den Chicoréeblättern verteilen.

6 Restliches Dressing über den Salat und die Mangostücke träufeln. Cashewnusskerne darüberstreuen. Die Limette heiß waschen, trockenreiben, in dünne Scheiben schneiden und den Salat damit garnieren.

Gesundheitstipp Dieser Salat ist ein echter Fitmacher: Ingwer und Koriander verleihen ihm seinen exotischen Geschmack, Hirse und Cashewnusskerne sind reich an Kohlenhydraten, die satt machen und Energie und Vitalität steigern.

Erbse

Knoblauch-Erbsen-Suppe

Zutaten für 4 Personen

1 Kartoffel
20 Knoblauchzehen
1 l Gemüsebrühe
2 EL Olivenöl
1/2 TL getrockneter Liebstöckel
1 Prise geriebene Muskatnuss
1/4 TL abgeriebene Schale von 1 unbehandelten Zitrone
150 g junge TK-Erbsen
1 EL Zitronensaft
Salz, Pfeffer aus der Mühle
4 EL saure Sahne
1/2 TL edelsüßes Paprikapulver

Zubereitungszeit
30 Minuten

1 Kartoffel waschen, schälen und würfeln. Knoblauch abziehen und ganz lassen.

2 Die Brühe mit Kartoffeln, Knoblauchzehen, Olivenöl, Liebstöckel, Muskat und abgeriebener Zitronenschale zum Kochen bringen. Zugedeckt 15 bis 20 Minuten leicht kochen lassen.

3 Die tiefgekühlten Erbsen in die Knoblauchsuppe geben und weitere 3 Minuten kochen.

4 Die Suppe mit dem Stabmixer pürieren. Anschließend erneut erhitzen, jedoch nicht kochen lassen.

5 Die Knoblauch-Erbsen-Suppe mit Zitronensaft, Salz und Pfeffer abschmecken. In 4 Schälchen füllen und mit je einem Klecks saurer Sahne und mit Paprikapulver bestreut servieren.

Reis mit Erbsen

1 Den Knoblauch abziehen und fein hacken. Zwiebel abziehen und fein würfeln.

2 Öl erhitzen, Zwiebeln und Knoblauch darin glasig dünsten. Reis zugeben und unter Rühren 5 Minuten mitbraten. Erbsen hinzufügen und Hühnerbrühe angießen, aufkochen und zugedeckt bei milder Hitze 30 Minuten garen.

3 Am Ende der Garzeit den Parmesan und die Schinkenwürfel untermischen und mit Salz und Pfeffer würzen.

 Inhaltsstoffe Die schleimbildenden Substanzen von Reis wirken heilend bei Verdauungsstörungen. Übrigens besitzt Naturreis noch die Kornschale, das hauchdünne Silberhäutchen und den Keimling. Dadurch ist er, im Gegensatz zu geschliffenem Reis, reich an kostbaren Wirk- und Nährstoffen, allen voran dem wichtigen Nervenvitamin B1.

Zutaten für 4 Personen

1 Knoblauchzehe
1 Zwiebel
2 EL Olivenöl
250 g Risottoreis
300 g TK-Erbsen
1/2 l Hühnerbrühe
4 EL geriebener Parmesan
150 g Schinkenspeckwürfel
Salz, Pfeffer aus der Mühle

Zubereitungszeit
45 Minuten

Feldsalat

Feldsalat mit Käsecroûtons und Sprossen

Zutaten für 4 Personen
1 Knoblauchzehe
2 TL Kapern
1 EL Essig
1 EL Zitronensaft
1 TL Dijonsenf
Salz, Pfeffer aus der Mühle
4 EL Olivenöl
100 g Feldsalat
1 Radicchio
5 EL Radieschensprossen
1 rote Zwiebel
250 g Ziegenkäserolle
12 dünne Scheiben Baguette
16 schwarze Oliven

Zubereitungszeit
40 Minuten

1 Den Knoblauch abziehen und mit den Kapern fein hacken. Essig, Zitronensaft, Senf, etwas Salz und Pfeffer verrühren. Olivenöl unterrühren. Knoblauch und Kapern daruntermischen. Die Vinaigrette mit Salz und Pfeffer abschmecken.

2 Den Feldsalat und den Radicchio waschen, putzen und trockenschütteln. Die Radieschensprossen in einem Sieb kalt abbrausen. Die Zwiebel abziehen und in dünne Ringe schneiden. Die Blattsalate und die Zwiebeln portionsweise anrichten.

3 Käse in Scheiben schneiden, Baguette damit belegen. Im vorgeheizten Backofen bei 200 °C (Umluft 180 °C, Gas Stufe 3–4) 7 Minuten überbacken. Die Vinaigrette über den Salat geben. Mit den Käsecroûtons, Sprossen und Oliven garnieren.

 Gesundheitstipp Feldsalat ist unter den Blattsalaten der eisenreichste. Eine optimale Eisenversorgung macht den Körper widerstandsfähig gegen Stress und Krankheiten. Vor allem Frauen zwischen 14 und 50 Jahren, die sich vegetarisch ernähren, müssen auf genug Eisen achten!

Gemischter Fisch auf Feldsalat

1 Für den Salat den Feldsalat waschen, trockenschleudern, putzen. Das Forellenfilet häuten und in Stücke schneiden. Mit dem Salat, Lachs, Garnelen und Kaviar auf 4 Tellern anrichten.

2 Die Brotscheiben in kleine Würfel schneiden. Die Brotwürfel in der Butter goldbraun rösten. Knoblauch abziehen und dazupressen. Die Croûtons beiseitestellen.

3 Für das Dressing Essig, Senf, Salz, Pfeffer und Öl verrühren. Den Dill waschen und trockenschütteln, die groben Stiele entfernen. Ein paar Stängel für die Garnitur beiseitelegen, von den restlichen die Spitzen abzupfen, fein hacken und unter das Dressing mischen.

4 Das Dressing über Fisch, Garnelen und Kaviar träufeln und die Portionen mit den Knoblauchcroûtons bestreuen. Mit den Dillzweigen garnieren. Dazu schmeckt Vollkornbrot.

Zutaten für 4 Personen

100 g Feldsalat

150 g geräuchertes Forellenfilet

100 g Graved Lachs

100 g geschälte, gegarte Garnelen

100 g Lachskaviar

2 Scheiben Vollkorntoast

2 TL Butter

1 kleine Knoblauchzehe

4 EL Weißweinessig

1 TL körniger Senf

Salz, Pfeffer aus der Mühle

6 EL Olivenöl

1 Bund Dill

Zubereitungszeit
25 Minuten

 Variante Sie können den Snack mit einer in Scheiben geschnittenen Avocado anreichern und so als kaltes Mittag- oder Abendessen servieren.

 Inhaltsstoffe Gesund für Herz und Gefäße: Lachs enthält Omega-3-Fettsäuren, die die Blutfettwerte und den Blutdruck regulieren sowie die Bildung von Blutgerinnseln verhindern können. Auch Migränepatienten scheinen vom Lachsöl zu profitieren: Es entspannt die Gefäße und fördert die Gehirndurchblutung.

Feldsalat mit Hähnchenbrust

1 Den Feldsalat waschen, putzen und trockenschütteln. Die Frühlingszwiebeln waschen, putzen und mit dem zarten Grün in feine Ringe schneiden.

2 Die Pilze putzen und mit Küchenpapier säubern. In dünne Scheiben schneiden. Die Orangen so schälen, dass die weiße Haut mit entfernt wird. Die Filets mit einem scharfen Messer zwischen den Trennhäutchen herauslösen, dabei den abtropfenden Saft auffangen.

3 Feldsalat, Frühlingszwiebeln, Champignons und Orangenfilets auf Tellern anrichten.

4 Senf, Estragonessig, Joghurt, Orangensaft und 3 Esslöffel Öl zu einem Dressing verrühren. Mit Salz und Pfeffer würzen. Das Dressing über die Salatportionen träufeln.

5 Die Hähnchenbrustfilets in Streifen schneiden. 1 Esslöffel Öl erhitzen und das Fleisch darin goldbraun braten. Mit Salz und Pfeffer würzen, herausnehmen und warm stellen.

6 Den Bratensatz mit Aceto balsamico und Marsala loskochen. Die Hähnchenbrustfilets in Streifen schneiden und auf den Salatportionen verteilen. Den Bratensatz darüberträufeln. Sofort mit geröstetem Vollkorntoast servieren.

Zutaten für 4 Personen
- 250 g Feldsalat
- 1 Bund Frühlingszwiebeln
- 4 große Champignons
- 2 große Orangen
- 1 TL Dijonsenf
- 2 EL Estragonessig
- 4 EL Joghurt
- 4 EL Sonnenblumenöl
- Salz, Pfeffer aus der Mühle
- 400 g Hähnchenbrustfilets
- 1 EL Aceto balsamico
- 1 EL Marsala

Zubereitungszeit
30 Minuten

Inhaltsstoffe Feldsalat und grüne Blattgemüse enthalten Folsäure, die leicht durch Hitze und Sauerstoff zerstört wird.

Fenchel

Fenchel mit Mandelplätzchen

Zutaten für 4 Personen

4 Fenchelknollen
400 g Champignons
5 geschälte Tomaten
2 Knoblauchzehen
2 EL Olivenöl
2 EL Butter
1 EL gehackte Petersilie
1 TL getrockneter Oregano
200 ml Gemüsebrühe
Salz
100 g geriebener Parmesan
100 g geriebene Mandeln
1 Ei
Pfeffer aus der Mühle
1 TL gemahlener Koriander
1 Prise geriebene Muskatnuss

Zubereitungszeit
1 Stunde 10 Minuten

1 Fenchel waschen, putzen und der Länge nach halbieren. Champignons abbrausen, gut abtropfen lassen, putzen und vierteln. Tomaten in kleine Stücke schneiden. Knoblauch abziehen und fein hacken.

2 In einer großen Pfanne mit dickem Boden das Olivenöl und 1 Esslöffel Butter erhitzen und die Fenchelhälften mit den Schnittflächen nach unten darin zugedeckt 15 Minuten bei schwacher Hitze goldbraun schmoren.

3 Fenchel mit den Schnittflächen nach oben nebeneinander in eine große flache Auflaufform legen. Champignons, Tomaten, Knoblauch, Petersilie und Oregano dazwischen verteilen. Die Gemüsebrühe salzen und nur so viel angießen, dass der Fenchel nicht ganz bedeckt ist.

4 Für die Mandelplätzchen Parmesan, Mandeln, Ei, Pfeffer, Koriander, Muskat und 1 Prise Salz zu einem festen Teig verkneten. Daraus kleine Plätzchen in der Größe der Fenchelschnittflächen formen und darauflegen.

5 1 Esslöffel Butter in Flöckchen darauf verteilen. Fenchel im vorgeheizten Backofen bei 200 °C (Umluft 180 °C, Gas Stufe 3–4) 25 Minuten überbacken, bis die Plätzchen goldbraun und knusprig sind. Auf 4 Tellern anrichten.

Fenchel in Orangensauce

1 Die Schalotten abziehen und fein hacken. Den Fenchel waschen, putzen und in Viertel schneiden.

2 Die Orangen so schälen, dass die weiße Haut mit entfernt wird. Die Filets mit einem scharfen Messer zwischen den Trennhäutchen herauslösen, dabei den abtropfenden Saft auffangen.

3 Die Haselnüsse auf einem Blech im vorgeheizten Backofen bei 200 °C (Umluft 180 °C, Gas Stufe 3) 7 Minuten anrösten. Herausnehmen und grob hacken.

4 Die Schalotten im Öl glasig dünsten. Den Fenchel dazugeben, leicht salzen und kurz anbraten. Die Gemüsebrühe angießen, mit Zimt, Muskat, Piment, Pfeffer und Orangenschale würzen. Den Fenchel etwa 15 Minuten kochen, er soll noch bissfest sein.

5 Die Crème fraîche mit dem Orangensaft glatt rühren und mit dem Fenchel vermischen. Alles kurz erhitzen, mit Salz und Pfeffer abschmecken. Den Fenchel in Orangensauce mit den Orangenfilets und den Nüssen garnieren und auf 4 Tellern anrichten.

Zutaten für 4 Personen

2 Schalotten
4 Fenchelknollen
1 Orange
30 g Haselnusskerne
2 EL Öl
Salz
400 ml Gemüsebrühe
1/4 TL gemahlener Zimt
1 Prise geriebene Muskatnuss
1 Prise gemahlenes Piment
Pfeffer aus der Mühle
1/2 TL abgeriebene Schale von 1 unbehandelten Orange
2 EL Crème fraîche
6 EL Orangensaft

Zubereitungszeit
35 Minuten

Inhaltsstoffe Fenchel enthält zu 2 bis 3 Prozent die ätherischen Öle Athenol und Fenchon. Diese fördern die Durchblutung der Schleimhäute von Atmungsorganen und Verdauungstrakt. Darüber hinaus beruhigen sie einen nervösen Magen.

Grünkohl

Grünkohl mit Kalbsbrät

Zutaten für 4 Personen

1 kg junger, zarter Grünkohl
1 Zwiebel
20 g Butter
400 g grobe Kalbsbratwurst oder rohe Rostbratwürstchen
400 ml Kalbsfond (Glas)
Salz, Pfeffer aus der Mühle
1/4 TL Kümmelsamen
2 harte Birnen
Pellkartoffeln als Beilage

Zubereitungszeit
55 Minuten

1 Grünkohl waschen, putzen, die Blätter vom Strunk lösen und in einem Topf mit Dämpfeinsatz über wenig Wasser 20 Minuten dämpfen, dann abkühlen lassen. Die Grünkohlblätter fein hacken. Die Dämpfflüssigkeit aufbewahren.

2 Zwiebel abziehen, fein würfeln und in der Butter glasig braten. Das Kalbsbrät in Klößchen aus der Haut drücken und in der Zwiebelbutter rundum anbraten. Den Grünkohl zugeben und ebenso anbraten.

3 Kalbsfond und 1/4 Liter der Dämpfflüssigkeit angießen und mit Salz, Pfeffer und Kümmel würzen. Zugedeckt bei mittlerer Hitze 20 Minuten kochen.

4 Die Birnen waschen, vierteln und entkernen. Auf den Kohl legen und alles zugedeckt 10 Minuten garen. Mit Salz und Pfeffer abschmecken und mit Pellkartoffeln servieren.

 Gut zu wissen Der Kümmel entfaltet seine verdauungsfördernden Eigenschaften am besten, wenn man ihn im Mörser grob zerstößt, bevor man den Grünkohl damit würzt.

Gesundheitstipp Der Grünkohl wird zu Unrecht oft gemieden: Dank seines Gehalts an Vitaminen – vor allem Vitamin C – schützt er vor Erkältungen, beugt aber auch Müdigkeit und Konzentrationsschwäche vor (B-Vitamine).

Linseneintopf mit Grünkohl

1 Zwiebel und Knoblauch abziehen und würfeln. Das Öl erhitzen und Zwiebeln und Knoblauch darin glasig dünsten. Ingwer schälen.

2 Speck und Ingwer klein würfeln, kurz mitbraten. 1 Liter kaltes Wasser dazugießen. Linsen waschen und hinzufügen.

3 Kartoffeln und Karotten waschen, schälen, klein würfeln und dazugeben. Alles bei mittlerer Hitze etwa 60 Minuten kochen lassen.

4 Grünkohl und Sellerie waschen und putzen. Grünkohl in Streifen, Selleriestangen in Scheiben schneiden. 1 1/4 Liter Salzwasser in einem Topf aufkochen. Kohl und Sellerie darin etwa 10 Minuten garen.

5 Frühlingszwiebeln waschen, putzen, in Ringe schneiden, zu den Linsen geben. Kohl und Sellerie abgießen, zum Eintopf geben. Eventuell etwas Brühe dazugießen. Mit Gewürzen und Essig abschmecken.

Zutaten für 4 Personen
1 große Zwiebel
2 Knoblauchzehen
2 EL Öl
2 cm frische Ingwerwurzel
1 Scheibe Schinkenspeck
200 g Tellerlinsen
je 250 g Kartoffeln, Karotten und Grünkohl
6 Stangen Staudensellerie
Salz
2 Frühlingszwiebeln
Pfeffer
1 TL Currypulver
1 Prise gemahlener Koriander
1 Msp. Cayennepfeffer
2 EL Essig

Zubereitungszeit
1 Stunde 30 Minuten

 Inhaltsstoffe Roher Grünkohl enthält von allen Gemüsesorten am meisten Karotinoide. Gegart reiht er sich zwar nach Karotte und Kürbis ein, hat jedoch immer noch einen bemerkenswert hohen Beta-Karotin-Gehalt.

Gurke

Pikante Joghurtkaltschale mit Gurke

Zutaten für 4 Personen
1 Salatgurke
Salz
500 g Joghurt
250 ml Kefir (1,5 % Fett)
1 EL Zitronensaft
2 TL Chiliflocken
2 Frühlingszwiebeln
1 gelbe Paprikaschote
1 Handvoll Radieschensprossen
Pfeffer aus der Mühle

Zubereitungszeit
40 Minuten plus
1 Stunde Kühlzeit

1 Die Gurke schälen und grob raspeln. Mit Salz bestreuen und etwa 15 Minuten ziehen lassen.

2 Joghurt und Kefir mit dem Zitronensaft sowie 1 Teelöffel Chiliflocken verrühren. Zugedeckt 1 Stunde kalt stellen.

3 Frühlingszwiebeln waschen, putzen und die weißen und hellgrünen Teile in feine Ringe schneiden. Die Paprikaschote waschen, putzen und in sehr feine Streifen schneiden.

4 Die Radieschensprossen abbrausen und abtropfen lassen. Die Gurkenraspel zwischen mehreren Lagen Küchenpapier gründlich ausdrücken.

5 Vor dem Servieren die Gurken und jeweils die Hälfte der Frühlingszwiebeln und der Paprika unter die Joghurtmischung rühren. Mit Salz und Pfeffer abschmecken.

6 Die Joghurtmischung auf 4 Suppenteller oder Schalen verteilen. Vor dem Servieren mit den restlichen Frühlingszwiebeln und Paprikastreifen, 1 Teelöffel Chiliflocken und den Radieschensprossen bestreuen.

 Variante Statt Chiliflocken können Sie auch 2 kleine getrocknete rote Chilischoten verwenden und diese ohne Stiel und Kerne zwischen den Fingern zerbröseln.

Rindfleischsalat mit Gurkendressing

Zutaten für 4 Personen

1 Knoblauchzehe
1/2 Bund Petersilie
1/2 Bund Basilikum
1/2 Gurke
2 EL Sherryessig
2 EL Rapsöl
Salz, Pfeffer aus der Mühle
2 Tomaten
1 grüne Paprikaschote
4 Radieschen
3 Frühlingszwiebeln
200 g kalter Rinderbraten

Zubereitungszeit
20 Minuten

1 Für das Dressing Knoblauch abziehen und fein würfeln. Petersilie und Basilikum waschen, trockenschütteln und fein hacken.

2 Die Gurke waschen, schälen und in Stücke schneiden. Im Mixer pürieren. Die Flüssigkeit durch ein Sieb gießen und mit Essig, Öl, Petersilie, Basilikum und dem Knoblauch vermischen. Das Dressing mit Salz und Pfeffer abschmecken.

4 Tomaten, Paprika, Radieschen und Frühlingszwiebeln waschen und putzen. Tomaten, Paprika und Radieschen in kleine Würfel, die Frühlingszwiebeln in feine Ringe schneiden.

5 Das Fleisch in feine Streifen schneiden. Das vorbereitete Gemüse und das Fleisch mit dem Gurkendressing vermischen. Mit Salz und Pfeffer abschmecken und auf 4 Teller verteilen.

 Gesundheitstipp Gurken bestehen aus bis zu 95 Prozent Wasser, was sie besonders erfrischend macht. Sie sättigen bei einem Minimum an Kalorien und versorgen unsere Zellen mit Vitaminen und Spurenelementen.

Gurkenhappen mit Käsecreme

1 Für die Creme die Schalotte abziehen und mit den Kapern fein würfeln. Den Camembert entrinden, in kleine Stücke schneiden und mit der Gabel fein zerdrücken. Camembert, Quark, Schalotten, Kapern und Paprikapulver mit dem Handrührgerät verrühren. Mit Salz und Chilipulver abschmecken.

2 Gurke waschen und in dünne Scheiben schneiden. Paprikaschote waschen, putzen und in kleine Dreiecke schneiden. Die Kresse abbrausen, trockenschütteln und knapp über dem Wurzelansatz abschneiden.

3 Aus der Creme mit 2 Teelöffeln kleine Klößchen abstechen. Je 1 Klößchen auf eine Gurkenscheibe setzen. Gurkenhappen mit Paprikadreiecken und Kresse garnieren und auf eine Platte setzen.

Zutaten für 4 Personen
1 Schalotte
2 TL Kapern
150 g reifer Camembert
100 g Magerquark
1/2 TL edelsüßes Paprikapulver
Salz
Chilipulver
1/2 Gurke
1 rote Paprikaschote
1 Kästchen Kresse

Zubereitungszeit
15 Minuten

Variante Ein leckerer Snack, wenn Sie unerwartet Gäste bekommen: die Creme auf geröstetes Weißbrot streichen und die Toasts mit Tomatenscheiben garnieren.

Gesundheitstipp Kresse übt eine reinigende Wirkung auf Leber, Galle, Nieren und Harnwege aus. Sie stärkt das Immunsystem und die gesunde Darmflora. Da sie auch Infektionen vorbeugt, ist sie besonders in den Wintermonaten eine ideale Nahrungsergänzung, die man zudem leicht auf der Fensterbank selbst ziehen kann.

Karotte

Karotten mit Eier-Kresse-Vinaigrette

Zutaten für 4 Personen

700 g junge Karotten mit Grün
1/4 l Gemüsebrühe
1 TL Honig
Salz, Pfeffer aus der Mühle
1 TL Butter
1 Ei
2 1/2 EL Weißweinessig
2 TL Aceto balsamico
2 EL kalt gepresstes Olivenöl
1 Kästchen Kresse

Zubereitungszeit
35 Minuten

1 Die Karotten dünn schälen oder unter fließendem kaltem Wasser abbürsten. Das Grün bis auf 1 Zentimeter abschneiden und etwas davon beiseitelegen.

2 Die Gemüsebrühe mit Honig, Salz, Pfeffer und Butter zum Kochen bringen. Die Karotten hineingeben und zugedeckt bei schwacher Hitze in 8 bis 10 Minuten bissfest garen. Die Karotten im Sud abkühlen lassen.

3 Das Ei hart kochen, kalt abschrecken und pellen. Für die Vinaigrette Weißweinessig mit Aceto balsamico, Salz, Pfeffer, 6 Esslöffel Karottensud und Olivenöl verquirlen.

4 Die lauwarmen Karotten aus dem Sud heben, abtropfen lassen und auf einer Platte anrichten. Die Marinade darüberträufeln.

5 Das Ei fein hacken. Die Kresse abbrausen, trockenschütteln und knapp über dem Wurzelansatz abschneiden. Ei und Kresse auf die Karotten streuen. Das Karottengrün fein hacken und darauf verteilen.

 Variante Statt Karotten können Sie auf die gleiche Art Spargelstangen marinieren. Besonders raffiniert ist eine Mischung aus jungen Karotten und Spargel.

Wirsing-Karotten-Gratin

1 Karotten waschen, schälen und in feine Scheiben schneiden. Wirsing waschen, putzen und in Streifen schneiden. Zwiebel abziehen und fein würfeln. Kartoffeln pellen und in Würfel schneiden.

2 Butter, Salz, Pfeffer und Muskat verrühren. Davon 1 Esslöffel erhitzen und die Karotten darin andünsten. Die Brühe angießen und alles aufkochen lassen. Den Wirsing hinzufügen und alles 1 Minute kochen lassen.

3 Eine große Gratinform mit 2 Esslöffeln der Würzbutter ausstreichen. Das Gemüse, die Kartoffeln, die Hälfte von dem Käse und die Petersilie mischen. Mit Salz und Pfeffer würzen und in die Form füllen.

4 Die Sahne und das Ei verquirlen und über das Gemüse in der Form gießen. Die Mandeln und die Semmelbrösel mit der restlichen Würzbutter verkneten. Die Masse auf dem Gratin verteilen und den übrigen Käse darüberstreuen.

5 Das Wirsing-Karotten-Gratin im vorgeheizten Backofen bei 200 °C (Umluft 180 °C, Gas Stufe 3–4) 25 Minuten backen, bis die Oberfläche schön gebräunt ist.

Gesundheitstipp Weil das Beta-Karotin in den Karotten regelrecht fest verpackt ist, sollten diese vor dem Verzehr geraspelt oder püriert werden. So ist das Beta-Karotin wesentlich besser zugänglich für den Organismus.

Zutaten für 4 Personen

300 g Karotten
300 g Wirsing
1 Zwiebel
300 g Pellkartoffeln
100 g Butter
Salz, Pfeffer aus der Mühle
geriebene Muskatnuss
100 ml Gemüsebrühe
125 g geriebener Bergkäse
2 EL gehackte Petersilie
300 g Sahne
1 Ei
50 g gemahlene Mandeln
30 g Semmelbrösel

Zubereitungszeit
55 Minuten

Glasierte Karotten mit Kerbelschaum

1 Karotten unter kaltem Wasser abbürsten, putzen und ein wenig Grün stehen lassen. In einem Topf 10 Gramm Butter, Zucker und 1 Prise Salz erhitzen. Karotten darin unter Wenden anbraten.

2 Kalbsfond angießen. Karotten bei schwacher Hitze offen etwa 15 Minuten bissfest kochen, bis die Flüssigkeit verdampft ist. Mit Koriander würzen.

3 Für den Kerbelschaum die Frühlingszwiebeln waschen, putzen und in Ringe schneiden. Den Kerbel waschen, trockenschütteln und hacken.

4 10 Gramm Butter in einer Stielkasserolle erhitzen. Frühlingszwiebeln darin glasig braten. Crème double unterrühren. Sauce mit Zitronensaft, Kräutersalz sowie Pfeffer würzen und einmal aufkochen. Kerbel unterrühren. Topf vom Herd nehmen. Kerbelsauce mit dem Stabmixer aufschäumen und zu den Karotten servieren.

Gesundheitstipp Wählen Sie junge, zarte Karotten. Sie enthalten zum Teil doppelt so viel Mineralstoffe, z. B. Kalium, Magnesium oder Kalzium, wie ältere, dicke Rüben.

Zutaten für 4 Personen

600 g junge Karotten mit Grün
20 g Butter
10 g Zucker
Salz
150 ml Kalbsfond (Glas)
1/2 TL gemahlener Koriander
2 Frühlingszwiebeln
3 Handvoll Kerbel
150 g Crème double
1–2 TL Zitronensaft
Kräutersalz
weißer Pfeffer aus der Mühle

Zubereitungszeit
45 Minuten

Kartoffel

Kräuterkartoffeln mit Quark

Zutaten für 4 Personen

1 kg neue Kartoffeln
200 g Schalotten
4 Knoblauchzehen
1 EL Butter
3 EL Olivenöl
Salz, Pfeffer aus der Mühle
2 Zweige Rosmarin
10 Zweige Zitronenthymian
1/8 l Gemüsebrühe
150 g Tomaten
1 Bund glatte Petersilie
500 g Magerquark
2 EL Weizenkeime
3 EL Milch

Zubereitungszeit
50 Minuten

1 Kartoffeln waschen und in Spalten schneiden. Schalotten und Knoblauch abziehen und würfeln.

2 Butter und 2 Esslöffel Olivenöl erhitzen. Schalotten und Knoblauch darin glasig braten. Kartoffeln mit anbraten, salzen und pfeffern.

3 Rosmarin und Zitronenthymian waschen, trockenschütteln, hacken und unter die Kartoffeln rühren. Brühe angießen und zugedeckt 30 Minuten garen.

4 Tomaten waschen, putzen und würfeln. Petersilie waschen, trockenschütteln und hacken. Beides mit Quark, 1 Esslöffel Olivenöl, Weizenkeimen und Milch verrühren. Mit Salz und Pfeffer würzen und zu den Kräuterkartoffeln servieren.

 Gesundheitstipp Die Kombination aus Kartoffeln und Quark liefert zusammen nicht nur wertvolles Eiweiß, das unser Körper ständig zum Aufbau neuer Zellen braucht, sondern auch eine ordentliche Portion an blutdrucksenkendem Kalium und Kalzium für Knochen, Muskeln und Nerven.

Kartoffelsuppe mit Shiitakepilzen

1 Die Karotten waschen und schälen. Die Frühlingszwiebeln waschen und putzen. Die Kartoffeln waschen und schälen. Das Gemüse klein schneiden.

2 Das vorbereitete Gemüse in 1 Esslöffel Butter kurz andünsten. Die Brühe angießen und alles aufkochen. Die Suppe zugedeckt 20 Minuten garen, bis das Gemüse weich ist.

3 Die Pilze abreiben und die Stiele entfernen. Die Hüte in Scheiben schneiden und mit dem Zitronensaft beträufeln. Den Speck von Schwarte und Knorpeln befreien und fein würfeln.

4 Den Speck ohne Fett bei mittlerer Hitze unter Rühren so lange auslassen, bis er leicht gebräunt ist. 1 Esslöffel Butter zum Speck in die Pfanne geben und die Pilze darin bei mittlerer Hitze unter Rühren einige Minuten braten.

5 Die Kartoffelsuppe mit dem Stabmixer grob pürieren, mit Salz und Pfeffer abschmecken. Die Suppe in 4 Suppenteller füllen, die Pilz-Speck-Mischung darauf verteilen und die Petersilie darüberstreuen.

Gesundheitstipp Räumen Sie Kartoffeln mehrmals in der Woche einen festen Platz auf Ihrem Speiseplan ein. Die Knollen liefern unter anderem eine gute Portion Vitamin B6, das für starke Nerven und ein gutes Immunsystem sorgt.

Zutaten für 4 Personen

2 Karotten
2 Bund Frühlingszwiebeln
500 g mehligkochende Kartoffeln
2 EL Butter
3/4 l Gemüsebrühe
200 g Shiitakepilze
1 EL Zitronensaft
2 Scheiben durchwachsener Räucherspeck
Salz, Pfeffer aus der Mühle
2 EL gehackte Petersilie

Zubereitungszeit
45 Minuten

Knoblauch

Scharfe Knoblauchspaghetti

Zutaten für 4 Personen

Salz
400 g Spaghetti
2 rote Chilischoten
1 Bund Rucola
3 Knoblauchzehen
6 EL Olivenöl
2 EL Butter
Pfeffer aus der Mühle

Zubereitungszeit
20 Minuten

1 Reichlich Salzwasser in einem großen Topf zum Kochen bringen und die Spaghetti darin nach Packungsanleitung bissfest kochen.

2 Die Chilischoten längs aufschneiden, entkernen, innen und außen gründlich waschen und fein hacken.

3 Den Rucola waschen und trockenschütteln. Die Blättchen ohne die groben Stiele in feine Streifen schneiden. Den Knoblauch abziehen und durch die Presse drücken.

4 Öl und Butter in einem Topf erhitzen. Knoblauch, Chili und Rucola hinzufügen und bei schwacher Hitze unter Rühren andünsten. Mit etwas Salz und Pfeffer würzen.

5 Die Spaghetti in ein Sieb abgießen, abtropfen lassen und gründlich mit der Knoblauch-Chili-Mischung vermischen. Die Spaghetti in 4 vorgewärmte tiefe Teller füllen und servieren.

 Gesundheitstipp Würzen Sie großzügig mit Knoblauch: Er stärkt die körpereigene Abwehr, senkt den Cholesterinspiegel und wirkt blutverdünnend – besonders wichtig für Infarktpatienten, weil die Durchblutung der Herzkranzgefäße verbessert wird.

Gemüse mit Knoblauchöl

1 Die Karotten waschen, putzen, schälen und längs in Stifte schneiden. Die Fenchelknolle waschen, putzen und halbieren. Den Strunk herausschneiden und die Fenchelhälften quer in Streifen teilen.

2 Die Paprikaschoten waschen, putzen und in Streifen schneiden. Die Zucchini waschen, putzen und in Stifte schneiden. Die Selleriestangen waschen, putzen und in Stücke schneiden.

3 Für das Knoblauchöl das Olivenöl in eine Schüssel füllen. Den Knoblauch abziehen und durch die Presse dazudrücken. Das Öl mit Salz und Pfeffer würzen und alles gut verquirlen.

4 Das Gemüse auf einer Platte anrichten und das Knoblauchöl dazustellen. Zum Essen die Gemüsesorten in das Öl tauchen.

 Tipp Erfrischend schmeckt dazu auch ein Kräuterjoghurt. Dafür 1 Esslöffel gehackte gemischte Kräuter mit 100 Gramm Joghurt verrühren, 1 Knoblauchzehe abziehen und dazupressen. Mit Salz und Pfeffer würzen. Sie können das Gemüse nach Geschmack und saisonalem Angebot austauschen. Sehr gut passen Cocktailtomaten, Radieschen, Salatgurke oder Kohlrabi.

Zutaten für 4 Personen
2 Karotten
1 Fenchelknolle
2 rote Paprikaschoten
2 kleine Zucchini
8 kleine Stangen Staudensellerie
100 ml Olivenöl
1 Knoblauchzehe
Salz, Pfeffer aus der Mühle

Zubereitungszeit
20 Minuten

Kohlrabi

Kohlrabi-Kartoffel-Puffer mit Gorgonzoladip

Zutaten für 4 Personen
1 reife Birne
2 TL Zitronensaft
60 g Gorgonzola
150 g fettarmer Joghurt
Salz, Pfeffer aus der Mühle
2 Kohlrabi (600 g)
600 g vorwiegend festkochende Kartoffeln
2 Eier
1 EL Mehl
geriebene Muskatnuss
3–4 EL Sonnenblumenöl

Zubereitungszeit
1 Stunde

1 Für den Gorgonzoladip die Birne waschen, trockenreiben und entkernen. Birne in grobe Stücke schneiden und mit dem Zitronensaft beträufeln. Den Gorgonzola dazugeben und alles im Mixer pürieren.

2 Den Joghurt untermischen, alles mit Salz und Pfeffer würzen und zugedeckt kalt stellen.

3 Die Kohlrabi putzen, schälen und grob raspeln. Die Kartoffeln schälen, waschen und fein reiben. Beides in einer Schüssel mit den Eiern und dem Mehl vermischen. Mit Salz, Pfeffer und Muskat kräftig würzen.

4 In einer großen Pfanne das Öl erhitzen. Pro Puffer 1 Esslöffel Teig hineingeben, flach drücken und bei mittlerer Hitze auf jeder Seite 5 Minuten goldbraun braten.

5 Die Puffer im Backofen bei 100 °C (Umluft 80 °C, Gas niedrigste Stufe) warm halten. Mit dem Gorgonzoladip servieren.

Kohlrabi mit Petersiliensauce

Zutaten für 4 Personen
1 kleine Zwiebel
50 g Kartoffeln
1 Bund Petersilie
1 1/2 EL Butter
400 ml Gemüsebrühe
800 g junger Kohlrabi
Salz, Pfeffer aus der Mühle
1 Prise geriebene Muskatnuss
2 EL Weißwein
2 EL Crème fraîche

Zubereitungszeit
30 Minuten

1 Für die Sauce die Zwiebel abziehen und fein würfeln. Die Kartoffel schälen und in kleine Würfel schneiden. Die Petersilie waschen, trockenschütteln und fein hacken.

2 ½ Esslöffel Butter zerlassen und die Zwiebeln darin glasig dünsten. Die Hälfte der Petersilie, die Kartoffelwürfel, 300 Milliliter Gemüsebrühe und Muskatnuss dazugeben. Alles zugedeckt bei schwacher Hitze 10 Minuten kochen.

3 Kohlrabi schälen und mit dem Gurkenhobel in feine Scheiben schneiden.

4 1 Esslöffel Butter zerlassen und den Kohlrabi darin 3 Minuten dünsten. Salzen und 100 Milliliter Brühe hinzufügen. Den Kohlrabi 5 Minuten bissfest garen.

5 Die Kartoffelmischung mit der restlichen Petersilie, dem Wein und der Crème fraîche im Mixer fein pürieren. Mit Salz und Pfeffer würzen. Kohlrabi portionsweise anrichten und mit der Petersiliensauce übergießen.

Inhaltsstoffe Kohlrabi ist sehr reich an verschiedenen B-Vitaminen. Beispielsweise B6, das wichtig ist für Eiweißsynthese, Biotin für gesunde Haut und schönes Haar, Niacin für den Energiestoffwechsel und Pantothensäure für Vitaliät, Zellenergie sowie Farbbildung in Haut und Haaren.

Rohkost mit Sourcreamdip

1 Die Zuckerschoten waschen, putzen und 2 Minuten in leicht gesalzenem Wasser blanchieren. In Eiswasser abschrecken und abtropfen lassen. Das restliche Gemüse sowie die Salatherzen waschen oder schälen und putzen.

2 Karotten und Rote Bete in dünne Stifte schneiden. Fenchel und Paprikaschote in Streifen schneiden. Kohlrabi in dünne Spalten und Salatherzen in Viertel schneiden. Gemüse und Salat nach Sorten getrennt auf einer großen Platte anrichten und die Roggenkeimlinge darüberstreuen.

3 Für den Dip Rucola waschen, putzen und trockenschütteln. Die harten Stiele entfernen und die Blätter fein hacken. Saure Sahne mit Öl, Zitronensaft, Salz, Pfeffer und Paprikapulver cremig verrühren. Rucola unterrühren. Den Sourcreamdip getrennt zu der Rohkostplatte servieren.

Variante Zum Dippen eignen sich auch andere Salat- und Gemüsesorten, wie Radicchio, Chicorée, große Champignons, Staudensellerie, Gurken und Zucchini.

Inhaltsstoffe Die drei Krebsschutzvitamine A, C und E unterstützen sich gegenseitig im Kampf gegen die aggressiven Sauerstoffmoleküle. Sie schützen die Körperzellen vor der Zerstörung und senken damit die Gefahr, dass Krebs entstehen kann.

Zutaten für 4 Personen

150 g Zuckerschoten
Salz
4 junge Karotten
1 Knolle Rote Bete
1 Fenchelknolle
1 rote Paprikaschote
1 Kohlrabi
4 kleine Salatherzen
70 g Roggenkeimlinge
1 kleines Bund Rucola
400 g saure Sahne
2 EL Rapsöl
2 EL Zitronensaft
Pfeffer aus der Mühle
1 Msp. edelsüßes Paprikapulver

Zubereitungszeit
35 Minuten

Kopfsalat

Salatrollen mit Kichererbsendip

Zutaten für 4 Personen
200 g Kichererbsen (Dose)
2 Knoblauchzehen
2 Schalotten
2 EL Olivenöl
4 EL Crème fraîche
1 getrocknete rote Chilischote
2 EL klein geschnittenes Koriandergrün
1 EL Zitronensaft
Salz, Pfeffer aus der Mühle
gemahlener Kreuzkümmel
einige Blätter Kopfsalat

Zubereitungszeit
15 Minuten plus
1 Stunde Kühlzeit

1 Die Kichererbsen abtropfen lassen. Knoblauch und Schalotten abziehen und halbieren. Kichererbsen, Knoblauch und Schalotten im Mixer oder mit dem Stabmixer fein pürieren.

2 Das Kichererbsenmus mit dem Olivenöl und der Crème fraîche verrühren. Die Chilischote hineinbröseln, das Koriandergrün dazugeben. Den Kichererbsendip mit Zitronensaft, Salz, Pfeffer und Kreuzkümmel würzen.

3 Die Kopfsalatblätter waschen und trockentupfen. Die Blätter mit dem Kichererbsendip bestreichen und aufrollen.

4 Die Salatrollen mindestens 1 Stunde kalt stellen, anschließend in mundgerechte Stücke schneiden und servieren.

 Tipp Salatblätter können Sie mit jeder anderen Paste oder einem anderen Dip bestreichen und aufrollen. Sehr gut schmeckt beispielsweise mit Paprikapulver und Knoblauch gewürzter pürierter Schafskäse (Feta) als Füllung für die Salatröllchen. Falls etwas Kichererbsendip übrig bleibt, reichen Sie zusätzlich noch etwas Rohkost zum Dippen dazu.

Salat mit Lachs und Zitronendressing

1 Den Kopfsalat und den Löwenzahn putzen, waschen und trockenschleudern. Die Frühlingszwiebeln waschen, putzen und in feine Ringe schneiden. Den Dill waschen und trockenschütteln. Die Spitzen abzupfen und fein hacken. Die Kresse abbrausen, trockenschütteln und knapp über dem Wurzelansatz abschneiden.

2 Für das Dressing saure Sahne, Joghurt, Zitronensaft, Zitronenschale und den Dill verrühren. Mit Salz und Pfeffer herzhaft abschmecken.

3 Das Toastbrot würfeln und auf einem Backblech verteilen. Im vorgeheizten Backofen bei 200 °C (Umluft 180 °C, Gas Stufe 3) 7 Minuten knusprig braun backen.

4 Den Räucherlachs in feine Streifen schneiden. Salatblätter, Löwenzahnblätter und Frühlingszwiebeln auf 4 Tellern anrichten. Das Zitronendressing auf dem Salat verteilen. Die Räucherlachsstreifen und die Brotwürfel daraufgeben. Den Salat mit der Gartenkresse garniert servieren.

Zutaten für 4 Personen
1/2 Kopfsalat
1/2 Staude Löwenzahnsalat
3 Frühlingszwiebeln
1/2 Bund Dill
1 Kästchen Kresse
100 g saure Sahne
100 g Joghurt
3 EL Zitronensaft
1 TL abgeriebene Schale von 1 unbehandelten Zitrone
Salz, Pfeffer aus der Mühle
2 Scheiben Vollkorntoast
200 g Räucherlachs

Zubereitungszeit
20 Minuten

Inhaltsstoffe Löwenzahnblätter sind eine ausgezeichnete Quelle für die hochwirksamen Antioxidanzien Beta-Karotin und Vitamin C, die zum Schutz vor Herzerkrankungen und verschiedenen Krebsarten beitragen. Seine Bitterstoffe regen zudem die Gallentätigkeit an und unterstützen die Arbeit der Leber, die unser wichtigstes Entgiftungsorgan ist.

Salat mit Tofu und Salsa verde

1 Für die Salsa verde die Petersilie waschen und trockenschütteln. Knoblauch abziehen. Petersilie, Knoblauch und Kapern grob zerkleinern und im Zerkleinerer oder Mixer mit Zitronensaft und Zitronenschale fein pürieren. Die Salsa salzen und pfeffern.

2 Für den Salat den Kopfsalat waschen, putzen, trockenschleudern und in mundgerechte Stücke teilen. Tomaten waschen, putzen und in dünne Spalten schneiden. Zwiebel abziehen und fein würfeln. Die Sonnenblumenkerne ohne Fett unter Rühren kurz anrösten.

3 Für das Dressing Sherryessig, Sojasauce und Pfeffer mit dem Schneebesen gründlich verrühren. Anschließend 3 Esslöffel Öl darunter rühren. Mit Salz abschmecken.

4 Tofu in 5 Millimeter dünne Scheiben schneiden. ½ Esslöffel Öl in einer beschichteten Pfanne erhitzen. Die Tofuscheiben darin auf beiden Seiten kurz anbraten.

5 Die Salatblätter, die Tomaten und die Zwiebeln in eine Schüssel geben und mit dem Dressing vermischen. Den Salat mit Salz und Pfeffer herzhaft würzen und auf 4 Tellern dekorativ anrichten.

6 Den Tofu auf den Salatportionen verteilen. Jeweils einen Klecks von der Salsa verde auf jede Tofuscheibe geben und mit den Sonnenblumenkernen bestreuen.

Zutaten für 4 Personen

1 Bund Petersilie
2 Knoblauchzehen
2 TL Kapern
2 EL Zitronensaft
1/2 TL abgeriebene Schale von 1 unbehandelten Zitrone
Salz, Pfeffer aus der Mühle
1 Kopfsalat
2 Tomaten
1 Zwiebel
2 EL Sonnenblumenkerne
1 1/2 EL Sherryessig
1 TL Sojasauce
3 1/2 EL Öl
250 g geräucherter Tofu

Zubereitungszeit
40 Minuten

Kürbis

Kürbis süß-sauer

Zutaten für 3 Gläser (à 500 g)
1,2 kg Kürbis (z. B. Muskatkürbis)
Salz
1/4 l Weißweinessig
1/4 l trockener Weißwein
2 Gewürznelken
2 Lorbeerblätter
einige weiße Pfefferkörner
4 cm frische Ingwerwurzel
1 Zimtstange
475 g Blütenhonig

Zubereitungszeit
1 Stunde 30 Minuten plus
2 Tage Ruhezeit

1 Den Kürbis schälen, die Kerne und das weiche Innere entfernen. Das Fruchtfleisch in mundgerechte Stücke schneiden. Kürbisstücke in reichlich Salzwasser portionsweise 2 Minuten vorgaren.

2 Kürbis abschrecken, abtropfen lassen und auf die drei Einmachgläser verteilen. Essig, Weißwein, Nelken, Lorbeerblätter und Pfefferkörner in einem Topf aufkochen. Den Ingwer schälen, raspeln und mit der Zimtstange dazugeben.

3 Den Honig hinzufügen und alles unter Rühren kochen lassen, bis er sich aufgelöst hat. Den ausgekühlten Sirup über die Kürbisstücke gießen – sie sollen ganz bedeckt sein. Zugedeckt bei Zimmertemperatur 1 Tag durchziehen lassen.

4 Am nächsten Tag den Sirup abgießen, aufkochen, auskühlen lassen. Über die Kürbisstücke gießen und alles 1 weiteren Tag durchziehen lassen.

5 Am 3. Tag den Sirup erneut abgießen, aufkochen und die Kürbisstücke darin portionsweise bissfest garen. Sterilisierte Einmachgläser in ein warmes Wasserbad stellen und die Kürbisstücke hineingeben.

6 Den Sirup etwas einkochen lassen, dann mit den Gewürzen auf die Gläser verteilen. Die Gläser aus dem Wasserbad nehmen, luftdicht verschließen, in eine Decke hüllen und langsam auskühlen lassen.

Herbstlicher Kürbissalat

1 Die Trockenpflaumen in kleine Stücke schneiden. Den Kürbis schälen, entkernen, das weiche Innere entfernen und auf der Küchenreibe grob raspeln. Den Apfel schälen, vierteln, entkernen und in kleine Würfel schneiden.

2 Die Pflaumen, die Kürbisraspel und die Apfelwürfel mit dem Essig vermischen.

3 Den Apfelsaft mit Salz, Pfeffer und 3 Esslöffeln Öl zu einer Marinade verrühren. Über den Salat geben und alles mischen. Den Kürbissalat auf Tellern anrichten.

4 Die Kürbiskerne in 1 Esslöffel Öl leicht rösten. Die Petersilie waschen, trockenschütteln, in feine Streifen schneiden und vor dem Servieren zusammen mit den Kürbiskernen über den Salat streuen.

 Inhaltsstoffe Kürbis erreicht Spitzenwerte, wenn es um den Beta-Karotin-Gehalt geht. Heute erhöhen zahlreiche Faktoren den Bedarf an diesem Provitamin. Dazu gehören starkes Rauchen, Stress, Alkoholkonsum, verschmutzte Atemluft, intensive Sonnenbestrahlung, Medikamente, Arbeiten am Computer und häufiges Fernsehen.

Zutaten für 4 Personen
8 entsteinte Trockenpflaumen
400 g Kürbisfleisch
1 säuerlicher Apfel
2 EL Apfelessig
4 EL ungesüßter Apfelsaft
Salz, Pfeffer aus der Mühle
4 EL Kürbiskernöl
1 EL Kürbiskerne
1 kleiner Stängel Petersilie

Zubereitungszeit
20 Minuten

Linse

Reisauflauf mit roten Linsen

Zutaten für 4 Personen
150 g Vollkornreis
Salz
1/2 l Gemüsebrühe
200 g rote Linsen
2 Schalotten
2 gelbe Paprikaschoten
1 EL Olivenöl
1 Knoblauchzehe
2 Eier
2 kleine Stängel Petersilie
100 g Sahne
Pfeffer aus der Mühle
Fett für die Form
1 EL Pinienkerne

Zubereitungszeit
1 Stunde 10 Minuten

1 Reis mit der doppelten Menge Salzwasser aufkochen, bei schwacher Hitze 20 Minuten ausquellen lassen. In ein Sieb abgießen und gut abtropfen lassen. Gemüsebrühe erhitzen und die Linsen darin bei mittlerer Hitze etwa 5 Minuten garen.

2 Schalotten abziehen und fein hacken. Die Paprikaschoten waschen, putzen und in kleine Würfel schneiden.

3 Schalotten im heißen Öl glasig dünsten. Knoblauch abziehen und dazupressen. Die Paprikawürfel zufügen und alles bei schwacher Hitze etwa 5 Minuten dünsten, vom Herd nehmen.

4 Die Linsen samt Gemüsebrühe pürieren. Die Eier verquirlen. Die Petersilie waschen, trockenschütteln und fein hacken. Die Eier zusammen mit dem Reis, der Paprika-Zwiebel-Mischung, der Petersilie, der Sahne und dem Linsenpüree verrühren. Mit Salz und Pfeffer kräftig würzen.

5 Eine ofenfeste Form einfetten, die Reis-Linsen-Masse hineinfüllen, die Oberfläche glatt streichen und die Pinienkerne darüberstreuen. Den Reisauflauf auf der mittleren Schiene im vorgeheizten Backofen bei 200 °C (Umluft 180 °C, Gas Stufe 3–4) 30 bis 40 Minuten garen.

Indische Linsensuppe

1 Zwiebeln abziehen und würfeln. Butterschmalz in einem Topf erhitzen. Zwiebelwürfel darin bei mittlerer Hitze glasig werden lassen. Knoblauch abziehen, dazupressen und mit Currypulver anbraten. Brühe dazugießen.

2 Linsen waschen, abtropfen lassen und in den Topf geben. Zugedeckt bei schwacher Hitze 45 Minuten kochen.

3 Tomaten überbrühen und abziehen. Tomaten grob würfeln und unter die Suppe rühren. Linsensuppe mit Salz und Tamarindenpaste oder Zitronensaft abschmecken.

4 Mango schälen. Fruchtfleisch vom Stein lösen, in Streifen schneiden und in die Suppe geben. Minze waschen und trockenschütteln. Die Suppe auf 4 tiefe Teller verteilen und mit der Minze garnieren.

Inhaltsstoffe Linsen enthalten nennenswerte Mengen vom Spurenelement Nickel. Es unterstützt u. a. die Aufnahme (Resorption) von Eisen und verstärkt die blutzuckersenkende Wirkung von Insulin. Darüber hinaus aktiviert es eine Reihe von Enzymen.

Zutaten für 4 Personen

2 Zwiebeln
1 EL Butterschmalz
2 Knoblauchzehen
2–3 TL scharfes Currypulver
800 ml Gemüsebrühe
200 g schwarze Linsen
3 kleine Tomaten
Salz
2–3 TL Tamarindenpaste oder Zitronensaft
1 kleine, unreife Mango
Minzeblättchen zum Garnieren

Zubereitungszeit
1 Stunde

Paprika mit Linsen- und Gorgonzoladip

Zutaten für 4 Personen

je 1 gelbe, rote und grüne Paprikaschote

Für den Linsendip
1 kleine Karotte
1 Schalotte
50 g rote Linsen
50 g Quark (20 % Fett i. Tr.)
2 TL Tomatenmark
Salz, Pfeffer aus der Mühle
gemahlener Koriander
1 Stängel Petersilie

Für den Gorgonzoladip
75 g Gorgonzola
50 g Quark (20 % Fett i. Tr.)
3–4 EL Milch
Pfeffer aus der Mühle
1 EL Schnittlauchröllchen

Zubereitungszeit
35 Minuten

1 Die Paprikaschoten waschen, putzen und in lange Streifen schneiden.

2 Für den Linsendip Karotte schälen und putzen. Schalotte abziehen. Beides klein würfeln. Mit den Linsen und 1/8 Liter heißem Wasser zugedeckt bei schwacher Hitze 10 Minuten kochen.

3 Linsenmischung abtropfen lassen und mit dem Stabmixer pürieren. Mit Quark und Tomatenmark verrühren. Dip mit Salz, Pfeffer, Koriander abschmecken. Petersilie waschen, trockenschütteln, fein hacken und unterrühren.

4 Für den Gorgonzoladip den Käse fein zerdrücken. Mit Quark und Milch glatt rühren. Mit Pfeffer und Schnittlauch würzen. Beide Dips mit den Paprikastreifen servieren.

Gesundheitstipp Wer unter Appetitlosigkeit leidet, sollte öfter Dips zubereiten. Sie sind leicht verdaulich, reich an Vitalstoffen und schmecken einfach zu jeder Gelegenheit.

Mais

Bandnudeln mit Mais und Porree

Zutaten für 4 Personen

2 Stangen Porree (350 g)
150 g Austernpilze
200 g Maiskörner (Dose)
4 Tomaten
1 Zwiebel
1 Knoblauchzehe
1 EL Olivenöl
1/8 l Gemüsebrühe
2 TL Tomatenmark
Salz, Pfeffer aus der Mühle
1 TL Majoranblättchen
300 g breite Bandnudeln
100 g geräucherter Scamorza (45 % Fett i. Tr.)
1 Bund Petersilie

Zubereitungszeit
35 Minuten

1 Den Porree der Länge nach halbieren, waschen, putzen und in dünne Ringe schneiden. Die Austernpilze abreiben und grob zerteilen. Den Mais abgießen und abtropfen lassen. Die Tomaten überbrühen, abschrecken, häuten, putzen, entkernen und würfeln.

2 Zwiebel und Knoblauch abziehen und fein hacken. Das Öl erhitzen, beides darin mit dem Porree etwa 3 Minuten dünsten. Austernpilze, Mais und Tomaten dazugeben und kurz mitschmoren. Brühe und Tomatenmark einrühren, mit Salz und Pfeffer abschmecken. Majoranblättchen hacken und unterrühren. Aufkochen und 5 Minuten dicklich einkochen lassen.

3 Die Bandnudeln in kochendem Salzwasser nach Packungsangabe bissfest garen. Den Käse grob reiben.

4 Die Petersilie abbrausen, trockenschütteln, hacken und unter das Gemüse rühren. Alles abschmecken und mit den Nudeln und dem Käse mischen. Nudeln mit dem Gemüse auf 4 tiefe Teller verteilen.

Gesundheitstipp Wenn Sie das in unseren heimischen Getreidesorten vorkommende Klebereiweiß (Gluten) nicht vertragen und allergisch darauf reagieren, ist Mais ein wahrer Segen. Neben Buchweizen, Hirse und Reis ist Mais das wichtigste Getreide im Rahmen einer glutenfreien Ernährung.

Gegrillte Makrelen mit Maissalat

1 Für den Fisch den Knoblauch abziehen. Knoblauch, Koriander, Olivenöl und den Essig mit dem Stabmixer oder im Zerkleinerer fein pürieren. Die Marinade mit Salz abschmecken. Die Makrelen innen und außen unter fließendem Wasser gut abspülen und trockentupfen.

2 Die Makrelen auf jeder Seite zweimal einschneiden. Rundum mit der Marinade bestreichen und 1 Stunde im Kühlschrank durchziehen lassen.

3 Für die Salsa die Maiskörner in einen Siebeinsatz geben und in einem Topf 7 Minuten über Wasserdampf dämpfen.

4 Die Zwiebel und den Knoblauch abziehen, fein hacken. Die Chilischote waschen, putzen und fein hacken.

5 Das Gemüse waschen und putzen. Die Paprika in kleine Würfel, die Frühlingszwiebeln in feine Ringe und die Tomaten in Stücke schneiden.

6 Die Tomaten mit dem Stabmixer fein pürieren. Das Tomatenpüree mit Mais, Zwiebeln, Knoblauch, Chili, Paprika, Limettensaft, gehacktem Koriander, Kreuzkümmel und Oregano vermischen. Die Salsa mit Salz abschmecken.

7 Die Makrelen auf dem Holzkohlegrill oder in der Grillpfanne je nach Größe auf jeder Seite 5 bis 10 Minuten braten. Die Salsa zu den Makrelen reichen.

Zutaten für 4 Personen

Für den Fisch
2 Knoblauchzehen
1 EL gehacktes Koriandergrün
6 EL Olivenöl
2 EL Sherryessig
Salz
1 kg frische kleine Makrelen

Für die Salsa
300 g Maiskörner (tiefgekühlt)
1 rote Zwiebel
2 Knoblauchzehen
1 frische grüne Chilischoten
1 grüne Paprikaschote
2 Frühlingszwiebeln
2 Tomaten
3 EL Limettensaft
1 EL gehacktes Koriandergrün
1/2 TL gemahlener Kreuzkümmel
1/2 TL gemahlener Oregano
Salz

Zubereitungszeit
30 Minuten plus
1 Stunde Marinierzeit

Mangold

Lammgeschnetzeltes mit Mangold

Zutaten für 4 Personen
400 g Lammfilet
Pfeffer aus der Mühle
2 TL getrockneter Thymian
700 g Mangold
1 rote Paprikaschote
1 Zwiebel
1 Knoblauchzehe
2 EL Olivenöl
Salz
1/8 l Lammfond (aus dem Glas)
1/2 TL abgeriebene Schale von 1 unbehandelten Zitrone

Zubereitungszeit
30 Minuten

1 Das Lammfilet waschen, trockentupfen und in dünne Scheiben schneiden. Mit Pfeffer und Thymian einreiben. Den Mangold waschen. Die Stiele abschneiden und fein würfeln, die Blätter in breite Streifen schneiden.

2 Die Paprikaschote waschen, putzen und in feine Streifen schneiden. Die Zwiebel und den Knoblauch abziehen und fein würfeln.

3 In einer großen Pfanne 1 Esslöffel Öl erhitzen. Das Lammfleisch darin portionsweise 4 bis 5 Minuten braun anbraten. Herausnehmen, salzen und warm stellen.

4 1 Esslöffel Öl in der Pfanne erhitzen. Zwiebel, Mangoldstiele und Paprika darin 3 Minuten dünsten. Die Mangoldblätter, Knoblauch, Salz und Pfeffer dazugeben und alles 2 bis 3 Minuten dünsten.

5 Den Fond angießen, alles kurz aufkochen. Das Fleisch hinzufügen, erhitzen, die Zitronenschale hinzufügen und das Lammgeschnetzelte portionsweise anrichten.

 Gut zu wissen Frischen, heimischen Mangold gibt es vorwiegend im Frühsommer. Man unterscheidet zwischen zartem Blatt- und Schnittmangold und dem sogenannten Stielmangold, dessen kräftige Stiele wie Spargel zubereitet werden können.

Mangoldröllchen mit Buchweizen

1 Die Buchweizengrütze mit 300 Milliliter Brühe aufkochen und bei schwacher Hitze offen 15 Minuten ausquellen lassen. Dabei ab und zu umrühren. Abkühlen lassen.

2 Die Mangoldblätter waschen, die Stiele herausschneiden und beiseitelegen. Die Blätter 1 Minute in kochendes Salzwasser geben, mit der Schaumkelle herausheben, abschrecken und abtropfen lassen. Die dicken Mittelrippen flach schneiden. Die Mangoldstiele entfädeln und klein würfeln.

3 Die Karotte schälen und fein würfeln. Schalotte und Knoblauch abziehen und fein würfeln. Beides zusammen mit der Karotte und der Hälfte der Mangoldstiele in 1/2 Esslöffel heißem Öl 2 Minuten dünsten. Vom Herd nehmen.

4 Petersilie und Basilikum waschen, trockenschütteln und hacken. Kräuter, Gouda, Eier und das gedünstete Gemüse unter den Buchweizen mischen. Alles mit Salz, Pfeffer und Zitronenschale würzen und auf die Mangoldblätter verteilen. Die Füllung in die Blätter wickeln.

5 Die Mangoldröllchen in 1 Esslöffel Öl 5 Minuten bei schwacher Hitze anbraten. Die restlichen Mangoldstiele kurz mitdünsten. 300 Milliliter Brühe angießen und alles zugedeckt 10 Minuten schmoren.

6 Die Mangoldröllchen herausnehmen und die Crème fraîche einrühren. Die Sauce 5 Minuten bei schwacher Hitze kochen lassen, dann zu den Mangoldröllchen servieren.

Zutaten für 4 Personen

75 g Buchweizengrütze
600 ml Gemüsebrühe
12 Mangoldblätter (ca. 500 g)
Salz
1 Karotte
1 Schalotte
1 Knoblauchzehe
1 1/2 EL Olivenöl
1/2 Bund Petersilie
4 Stängel Basilikum
50 g geriebener Gouda
2 Eier
Pfeffer aus der Mühle
abgeriebene Schale von 1/2 unbehandelten Zitrone
2 EL Crème fraîche

Zubereitungszeit
1 Stunde

Mangoldquiche

1 Für den Teig die Butter in kleinen Stücken mit Mehl, Salz, Zucker, Hefe und Milch zu einem geschmeidigen Teig verkneten. Den Teig weitere 10 Minuten kneten und dann zugedeckt 1 Stunde gehen lassen.

2 Für die Füllung den Mangold waschen und putzen. Die Zwiebel abziehen und fein würfeln. Den Mangold zugedeckt in einem Siebeinsatz über Wasserdampf zusammenfallen lassen. Anschließend in dünne Streifen schneiden.

3 1 Esslöffel Butter zerlassen, die Zwiebeln darin glasig dünsten. Mangold zufügen. Unter Rühren 3 Minuten braten. Eier und Sahne verquirlen. In einer Schüssel mit dem Mangold vermischen. Mit Salz, Pfeffer und Muskat würzen.

4 Die Hälfte des Teigs ausrollen. Eine Springform von 26 Zentimeter Durchmesser mit ½ Esslöffel Butter einfetten und mit dem Teig auskleiden. Dabei einen 3 Zentimeter hohen Rand formen. Die Füllung darauf glatt streichen. Die Quiche mit Käse bestreuen und im vorgeheizten Backofen bei 200 Grad (Umluft 180 °C, Gas Stufe 3–4) 25 Minuten backen.

Zutaten für 4 Personen

Für den Teig
50 g weiche Butter
100 g Weizenvollkornmehl
1/4 TL Salz
1/2 TL Zucker
1/2 Päckchen Trockenhefe
50–60 ml lauwarme Milch

Für die Füllung
500 g Blattmangold
1 Zwiebel
1 1/2 EL Butter
2 Eier
100 g Sahne
Salz, Pfeffer aus der Mühle
1 Prise geriebene Muskatnuss
40 g geriebener Emmentaler

Zubereitungszeit
1 Stunde plus
1 Stunde Ruhezeit

Olive

Champignon-Oliven-Salat auf Rucola

Zutaten für 4 Personen
400 g Champignons
2 Knoblauchzehen
2 EL Olivenöl
Salz
1 1/2 EL Sherryessig
Pfeffer aus der Mühle
2 Tomaten
2 Frühlingszwiebeln
1/2 Bund Petersilie
16 schwarze Oliven
1 Handvoll Rucola

Zubereitungszeit
30 Minuten

1 Die Champignons feucht abreiben, putzen und in Scheiben schneiden. Den Knoblauch abziehen und hacken.

2 Das Olivenöl in einer großen Pfanne erhitzen. Knoblauch darin kurz anbraten. Pilze dazugeben, leicht salzen und unter Rühren 3 Minuten braten.

3 Die Pilze in eine Schüssel geben und mit dem Essig vermischen. Mit Salz und Pfeffer abschmecken und etwas durchziehen lassen.

4 Tomaten waschen, putzen und in kleine Würfel schneiden. Frühlingszwiebeln putzen, waschen und in feine Ringe schneiden. Die Petersilie waschen, trockenschütteln und fein hacken. Oliven entsteinen und in dünne Ringe schneiden. Den Rucola waschen, trockenschleudern und auf 4 Tellern anrichten.

5 Pilzsalat mit Tomaten, Frühlingszwiebeln, Petersilie und Oliven vermischen und auf dem Rucola anrichten.

Bulgursalat mit Tomaten und Oliven

1 Für den Salat die Brühe aufkochen und den Bulgur darin bei schwacher Hitze zugedeckt 10 Minuten quellen lassen. Abtropfen und abkühlen lassen.

2 Die Gurke schälen und längs halbieren. Die Kerne mit einem Löffel herauskratzen. Die Gurkenhälften quer in dünne Scheiben schneiden.

3 Frühlingszwiebeln waschen, putzen und in Ringe schneiden. Tomaten waschen, putzen und würfeln. Petersilie und Minze waschen und trockenschütteln. Die Blättchen abzupfen und fein hacken.

4 Die Kräuter mit Gurkenscheiben, Frühlingszwiebelringen, Tomatenwürfeln und Bulgur mischen.

5 Für das Dressing den Zitronensaft mit dem Olivenöl verrühren. Mit Salz und Pfeffer abschmecken.

6 Das Dressing mit den vorbereiteten Salatzutaten mischen. Den Bulgursalat auf Tellern anrichten. Mit den Oliven garnieren und servieren.

Zutaten für 4 Personen

200 ml Gemüsebrühe

100 g Bulgur

1 kleine Salatgurke

1 Bund Frühlingszwiebeln

2 Tomaten

1 Bund glatte Petersilie

1/2 Bund Minze

2 EL Zitronensaft

3 EL Olivenöl

Salz, Pfeffer aus der Mühle

50 g schwarze Oliven

Zubereitungszeit
30 Minuten

Paprika

Marinierte Paprikaschoten

Zutaten für 4 Personen

je 2 rote, gelbe und grüne Paprikaschoten
2 Knoblauchzehen
2 Rosmarinzweige
2 EL Aceto balsamico
4 EL Olivenöl
Salz, Pfeffer aus der Mühle

Zubereitungszeit
40 Minuten

1 Ein Backblech mit Backpapier auslegen. Die Paprikaschoten waschen, putzen und längs vierteln. Knoblauch abziehen und in feine Stifte schneiden.

2 Paprika mit den Innenseiten nach oben nebeneinander auf das Backblech legen. Die Knoblauchstifte darübergeben. Die Rosmarinzweige abbrausen, trockenschütteln, in Stücke brechen und zwischen den Paprikavierteln verteilen.

3 Alles mit Aceto balsamico und Olivenöl beträufeln und mit Salz und Pfeffer bestreuen. Die Paprikaviertel im vorgeheizten Ofen bei 250 °C (Umluft 230 °C, Gas Stufe 6) 15 bis 20 Minuten backen, sodass das Gemüse gar ist, aber noch Biss hat.

4 Die Paprikaschoten aus dem Ofen nehmen, abkühlen lassen und lauwarm oder kalt mit frisch aufgebackenem Weißbrot zum Auftunken servieren.

 Inhaltsstoffe Olivenöl verlängert das Leben der Menschen auf Kreta. Kein Wunder, denn dieses Öl enthält reichlich ungesättigte Fettsäuren, die den oft erhöhten Cholesterinspiegel senken, und außerdem die Vitamine A und E, die vor Herzinfarkt und Krebs schützen.

Paprikapfanne mit Feta

1 Die Kartoffeln waschen und mit wenig Wasser dämpfen. Abkühlen lassen, pellen und in dünne Scheiben schneiden.

2 Die Zwiebel abziehen und in feine Ringe schneiden. Die Paprika waschen, putzen und in feine Streifen schneiden. Die Tomaten waschen, putzen und klein würfeln. Den Feta würfeln.

3 Das Öl erhitzen. Die Zwiebel darin glasig dünsten, dann goldgelb braten. Die Paprika hinzufügen und unter Rühren 3 Minuten braten. Salzen und zugedeckt 5 Minuten dünsten.

4 Die Kartoffeln untermischen. Alles kurz unter Rühren braten. Die Tomaten dazugeben und mit Thymian, Pfeffer und Salz würzen. Alles gut vermischen und zugedeckt 5 Minuten bei schwacher Hitze dünsten. Die Paprikapfanne mit Feta, Kräutern und Oliven bestreuen und auf 4 Tellern anrichten.

Gesundheitstipp Greifen Sie zu roten Früchten und Gemüsen, wenn Sie für Ihr Immunsystem das Beste wollen! Denn die voll ausgereiften Obst- und Gemüsesorten haben die höchsten Vitaminwerte. Das gilt auch für Paprikaschoten. Die reifen roten Gemüsepaprika enthalten 70 Prozent mehr Vitamin C als die grünen Schoten!

Zutaten für 4 Personen

600 g Kartoffeln
1 Zwiebel
2 rote Paprikaschoten
2 grüne Paprikaschoten
4 Tomaten
200 g Schafskäse (Feta)
2 EL Olivenöl
Salz
1 TL getrockneter Thymian
Pfeffer aus der Mühle
3 EL italienische Kräutermischung (tiefgekühlt)
12 schwarze Oliven

Zubereitungszeit
45 Minuten

Gefüllte Paprikaröllchen

Zutaten für 4 Personen
2 rote Paprikaschoten
2 gelbe Paprikaschoten
1 Knoblauchzehe
1/2 Bund Basilikum
1/2 Bund Petersilie
2 kleine Zweige Oregano
1/2 Bund Schnittlauch
8 Salatblätter
100 g geriebener Parmesan
100 g Magerquark
Salz, Pfeffer aus der Mühle
Zahnstocher

Zubereitungszeit
40 Minuten

1 Paprikaschoten waschen und trocknen. Auf den Rost legen und im vorgeheizten Ofen bei 200 °C (Umluft 180 °C, Gas Stufe 3–4) 20 Minuten backen, bis die Haut dunkle Blasen wirft.

2 Paprikaschoten aus dem Ofen nehmen und in einem Gefrierbeutel etwas abkühlen lassen. Die Stielansätze entfernen und die Schoten an einer Seite der Länge nach aufschneiden, auseinanderklappen. Die Kerne herauslösen und die Haut abziehen. Dabei die Paprikaschoten ganz lassen.

3 Knoblauch abziehen und fein hacken. Die Kräuter abbrausen und trockenschütteln. Basilikum fein schneiden. Petersilie und Oregano fein hacken. Einige Schnittlauchhalme ganz lassen, den Rest in feine Röllchen schneiden. Den Salat waschen und trockenschleudern.

4 Parmesan, Quark, Knoblauch und Kräuter verrühren. Die Creme mit Salz und Pfeffer abschmecken. Paprikaschoten mit Salatblättern und Schnittlauchröllchen belegen. Dabei sollen Salatblätter und Schnittlauchröllchen die Paprikaschoten etwas überlappen.

5 Die Käsecreme auf die Salatblätter geben und die Paprikaschoten aufrollen, mit den Zahnstochern fixieren. Die Paprikaröllchen auf Tellern anrichten und mit den Schnittlauchhalmen garnieren.

Porree

Porreelasagne mit Heilbutt

Zutaten für 4 Personen

500 g Tomaten
je 1/2 TL getrockneter Oregano und Thymian
Salz
Pfeffer aus der Mühle
500 g Porree
4 Heilbuttfilets (je 150 g)
2 EL Olivenöl
2 EL Zitronensaft
200 g Lasagneblätter
30 g frisch geriebener Parmesan

Zubereitungszeit
30 Minuten

1 Die Tomaten mit kochend heißem Wasser überbrühen, häuten, putzen und in Stücke schneiden.

2 Die Tomaten mit Oregano und Thymian zu einer dicken Sauce einkochen, salzen und pfeffern. Den Porree putzen, waschen, längs halbieren und in dünne Streifen schneiden. Die Fischfilets abspülen, trockentupfen und in Stücke schneiden. Salzen und pfeffern.

3 Öl in einer Pfanne erhitzen. Porree darin 3 Minuten anbraten, leicht salzen. Filets auf den Porree legen, mit Zitronensaft beträufeln und zugedeckt etwa 10 Minuten dünsten.

4 Die Nudelblätter in reichlich Salzwasser bissfest kochen, abgießen und abtropfen lassen. Auf 4 Tellern abwechselnd mit Porree, Fisch und Tomatensauce anrichten. Mit Käse bestreuen.

 Inhaltsstoffe Porree enthält, ähnlich wie Zwiebeln und Knoblauch, wertvolle schwefelhaltige Substanzen, die krankheitserregende Keime vernichten und so antibiotisch wirken.

Pikantes Porree-Kartoffel-Curry

1 Kartoffeln waschen und schälen. Karotten waschen, schälen und mit den Kartoffeln klein würfeln. Sellerie waschen, putzen und in Scheiben schneiden. Porreestangen der Länge nach halbieren, waschen, putzen und mit dem zarten Grün in Ringe schneiden.

2 Öl in einer großen beschichteten Pfanne erhitzen. Kartoffeln, Karotten, Sellerie und weiße Porreeringe darin unter häufigem Rühren 20 Minuten bei schwacher Hitze braten.

3 Chilischoten aufschlitzen, waschen, putzen und in feine Streifen schneiden. Knoblauch abziehen und hacken. Ingwer schälen und fein würfeln. Beides mit Chilischotenstreifen sowie grünen Porreeringen zur Kartoffelmischung geben und mitbraten. Das Gericht mit Currypulver würzen und mit der Brühe ablöschen.

4 Joghurt mit Mehl verrühren und zum Gemüse in die Pfanne geben. Alles bei schwacher Hitze 4 Minuten garen. Porree-Kartoffel-Curry mit Salz und Pfeffer würzen. Minze waschen, trockenschütteln und hacken. Das Curry auf 4 Tellern anrichten und mit der Minze bestreuen.

Inhaltsstoffe Currypulver besteht aus verschiedenen Gewürzen, die verdauungsfördernd wirken. Meist enthält es Koriander, Kreuzkümmel, Piment, Paprika, Ingwer, Pfeffer, Kardamom, Nelken, Bockshornklee, Muskat und Cayennepfeffer.

Zutaten für 4 Personen

750 g festkochende Kartoffeln
2 Karotten
2 Stangen Staudensellerie
2 kleine Stangen Porree
1 EL Öl
2 rote Chilischoten
1 Knoblauchzehe
3 cm frische Ingwerwurzel
1 EL Currypulver
200 ml Gemüsebrühe
150 g Naturjoghurt
1/2 TL Weizenvollkornmehl
Salz, Pfeffer aus der Mühle
2 Stängel Minze

Zubereitungszeit
45 Minuten

Radieschen

Radieschentürme mit Apfeljoghurt

Zutaten für 4 Personen
2 Eier
6 Blatt weiße Gelatine
350 ml Gemüsefond (Glas)
1 EL Apfelessig
Salz, Pfeffer aus der Mühle
1 Bund Radieschen
3 EL Pistazienkerne
1 Apfel
150 g Naturjoghurt
1 EL Zitronensaft
1 TL Apfelwürze (Reformhaus)
1/2 Bund Schnittlauch

Zubereitungszeit
30 Minuten plus
3-4 Stunden Gelierzeit

1 Für die Radieschentürme die Eier anstechen und etwa 8 Minuten hart kochen. Die Gelatine in reichlich kaltem Wasser einweichen.

2 Etwas Fond aufkochen und die Gelatine darin auflösen. Übrigen Fond und Essig dazugießen. Mit Salz und Pfeffer würzen. Die Böden von 4 hohen Förmchen (je 50 Milliliter Inhalt) damit bedecken. Sud erstarren lassen.

3 Radieschen waschen und putzen. Eier pellen. Beides in Scheiben schneiden. Mit den Pistazien in die Förmchen schichten. Übrigen Sud darübergießen und 3 bis 4 Stunden gelieren lassen.

4 Für den Apfeljoghurt Apfel schälen und raspeln. Mit Joghurt, Zitronensaft, Apfelwürze, Salz und Pfeffer verrühren. Schnittlauch waschen und in Röllchen schneiden. Die Radieschentürme auf Teller stürzen und den Apfeljoghurt rundum verteilen. Mit Schnittlauchröllchen garnieren.

Gesundheitstipp Reichern Sie Speisen regelmäßig mit Nüssen und Samen an. Sie enthalten Kupfer, das bei der Bildung der roten Blutkörperchen und im Pigmentstoffwechsel eine Rolle spielt. Darüber hinaus ist Kupfer in den meisten Antikörpern vertreten und deshalb für die körpereigene Abwehr wichtig.

Kartoffel-Zuckerschoten-Salat mit Radieschen

1 Die Kartoffeln waschen und abbürsten. Ungeschält in wenig kochendem Salzwasser etwa 20 Minuten garen.

2 Die Zuckerschoten waschen und putzen. Schräg halbieren und in einem Topf in wenig kochendem Salzwasser 4 Minuten blanchieren. Herausnehmen und abtropfen lassen.

3 Radieschen waschen, putzen, in Scheiben schneiden. Etwas Radieschengrün beiseitelegen.

4 Für das Dressing die Schalotten abziehen und in feine Würfel schneiden. Mit Kefir, Öl, Senf und Essig verrühren. Das Dressing mit Salz, Pfeffer und etwas gemahlenem Koriander herzhaft abschmecken.

5 Die Kartoffeln abgießen, ausdampfen lassen und noch warm pellen. In dünne Scheiben schneiden.

6 Kartoffeln mit Zuckerschoten und Radieschen in eine Schüssel geben und mit dem Dressing mischen. Das Radieschengrün hacken und vor dem Servieren über den Kartoffelsalat streuen.

Variante Die Zuckerschoten können Sie durch 1/2 Salatgurke ersetzen. Diese waschen, ungeschält in dünne Scheiben hobeln und mit den Radieschen- und den Kartoffelscheiben mischen.

Zutaten für 4 Personen

500 g festkochende Kartoffeln
Salz
100 g Zuckerschoten
1/2 Bund Radieschen
2 Schalotten
200 ml Kefir
4 EL Öl
1 TL scharfer Senf
2 EL Weinessig
Pfeffer aus der Mühle
gemahlener Koriander

Zubereitungszeit
45 Minuten

Rettich

Rettich-Karotten-Salat

Zutaten für 4 Personen
1 Rettich
200 g Karotten
1 Bund glatte Petersilie
3 EL Apfelessig
Salz, Pfeffer aus der Mühle
6 EL neutrales Öl
2 EL Pistazienöl
4 EL Pistazienkerne

Zubereitungszeit
25 Minuten

1 Für den Salat den Rettich waschen, putzen, schälen und in dünne Scheiben schneiden. Die Karotten waschen, putzen, schälen und grob raspeln.

2 Für das Dressing die Petersilie waschen, trockenschütteln und hacken. Mit Apfelessig, Salz und Pfeffer verquirlen. Beide Ölsorten mit einem Schneebesen kräftig darunterschlagen.

3 Die Rettichscheiben dachziegelartig auf Tellern ausbreiten. Die Karotten darauf verteilen. Den Rettich-Karotten-Salat gleichmäßig mit dem Dressing beträufeln. Die Pistazien grob hacken und vor dem Servieren darüberstreuen.

 Gesundheitstipp Der Körper kann das Karotin aus den Karotten am besten verwerten, wenn sie mit etwas Fett gegessen werden. Denn nur mithilfe von Fett kann es ins Blut transportiert werden.

Scharfes Rettichcarpaccio

1 Rettich waschen, schälen und in sehr dünne Scheiben schneiden oder hobeln. Radieschen waschen, putzen und ebenfalls in sehr dünne Scheiben schneiden.

2 Für die Marinade den Aceto balsamico mit Salz, Pfeffer und Olivenöl verquirlen. Knoblauch abziehen und dazupressen. Die Chilischote längs aufschlitzen, entkernen, waschen und sehr fein würfeln. Unter die Marinade mischen.

3 4 große Teller mit etwas Marinade einpinseln. Die Rettichscheiben darauf anrichten und mit den Radieschen belegen. Salzen und pfeffern und die übrige Sauce darüberträufeln.

4 Vom Parmesan mit einem Sparschäler Späne abziehen. Die Minze waschen und gut trockenschütteln, die Blättchen abzupfen und grob hacken. Parmesan und Minze auf die Carpaccioportionen streuen.

 Gesundheitstipp Rettich wirkt durch seinen Gehalt an Senfölen leicht antibiotisch und ist vor allem bei Neigung zu Harnwegsinfekten hilfreich. Die Senföle sind auch für die Schärfe des Gemüses verantwortlich, weißer Rettich ist meist milder als schwarzer.

Zutaten für 4 Personen

400 g Rettich
8 Radieschen
2 EL Aceto balsamico
Salz, Pfeffer aus der Mühle
6 EL kaltgepresstes Olivenöl
1 kleine Knoblauchzehe
1 scharfe rote Chilischote
50 g Parmesan am Stück
4 Stängel Minze

Zubereitungszeit
30 Minuten

Rhabarber

Rhabarber-Mandel-Kuchen

Zutaten für 1 Springform (26 cm Ø)

100 g Butter
150 g Rohrzucker
1/2 TL gemahlene Vanille
1 Prise Salz
2 Eier
135 g Mehl
1 gestrichener TL Backpulver
Butter für die Form
80 g gemahlene Mandeln
450 g Rhabarber
80 g Mandelblättchen

Zubereitungszeit
1 Stunde 30 Minuten

1 Die Butter schaumig rühren, 75 Gramm Rohrzucker, Vanille und Salz untermengen, dann die Eier einzeln unterrühren. Das Mehl mit dem Backpulver mischen und unterziehen.

2 Die Springform einfetten. Den Teig einfüllen und glatt streichen. Im vorgeheizten Backofen bei 180 °C (Umluft 160 °C, Gas Stufe 2–3) etwa 25 Minuten backen.

3 Die Mandeln mit 25 Gramm Rohrzucker mischen. Den Rhabarber waschen, putzen und in kleine Stücke schneiden.

4 Die Backofentemperatur auf 160 °C (Umluft 140 °C, Gas Stufe 1–2) reduzieren. Das Mandelgemisch auf dem vorgebackenen Teig verteilen und darüber die Rhabarberstücke geben. Alles mit den Mandelblättchen sowie mit 50 Gramm Rohrzucker bestreuen.

5 Den Kuchen weitere 35 Minuten backen. Anschließend auf einem Kuchengitter auskühlen lassen. Danach in 12 Stücke teilen und noch am selben Tag servieren.

 Inhaltsstoffe Rhabarber zeichnet sich durch ein besonders herz- und kreislauffreundliches Mineralstoffverhältnis aus. Weitere Pluspunkte: die reichlich vorhandene Zitronen- und Apfelsäure, verschiedene Glykoside, Gerbstoffe, ätherische Öle und verdauungsfördernde Pektine.

Rhabarber-Joghurt-Creme

Zutaten für 4 Personen
6 Blatt weiße Gelatine
500 g Rhabarber
1/4 TL gemahlene Vanille
4 EL Agavendicksaft
200 g Erdbeeren
2 frische Eier
250 g Naturjoghurt
einige Blättchen Zitronenmelisse zum Garnieren

Zubereitungszeit
30 Minuten plus
2 Stunden Gelierzeit

1 Die Gelatine 5 bis 10 Minuten in reichlich kaltem Wasser einweichen.

2 Den Rhabarber waschen, putzen und die Schale abziehen. Die Rhabarberstangen in 1 bis 2 Zentimeter lange Stücke schneiden. Mit wenig Wasser in einen kleinen Topf geben und zugedeckt bei schwacher Hitze 2 bis 3 Minuten kochen lassen.

3 Den Topf vom Herd ziehen und den Rhabarber mit Vanille und Agavendicksaft verrühren. Die Gelatine tropfnass unter den heißen Rhabarber rühren und darin unter Rühren auflösen.

4 Die Erdbeeren waschen und putzen. Einige Früchte zum Garnieren beiseitelegen, die restlichen klein schneiden und zum Rhabarber geben.

5 Die Eier trennen. Eiweiß zu steifem Schnee schlagen. Die Eigelbe mit dem Joghurt verrühren. Das Rhabarberkompott unterrühren und den Eischnee unterheben.

6 Rhabarber-Joghurt-Creme in Schälchen füllen und im Kühlschrank 2 Stunden gelieren lassen. Vor dem Servieren mit Erdbeeren und Zitronenmelisse garnieren.

Gesundheitstipp Kombinieren Sie Rhabarber mit einem Milchprodukt, bildet sich aus der Oxalsäure des Rhabarbers und einem kleinen Teil des Kalziums aus dem Joghurt Kalziumoxalat. So entzieht die Oxalsäure des Rhabarbers dem Organismus kein Kalzium.

Hackbällchen mit Rhabarbersauce

1 Die Schalotten abziehen und fein hacken. Lammhackfleisch mit Schalotten, Semmelbröseln, Quark, 1/2 Teelöffel Salz, Pfeffer und Koriander gründlich verkneten.

2 Ein Backblech mit Backpapier auslegen. Aus der Fleischmasse walnussgroße Bällchen formen und diese auf das Blech setzen. Im vorgeheizten Backofen bei 220 °C (Umluft 200 °C, Gas Stufe 4–5) in 35 Minuten knusprig backen, dabei öfters wenden.

3 Inzwischen den Rhabarber waschen, putzen und schälen. Die Stangen in 1/2 Zentimeter dicke Stücke schneiden. Knoblauch abziehen, den Ingwer schälen und reiben.

4 Den Apfelsaft in einem Topf erhitzen, Knoblauch und Ingwer hinzufügen. Den Rhabarber dazugeben und 10 Minuten weich garen. Das Preiselbeerkompott unter die Sauce rühren und alles mit Salz abschmecken.

5 Die Fleischbällchen aus dem Ofen nehmen, auf einer vorgewärmten Platte anrichten und die Sauce dazu servieren.

Zutaten für 4 Personen
2 Schalotten
500 g Lammhackfleisch
4 EL Semmelbrösel
2 EL Magerquark
Salz, Pfeffer aus der Mühle
1/2 TL gemahlener Koriander
200 g Rhabarber
2 kleine Knoblauchzehen
2 cm frische Ingwerwurzel
1/2 l Apfelsaft
2 EL Preiselbeerkompott

Zubereitungszeit
45 Minuten

Inhaltsstoffe Wussten Sie, dass Rhabarber, je nach verzehrter Menge, sowohl stopfend als auch abführend wirken kann? In kleinen Mengen überwiegt die Wirkung der stopfenden Gerb- und Bitterstoffe, in größeren kommen die abführenden Anthranoide eher zum Tragen.

Rosenkohl

Rosenkohleintopf mit Chorizo

Zutaten für 4 Personen
1 kg Rosenkohl
2 Zwiebeln
100 g Chorizo (spanische Räucherwurst)
1 EL Olivenöl
1 Knoblauchzehe
150 g Naturreis
1 l Gemüsebrühe
Salz, Pfeffer aus der Mühle
scharfes Paprikapulver
geriebener Manchego oder Parmesan zum Bestreuen

Zubereitungszeit
1 Stunde 15 Minuten

1 Den Rosenkohl waschen, putzen und am Stielansatz über Kreuz leicht einschneiden.

2 Die Zwiebeln abziehen und klein würfeln. Die Wurst in Scheiben schneiden. Das Olivenöl in einem großen Topf erhitzen. Die Zwiebeln darin glasig braten. Die Wurstscheiben mit anbraten.

3 Knoblauch abziehen, dazupressen und den Reis unterrühren. Alles mit Brühe ablöschen.

4 Die Reismischung 15 Minuten kochen lassen. Den Rosenkohl hineingeben und den Eintopf weitere 20 Minuten garen.

5 Den Rosenkohleintopf mit Salz, Pfeffer und Paprikapulver abschmecken und auf Tellern anrichten. Nach Belieben mit grob geriebenem Manchego oder Parmesan bestreuen.

Rosenkohl in Meerrettichsauce

Zutaten für 4 Personen
1 Zwiebel
2 Knoblauchzehen
800 g Rosenkohl
4 kleine Stängel Petersilie
2 EL Öl
Salz
400 ml Gemüsebrühe
1 TL frisch geriebener Ingwer
1 TL abgeriebene Schale von 1 unbehandelten Zitrone
1 Prise geriebene Muskatnuss
1 Prise gemahlenes Piment
1 EL Mandelmus
1 EL Crème fraîche
2 EL frisch geriebener Meerrettich
2 EL Zitronensaft

Zubereitungszeit
30 Minuten

1 Die Zwiebel und den Knoblauch abziehen, fein hacken. Den Rosenkohl waschen, putzen und am Stielansatz über Kreuz leicht einschneiden. Die Petersilie waschen, trockenschütteln und fein hacken.

2 Das Öl in einem flachen Topf erhitzen. Die Zwiebel und den Knoblauch darin unter Rühren anbraten. Den Rosenkohl hinzufügen und leicht salzen. Unter Rühren kurz anbraten.

3 Den Rosenkohl mit der Gemüsebrühe aufgießen. Mit Ingwer, der Zitronenschale, Muskat und Piment würzen. Den Rosenkohl zugedeckt 15 Minuten bissfest kochen.

4 Mandelmus und Crème fraîche mit einigen Esslöffeln Kochflüssigkeit glatt rühren und unter den Rosenkohl mischen. Noch 2 Minuten bei schwacher Hitze kochen. Den Rosenkohl vom Herd nehmen.

5 Meerrettich mit Zitronensaft vermischen und gut unter den Rosenkohl in der Mandelsauce rühren. Alles mit Salz abschmecken, in einer Schüssel anrichten und mit Petersilie bestreuen. Zum Rosenkohl am besten Kartoffelpüree servieren.

Inhaltsstoffe Rosenkohl ist ein besonders Vitamin-C-reiches Wintergemüse. 100 Gramm gekochter Rosenkohl liefern 87 Milligramm Vitamin C. Das bekannteste aller Vitamine ist an unvorstellbar vielen Schutzfunktionen im Körper beteiligt.

Rosenkohlspieße

1 Den Rosenkohl waschen, putzen und am Stielansatz über Kreuz leicht einschneiden. In einem Topf mit Dämpfeinsatz über Wasser 7 Minuten garen. Den gegarten Rosenkohl auf Holzspieße stecken.

2 Den Speck würfeln. Zwiebeln abziehen und würfeln. Butter in einer großen Pfanne mit Deckel erhitzen. Den Speck darin kross anbraten. Zwiebeln zugeben und glasig braten. Rosenkohlspieße in die Pfanne geben und rundum anbraten.

3 Die Rosenkohlspieße mit Brühe und Wein ablöschen und zugedeckt bei mittlerer Hitze 5 Minuten bissfest garen.

4 Die Rosenkohlspieße mit wenig Salz, Pfeffer und Muskat würzen und die Crème fraîche in die Sauce rühren. Den Majoran waschen, trockenschütteln, grob hacken und darüberstreuen. Das Gericht sofort servieren.

Zutaten für 4 Personen

1 kg Rosenkohl

Holzspieße

100 g magerer Räucherspeck ohne Schwarte

2 Zwiebeln

10 g Butter

150 ml Fleischbrühe

100 ml trockener Weißwein

Salz, Pfeffer aus der Mühle

1 Prise geriebene Muskatnuss

3 EL Crème fraîche

2 Stängel Majoran

Zubereitungszeit
40 Minuten

Variante Statt frischem Rosenkohl können Sie natürlich auch tiefgekühlten verwenden. Einmal tiefgefroren verliert er auch seinen mitunter strengen Kohlgeschmack.

Inhaltsstoffe Rosenkohl ist ein guter Vitamin-K-Lieferant. Das fettlösliche Vitamin regt die Leber zur Bildung von Stoffen an, die für die Blutgerinnung wichtig sind. Außerdem wirkt es bei der Regulierung des Mineralstoffwechsels für die Knochen mit.

Rote Bete

Feine Rote-Bete-Suppe

Zutaten für 4 Personen

750 g Rote Bete (möglichst gleich große Knollen)
Salz
50 ml Aceto balsamico
3/4 l Gemüsebrühe
Pfeffer aus der Mühle
2-3 EL frisch geriebener Meerrettich
4 EL Naturjoghurt
1/2-1 Bund Schnittlauch

Zubereitungszeit
1 Stunde 20 Minuten

1 Rote Bete unter kaltem Wasser gründlich abbürsten und ungeschält in einen breiten Topf legen. Wenig heißes Wasser angießen. Salz und 2 Esslöffel Aceto balsamico dazugeben und die Knollen etwa 50 Minuten kochen. Anschließend abgießen und in kaltes Wasser legen.

2 Rote Bete unter fließendem Wasser schälen. Etwas Rote Bete in feine Streifen schneiden, den Rest grob würfeln. Brühe aufkochen. Rote-Bete-Würfel und 5 Esslöffel heiße Brühe im Mixer pürieren. Mischung zur Brühe in den Topf geben und alles mit Salz, Pfeffer und übrigem Aceto balsamico würzen. Rote-Bete-Streifen unter die Suppe rühren.

3 Meerrettich mit Joghurt verrühren. Den Schnittlauch waschen, trockenschütteln und in feine Röllchen schneiden.

4 Die Rote-Bete-Suppe in 4 tiefe Teller füllen. Je einen Klecks Meerrettich-Joghurt daraufgeben. Diesen mit einer Messerspitze auseinanderziehen. Vor dem Servieren die Schnittlauchröllchen über die Suppe streuen.

 Inhaltsstoffe Rote Bete enthält Oxalsäure, eine Substanz, die mit Kalzium zusammen eine unlösliche Verbindung eingeht. Bei einer ausgewogenen Ernährung besteht jedoch keine Gefahr, dass deshalb ein Kalziummangel entstehen könnte.

Rote-Bete-Salat mit Walnussdressing

1 Für den Salat Rote Bete waschen. Im Siebeinsatz im Schnellkochtopf 10 Minuten bissfest garen. Die Knollen schälen und in dünne Scheiben schneiden. Mit Essig und Öl mischen, salzen und pfeffern. Den Chicorée in Blätter teilen, waschen und trockenschütteln.

2 Für das Dressing die Walnüsse im vorgeheizten Backofen bei 200 °C (Umluft 180 °C, Gas Stufe 3–4) 5 Minuten rösten, dann im Mixer fein mahlen.

3 Knoblauch abziehen, hacken. Die Petersilie waschen, trockenschütteln, fein hacken. Den Joghurt mit Nüssen, Knoblauch, Petersilie und Zitronensaft mischen. Salzen, pfeffern.

4 Chicorée auf Teller verteilen. Die Rote Bete darauf anrichten und das Dressing darübergeben.

Zutaten für 4 Personen

500 g junge Rote Bete
1 EL Sherryessig
2 EL Öl
Salz, Pfeffer aus der Mühle
2 Stauden Chicorée
20 g Walnusskerne
1 Knoblauchzehe
1/2 Bund Petersilie
200 g Joghurt
2 EL Zitronensaft

Zubereitungszeit
30 Minuten

Inhaltsstoffe Rote Bete enthält Rutin, das oxidationsempfindliche, krebshemmende Vitamine vor Zerstörung schützt. Zusammen mit Betanidin festigt Rutin die Wände der kleinen Blutgefäße (Kapillaren) und stärkt deren Widerstandsfähigkeit.

Gut zu wissen Beim Schälen der Roten Bete sollten Sie möglichst Küchenhandschuhe tragen, damit der Saft nicht Ihre Hände färbt.

Rote-Bete-Carpaccio

1 Rote Bete waschen, putzen und dünn schälen. In sehr dünne Scheiben schneiden und auf 4 Tellern ausbreiten. Die Champignons putzen, feucht abreiben, in feine Scheiben schneiden und darüberstreuen. Sofort mit dem Zitronensaft beträufeln, salzen, pfeffern und 10 Minuten ziehen lassen.

2 Für das Dressing Orangensaft und Essig mit Meerrettich, Salz und Pfeffer verquirlen. Das Öl unterrühren und die Marinade über die Rohkost träufeln. Den Schnittlauch abbrausen, gut trockenschütteln, in feine Röllchen schneiden und darüberstreuen.

3 Die saure Sahne mit Pfeffer würzen. Jeweils einen Klecks auf das Carpaccio geben. Die Walnüsse hacken, über das Carpaccio streuen und sofort servieren.

 Inhaltsstoffe Mit einer Portion dieses Carpaccios decken Sie rund ein Viertel des Tagesbedarfs an Folsäure, die für das Zellwachstum und die Zellerneuerung sehr bedeutend ist. Weil das Gemüse roh verzehrt wird, bleibt das hitzeempfindliche Vitamin gut erhalten. Wer mag, kann eine Handvoll Radieschen- oder Rettichsprossen über das Carpaccio streuen.

Zutaten für 4 Personen

4 kleine Rote Bete (ca. 600 g)

200 g kleine Champignons

4 EL Zitronensaft

Salz, Pfeffer aus der Mühle

4 EL Orangensaft

3 EL Rotweinessig

1 TL frisch geriebener Meerrettich

4 EL Traubenkernöl

1/2 Bund Schnittlauch

4 EL saure Sahne

2 EL Walnusskerne

Zubereitungszeit
30 Minuten

Rotkohl

Rotkohlsalat mit Kefir-Apfel-Dressing

Zutaten für 4 Personen
500 g Rotkohl
Salz
1 rote Zwiebel
2 Orangen
2 EL Mandeln
1 kleiner Apfel
2 EL Zitronensaft
200 ml Kefir
1 EL Weizenkeimöl
Pfeffer aus der Mühle

Zubereitungszeit
20 Minuten

1 Den Rotkohl putzen, waschen und vierteln. Die Viertel fein hobeln und die Streifen anschließend in einer Schüssel mit etwas Salz vermischen.

2 Die Zwiebel abziehen und in feine Ringe schneiden. Die Orangen so schälen, dass die weiße Haut mit entfernt wird. Die Filets mit einem scharfen Messer zwischen den Trennhäutchen herauslösen, dabei den abtropfenden Saft auffangen. Die Mandeln grob hacken.

3 Für das Dressing den Apfel waschen, entkernen und grob reiben. Mit Zitronen- und dem aufgefangenen Orangensaft, Kefir und Weizenkeimöl vermischen. Das Dressing mit Salz und Pfeffer abschmecken.

4 Den Rotkohl mit den Zwiebelringen, den Orangen und dem Dressing vermischen. Den Salat mit den Mandeln bestreuen.

 Gesundheitstipp Wer zu hohen Blutcholesterinwerten neigt, sollte sich häufiger Rotkohl, aber auch Blaubeeren, rote Trauben oder ein Gläschen Rotwein schmecken lassen. Sie alle enthalten das Flavonoid Anthozyan, das cholesterinsenkend wirkt und vor Infarkt und Schlaganfall schützt.

Rotkohlpäckchen mit Pute und Reis

1 Die Rosinen in eine Schüssel geben, mit kochendem Wasser bedecken und 30 Minuten einweichen. Anschließend in einem Sieb abtropfen lassen.

2 Die Rotkohlblätter waschen. Für 1 Minute in kochendes Wasser geben, anschließend kalt abschrecken und auf Küchenpapier trocknen lassen.

3 Das Putenschnitzel waschen, trockentupfen und mit einem großen Messer fein hacken. Das Putenhackfleisch mit dem Reis vermischen. Die Rosinen dazugeben und alles mit Salz, Pfeffer und Koriander würzen.

4 Die Fleisch-Reis-Mischung auf den Kohlblättern verteilen. Die Blätter seitlich über die Füllung schlagen und dann die Rouladen aufrollen.

5 Die Rouladen mit der Nahtseite nach unten in eine ofenfeste flache Form setzen und den Geflügelfond angießen.

6 Die Kohlrouladen im vorgeheizten Backofen bei 200 °C (Umluft 180 °C, Gas Stufe 3–4) 45 Minuten garen, dabei öfter mit Fond begießen.

Zutaten für 4 Personen

2 EL Rosinen

8 abgelöste mittelgroße Rotkohlblätter

300 g Putenschnitzel

200 g gegarter Reis

Salz, Pfeffer aus der Mühle

2 Msp. gemahlener Koriander

1/4 l Geflügelfond (Glas)

Zubereitungszeit
1 Stunde 15 Minuten

Rucola

Hähnchenspieße auf Rucolasalat

Zutaten für 4 Personen
200 g Hähnchenbrustfilet
Salz, Pfeffer aus der Mühle
edelsüßes Paprikapulver
1 kleine Zwiebel
1 TL mittelscharfer Senf
2 EL Weißweinessig
5 EL Öl
150 g Rucola
8 kleine Mozzarellakugeln
8 entsteinte schwarze Oliven
Holzspieße

Zubereitungszeit
30 Minuten

1 Das Hähnchenbrustfilet waschen, trockentupfen und in 1 bis 2 Zentimeter große Würfel schneiden. Mit Salz, Pfeffer und Paprikapulver pikant würzen.

2 Für das Dressing die Zwiebel abziehen und fein würfeln. Mit Senf, Essig, Salz und Pfeffer verquirlen. 4 Esslöffel Öl darunter schlagen.

3 Rucola waschen und trockenschütteln. Grobe Stiele entfernen. Rucola mit dem Dressing anmachen und auf Tellern dekorativ verteilen.

4 1 Esslöffel Öl in einer beschichteten Pfanne erhitzen. Die Hähnchenwürfel darin rundherum goldbraun braten. Abwechselnd mit den Mozzarellakugeln und den Oliven auf Holzspießchen stecken und auf dem Salat anrichten.

Wildkräutersalat mit Ziegencamembert

1 Für den Salat Rucola und Wildkräuter waschen, putzen, trockenschütteln und in mundgerechte Stücke schneiden. Auf einer Salatplatte anrichten. Schalotten abziehen, klein würfeln und über den Salat streuen. Den Elektrogrill vorheizen.

2 Für das Dressing den Senf mit dem Sherryessig und dem Olivenöl verrühren. Mit Salz und Pfeffer nach Belieben abschmecken und über den Wildkräutersalat träufeln. Den Vollkorntoast rösten.

3 Den Käse in dünne Scheiben schneiden. Auf die Toastscheiben legen und mit grobem Pfeffer bestreuen. Den Käse 5 Minuten unter dem vorgeheizten Grill schmelzen lassen.

4 Die Toastscheiben diagonal in Streifen schneiden und auf den Salaten anrichten. Den Salat mit den Kapuzinerkresseblüten garnieren und servieren.

Variante Die Toasts können Sie auch im Backofen bei 250 °C überbacken. Und statt der angegebenen Wildkräuter eignen sich auch Radicchio, Friséesalat und Feldsalat prima für diese Salatzubereitung.

Zutaten für 4 Personen

150 g Rucola
100 g Sauerampfer
50 g Brunnenkresse
2 Schalotten
1 TL grobkörniger Senf
2 EL Sherryessig
2 EL Olivenöl
Salz, Pfeffer aus der Mühle
4 Scheiben Vollkorn-Toastbrot
200 g Ziegencamembert
grob geschroteter schwarzer Pfeffer
Kapuzinerkresseblüten zum Garnieren

Zubereitungszeit
30 Minuten

Shrimps-Rucola-Salat mit Avocado

Zutaten für 4 Personen
4 EL Johannisbeersaft
2 EL Rotweinessig
1 TL körniger Senf
Salz, Pfeffer aus der Mühle
4 EL Rapsöl
100 g rohe, geschälte Shrimps
2 Bund Rucola
4 Blätter Salat
1 Avocado
2 EL Zitronensaft
Dill zum Garnieren

Zubereitungszeit
10 Minuten plus
20 Minuten Marinierzeit

1 Für die Marinade Johannisbeersaft mit Essig, Senf, Salz, Pfeffer und Öl verrühren. Die Shrimps damit mischen und im Kühlschrank zugedeckt etwa 20 Minuten ziehen lassen.

2 Für den Salat die Rucola- und die Salatblätter waschen, trockenschütteln und grob zerpflücken. Beide Salatzutaten mit den Shrimps auf Portionstellern anrichten.

3 Die Avocado halbieren, den Stein herauslösen. Die Hälften schälen, mit der Höhlung nach unten auf einem Brett schräg in dünne Scheiben schneiden.

4 Avocadoscheiben fächerförmig neben den Salat legen und mit Zitronensaft beträufeln. Den Salat mit dem Dill garnieren und servieren.

Sauerkraut

Gefüllte Paprika mit Sauerkraut

Zutaten für 4 Personen
4 rote Paprikaschoten
300 g frisches Sauerkraut
150 g Karotten
1 Bund Petersilie
100 g Joghurt
1 TL flüssiger Honig
Salz, Pfeffer aus der Mühle
2 TL Rapsöl

Zubereitungszeit
25 Minuten

1 Die Paprika halbieren, von Kernen und Trennwänden befreien und waschen. Das Sauerkraut in eine Schüssel geben und mit einer Gabel auflockern. Die Karotten waschen, schälen und auf einer Gemüsereibe raspeln.

2 Die Petersilie waschen und trockenschütteln. Die Blättchen abzupfen, einige schöne zum Garnieren beiseitelegen, die restlichen fein hacken.

3 Sauerkraut, Karotten und Petersilie mischen. Joghurt, Honig, Salz, Pfeffer und Öl verrühren. Die Sauerkrautmischung unterheben. Den Sauerkrautsalat auf die Paprikahälften verteilen und mit Petersilie garnieren.

Inhaltsstoffe Gemüsepaprika oder »Dr. Pepper«, wie ihn die Amerikaner nennen, enthält eine Vielzahl sekundärer Pflanzenstoffe, die unter anderem als Antioxidanzien Blutgefäße und Zellwände schützen sowie das in Paprika und Sauerkraut reichlich vorhandene Vitamin C stabilisieren.

Fruchtiger Sauerkrautsalat

1 Das Sauerkraut klein schneiden und mit zwei Gabeln auflockern. Die Trauben waschen, von den Stielen zupfen, halbieren und entkernen. Die Äpfel waschen, vierteln und vom Kerngehäuse befreien.

2 Apfel auf dem Gemüsehobel in Scheiben hobeln. Sauerkraut, Trauben und Apfelscheiben in eine Schüssel geben.

3 Für das Dressing den Trauben- und Zitronensaft mit dem Traubenkernöl verrühren. Das Dressing mit Salz und Pfeffer würzen und unter den Salat mischen.

4 Den Sauerkrautsalat auf 4 Tellern anrichten. Schnittlauch waschen, trockenschütteln und in feine Röllchen schneiden. Den Salat mit den Walnüssen und den Schnittlauchröllchen bestreuen.

Gesundheitstipp Essen Sie diesen Salat vorzugsweise im Herbst und Winter, wenn frisches Obst und Gemüse bei uns Mangelware sind: Rohes Sauerkraut ist ein hervorragender Vitamin-C-Spender und hilft nach einer Grippe oder Erkältung, das Immunsystem wieder auf Vordermann zu bringen.

Zutaten für 4 Personen

500 g Weinsauerkraut

je 100 g weiße und blaue Trauben

2 saftige Äpfel (Jonathan)

100 ml weißer Traubensaft

2 EL Zitronensaft

2 EL Traubenkernöl

Salz, weißer Pfeffer aus der Mühle

1/2 Bund Schnittlauch

50 g Walnusskerne

Zubereitungszeit
25 Minuten

Schwarzwurzel

Kalbsragout mit Schwarzwurzeln

Zutaten für 4 Personen

1 Zwiebel
1 Bund Petersilie
500 g Kalbfleisch
1 EL Kapern
2 EL Öl
30 g Mehl
1/2 l Gemüsebrühe
100 ml Weißwein
1 TL abgeriebene Schale von 1 unbehandelten Zitrone
1 Lorbeerblatt
1 Prise geriebene Muskatnuss
600 g Schwarzwurzeln (tiefgekühlt)
2 TL Zitronensaft
Salz, Pfeffer aus der Mühle

Zubereitungszeit
45 Minuten

1 Zwiebel abziehen und fein hacken. Petersilie waschen, trockenschütteln und fein hacken. Fleisch trockentupfen und in Würfel schneiden. Die Kapern hacken.

2 Das Öl in einem Topf erhitzen und das Mehl darin unter Rühren anrösten, bis es sich leicht verfärbt und ein angenehmer Duft aufsteigt.

3 Die Zwiebel und die Hälfte der Petersilie dazugeben. Unter Rühren bei schwacher Hitze dünsten, bis die Zwiebel glasig wird. Die Gemüsebrühe mit dem Schneebesen unterrühren. Die Sauce zum Kochen bringen. Weißwein, Zitronenschale, Lorbeerblatt und Muskat dazugeben.

4 Das Kalbfleisch in die Sauce geben und 15 Minuten bei schwacher Hitze kochen. Die Schwarzwurzeln und die Kapern dazugeben. Alles zugedeckt 15 Minuten bei schwacher Hitze weiterkochen.

5 Das Kalbsragout mit Zitronensaft, Salz und Pfeffer abschmecken und mit der restlichen Petersilie vermischen. Auf 4 Tellern anrichten und servieren.

 Gesundheitstipp Wenn sich der Appetit nicht so recht einstellen will, dann helfen Kapern, die »Kleinen mit Pfiff«, wie die winzigen Blütenknospen des Kapernstrauchs auch genannt werden. Ihr Gehalt an Senfölen regt zusammen mit dem Essig, in dem sie konserviert werden, den Speichelfluss kräftig an.

Schwarzwurzeln in Zitronensauce

1 Schwarzwurzeln waschen, putzen, schälen und in Stücke schneiden. Wasser mit 1 Esslöffel Mehl und dem Essig mischen. Schwarzwurzeln hineinlegen.

2 In einem Topf 1 Liter Salzwasser mit 200 Millilitern Milch aufkochen. Schwarzwurzeln darin 15 Minuten kochen. Herausnehmen und warm stellen.

3 Schalotten abziehen und hacken. Butter erhitzen. Schalotten darin dünsten. 2 Esslöffel Mehl zugeben, anschwitzen, dann den Fond und 300 Milliliter Milch einrühren. Die Sauce 5 Minuten kochen.

4 Schwarzwurzeln in die Sauce geben. Zugedeckt 30 Minuten kochen. Eigelb und Sahne verquirlen. Unter das Gemüse rühren. Mit Salz, Muskat und Zitronensaft würzen.

5 Zitronenthymian waschen, trockenschütteln, hacken und über die Schwarzwurzeln streuen.

Gesundheitstipp Schwarzwurzeln enthalten neben wertvollen B-Vitaminen, Kalzium, Kalium und Phosphor einen besonderen Schatz: Inulin. Dieser Ballaststoff wirkt regenerierend auf die Darmflora und sorgt dafür, dass der Blutzucker nicht ansteigt.

Zutaten für 4 Personen
800 g Schwarzwurzeln
3 EL Mehl
2 EL Weißweinessig
Salz
1/2 l Milch
2 Schalotten
20 g Butter
200 ml Kalbsfond (Glas)
1 Eigelb
150 g Sahne
1 Prise geriebene Muskatnuss
Saft von 1 Zitrone
2 Zweige Zitronenthymian

Zubereitungszeit
50 Minuten

Schwarzwurzeln mit Käsesauce

1 Schwarzwurzeln waschen und gründlich bürsten. In reichlich sprudelnd kochendes Wasser geben und zugedeckt bei schwacher Hitze etwa 15 Minuten bissfest garen.

2 Schwarzwurzeln abgießen, kalt abschrecken und schälen. In etwa 2 Zentimeter lange Stücke schneiden. Den Käse klein würfeln. Kräuter waschen, trockenschütteln und hacken.

3 Brühe, Crème fraîche und Käse bei schwacher bis mittlerer Hitze unter Rühren erhitzen, aber nicht aufkochen lassen.

4 Die Schwarzwurzeln in die Sauce geben und darin erhitzen. Die Kräuter hinzufügen. Die Sauce mit Zitronensaft, Salz, reichlich grob gemahlenem Pfeffer und Muskatnuss abschmecken.

 Inhaltsstoffe Schwarzwurzeln enthalten u. a. Allantoin, das die Zellerneuerung anregt, desinfizierend wirkt und die Wundheilung beschleunigt. Abends gegessen sorgen die Wurzeln für tiefen Schlaf.

Zutaten für 4 Personen

1 kg Schwarzwurzeln

75 g Comté oder junger Gouda

1 Bund gemischte Kräuter (Petersilie, Schnittlauch, Kerbel, Pimpinelle, Sauerampfer, Borretsch, Brunnenkresse)

3/8 l Gemüsebrühe

100 g Crème fraîche

Saft von 1/2 Zitrone

Salz, weißer Pfeffer aus der Mühle

1 Prise geriebene Muskatnuss

Zubereitungszeit
1 Stunde

Sellerie

Duftende Sellerie-Mandel-Suppe

Zutaten für 4 Personen

1 Zwiebel
5 Knoblauchzehen
50 g mehligkochende Kartoffeln
150 g Knollensellerie
3 kleine Stängel Petersilie
1 EL Butter
1 EL Öl
1 gute Prise gemahlener Zimt
1 gute Prise geriebene Muskatnuss
1 gute Prise gemahlenes Piment
60 g Mandelblättchen
1 l Gemüsebrühe
1/2 TL abgeriebene Schale von 1 unbehandelten Zitrone
1/2 TL frisch geriebener Ingwer
2 EL Crème fraîche
1-2 TL Zitronensaft
Salz
Chilipulver

Zubereitungszeit
30 Minuten

1 Zwiebel und Knoblauch abziehen. Die Zwiebel fein hacken, die Knoblauchzehen ganz lassen. Kartoffeln und Knollensellerie schälen, waschen und in kleine Würfel schneiden. Die Petersilie waschen, trockenschütteln und fein hacken.

2 Butter und Öl in einem Topf mit dickem Boden erhitzen. Zwiebel und Knoblauchzehen darin bei schwacher Hitze langsam unter Rühren goldgelb braten. Zimt, Muskat und Piment dazugeben und unter Rühren kurz anrösten. Mandeln darunter rühren und kurz mit anrösten.

3 Zwiebelmischung mit Brühe aufgießen. Suppe aufkochen und zugedeckt 5 Minuten leicht kochen lassen. Kartoffeln, Sellerie, Zitronenschale und Ingwer hinzufügen. Suppe zugedeckt weitere 10 Minuten kochen, bis das Gemüse weich ist.

4 Die Crème fraîche zufügen. Die Suppe mit dem Stabmixer pürieren und durch ein Sieb streichen. Mit Zitronensaft, Salz und Chilipulver würzen, mit Petersilie garnieren und auf 4 tiefe Teller verteilen.

Überbackene Sellerieplinsen

1 Beide Mehlsorten mit Hefe, Zucker, Salz, Pfeffer, Milch und Eiern zu einem glatten Teig verrühren. Diesen 1 Stunde zugedeckt an einem warmen Ort ruhen lassen.

2 Sellerie schälen und fein raspeln. Basilikum waschen, trockenschütteln und hacken. Basilikum und Sellerie unter den Hefeteig rühren. Mozzarella abtropfen lassen und in kleine Würfel schneiden.

3 Etwas Öl in einer beschichteten Pfanne erhitzen. Portionsweise mit einem Esslöffel etwas Teig in die Pfanne geben. Daraus auf beiden Seiten goldbraune Plinsen backen. Mozzarellawürfel daraufstreuen und zugedeckt schmelzen lassen. Sellerieplinsen herausheben und sofort servieren.

 Inhaltsstoffe Sellerie schützt aufgrund seines Kaliumgehalts vor zu viel Säure im Körper und macht dadurch widerstandsfähiger bei Aufregung.

Zutaten für 4 Personen

125 g Weizenmehl Type 1050
75 g Roggenmehl Type 1150
1 Päckchen Trockenhefe
1 Prise Zucker
Salz, Pfeffer aus der Mühle
150 ml Milch
2 Eier
1/2 kleine Sellerieknolle (300 g)
1 Bund Basilikum
125 g Mozzarella
Öl zum Braten

Zubereitungszeit
50 Minuten plus
1 Stunde Ruhezeit

Soja

Gemüse mit Tofu aus dem Wok

Zutaten für 4 Personen

400 g Tofu
5 EL Sojasauce
2 TL Sesamöl
2 EL Zitronensaft
1 rote Paprikaschote
1 Zucchini
200 g Spitzkohl
150 g Zuckerschoten
150 g Mungobohnensprossen
3 Frühlingszwiebeln
2 Knoblauchzehen
2 cm frische Ingwerwurzel
200 ml Gemüsebrühe
2 EL trockener Sherry
1 TL Speisestärke
3 EL Erdnussöl
50 g geschälte Erdnusskerne
Salz, schwarzer Pfeffer aus der Mühle

Zubereitungszeit
40 Minuten plus
30 Minuten Marinierzeit

1 Den Tofu in 2 Zentimeter große Würfel schneiden. 2 Esslöffel Sojasauce, das Sesamöl und den Zitronensaft gut verrühren. Die Tofuwürfel darin wenden und 30 Minuten ziehen lassen.

2 Das Gemüse waschen und putzen. Paprikaschote, Zucchini und Spitzkohl in feine Streifen schneiden. Die Zuckerschoten und die Sprossen ganz lassen. Die Frühlingszwiebeln fein hacken. Den Knoblauch abziehen und den Ingwer schälen. Knoblauch und Ingwer fein würfeln.

3 Den Tofu abtropfen lassen, dabei die Marinade auffangen. Diese mit der Brühe, 3 Esslöffeln Sojasauce, Sherry und Speisestärke verquirlen.

4 Im Wok 1 Esslöffel Öl erhitzen. Die Erdnüsse darin kurz anrösten, herausnehmen. Tofu im heißen Öl 2 bis 3 Minuten anbraten. Frühlingszwiebeln, Knoblauch und Ingwer dazugeben und kurz mitbraten. Die Tofumischung aus dem Wok nehmen. Warm stellen.

5 2 Esslöffel Öl in den Wok geben. Paprika, Zucchini und Kohl hinzufügen und unter Rühren bei starker Hitze 3 Minuten braten. Zuckerschoten und Sprossen dazugeben und 2 Minuten pfannenrühren. Die Würzsauce angießen und aufkochen lassen. Tofu unterrühren, alles salzen, pfeffern und auf 4 Schälchen anrichten. Sofort servieren.

Pikanter Tofuaufstrich

Zutaten für 4 Personen
1 Zwiebel
2 Knoblauchzehen
1/2 Bund Petersilie
200 g Tofu
2 EL Öl
2 EL Mandelsplitter
1 Prise Chilipulver
1/4 TL gemahlener Kreuzkümmel
1/4 TL gemahlener Koriander
1/2 TL edelsüßes Paprikapulver
2 EL Tomatenmark
2 EL Sojasauce
1 TL getrockneter Oregano
2 EL Hefeflocken
Salz

Zubereitungszeit
30 Minuten

1 Die Zwiebel und den Knoblauch abziehen und fein hacken. Die Petersilie waschen, trockenschütteln und fein hacken. Tofu kalt abwaschen und trockentupfen. Dann mit einer Gabel fein zerdrücken.

2 Das Öl in einer Pfanne erhitzen. Die Zwiebel und den Knoblauch darin unter Rühren goldbraun braten. Mandeln dazugeben und unter Rühren anrösten.

3 Chili, Kreuzkümmel und Koriander dazugeben. Unter Rühren anrösten. Den Tofu hinzufügen und unter Rühren anbraten.

4 Paprikapulver, Tomatenmark, Sojasauce und Oregano hinzufügen. Alles gut vermischen und unter Rühren 3 Minuten braten. Die Tofumischung abkühlen lassen.

5 Mit dem Stabmixer oder im Zerkleinerer die Tofumischung mit den Hefeflocken und der Petersilie zu einer Creme verarbeiten. Den Aufstrich mit Salz und Chilipulver abschmecken.

Tipp Den Tofuaufstrich auf Vollkornbaguette geben und mit reichlich Alfalfa- oder Linsensprossen und Gurkenscheiben garnieren.

Inhaltsstoffe In Ostasien wird Fleisch gern durch Tofu ersetzt. Die aus Sojabohnen gewonnene Masse ist reich an hochwertigem Eiweiß, vergleichbar mit dem von Hühnerfleisch. Zugleich ist Tofu leicht verdaulich, kalorienarm und cholesterinfrei.

Thailändischer Tofusalat

1 Knoblauch abziehen und fein hacken. Die Chilischote putzen, waschen und fein hacken. Den Eichblattsalat putzen, waschen und trockenschleudern.

2 Die Frühlingszwiebeln waschen, putzen und in feine Ringe schneiden. Die Mango schälen. Das Fruchtfleisch vom Kern schneiden und in feine Scheiben teilen. Die Nüsse hacken.

3 Limetten- und Orangensaft mit 1 Esslöffel Öl verrühren. Das Dressing mit Salz abschmecken und mit den Mangoscheiben vermischen.

4 Den Tofu waschen, trockentupfen und mit einer Gabel fein zerdrücken. In einer beschichteten Pfanne 1 Esslöffel Öl erhitzen. Knoblauch und Chili darin anbraten. Tofu und Kreuzkümmel dazugeben und unter Rühren kurz braten. Sojasauce und Honig dazugeben. Tofu unter Rühren krümelig locker braten.

5 Koriandergrün waschen, trockenschütteln und fein hacken. Salatblätter und Mango auf Tellern anrichten. Tofu, Frühlingszwiebeln, Nüsse und Koriandergrün darauf verteilen.

Zutaten für 4 Personen

2 Knoblauchzehen
1 Chilischote
1 kleiner Eichblattsalat
2 Frühlingszwiebeln
1 Mango
30 g Paranüsse
2 EL Limettensaft
3 EL Orangensaft
2 EL Maiskeimöl
Salz
300 g Tofu
1/4 TL gemahlener Kreuzkümmel
1 TL frisch geriebener Ingwer
3 EL Sojasauce
1 TL Honig
1 Stängel Koriandergrün

Zubereitungszeit
30 Minuten

Inhaltsstoffe Mit Kalziumsulfat produzierter Tofu ist ein ausgezeichneter Lieferant für Kalzium. Dieser Mineralstoff ist ein wichtiger Baustein für Knochen und Zähne und beugt Osteoporose vor. Für Menschen, die Milchprodukte – übrigens die beste Kalziumquelle – nicht vertragen, ist Tofu deshalb eine ausgezeichnete Alternative.

Spargel

Spargel mit Kerbelsauce

Zutaten für 4 Personen

2 kg weißer Spargel
1 Bund Kerbel
Salz
50 g Butter
1 EL Zitronensaft
Pfeffer aus der Mühle

Zubereitungszeit
50 Minuten

1 Die Spargelstangen waschen und schälen. Die Enden abschneiden und je 500 Gramm Spargel mit Küchengarn zusammenbinden. Kerbel waschen, trockenschütteln und fein hacken.

2 In einem großen schmalen Topf reichlich Salzwasser zum Kochen bringen. Den Spargel vorsichtig mit den Köpfen nach oben hineinstellen. Die Spargelspitzen sollen nicht vom Wasser bedeckt sein. Zugedeckt etwa 15 Minuten bissfest kochen.

3 Butter in einer kleinen Pfanne zerlassen. 300 Milliliter Spargelsud abmessen. Mit Zitronensaft in eine Schüssel geben. Butter hinzufügen und alles mit dem Schneebesen verrühren. Kerbel darunter mischen. Sauce mit Salz und Pfeffer pikant abschmecken.

4 Den Spargel auf 4 Tellern anrichten. Die Kerbelsauce darüberträufeln.

 Inhaltsstoffe Weißer Spargel enthält viel Eiweiß, Eisen und Kalium sowie die Vitamine B1, B2, B6, Folsäure, Vitamin C, E und Provitamin A. Grüner Spargel weist sogar einen noch höheren Gehalt an Nährstoffen auf.

Spargelrisotto

1 Zwiebel und Knoblauch abziehen, fein hacken. Gemüse waschen und putzen. Karotten und Sellerie in dünne Scheiben schneiden. Spargel in 4 Zentimeter lange Stücke schneiden. Tomate kurz in kochend heißes Wasser legen, häuten, putzen, klein würfeln. Petersilie waschen und fein hacken.

2 In einem flachen Topf mit dickem Boden 2 Esslöffel Öl erhitzen. Zwiebeln und Knoblauch darin glasig dünsten. Den Reis dazugeben und unter Rühren einige Minuten braten. Dann mit 400 Milliliter Gemüsebrühe aufgießen. Lorbeerblatt und die Zitronenschale dazugeben. Reis zum Kochen bringen, zugedeckt 30 Minuten bei schwacher Hitze köcheln lassen.

3 Spargel, Sellerie und Karotten in 2 Esslöffeln Öl unter Rühren anbraten. Tomate und Petersilie untermischen. Alles zugedeckt 5 Minuten dünsten.

4 Das Gemüse, den Weißwein und 300 Milliliter Brühe vorsichtig unter den Reis heben. Risotto noch etwa 20 Minuten offen bei schwacher Hitze kochen. Wenn nötig, weitere Brühe angießen.

5 Den Risotto vom Herd nehmen und zugedeckt 10 Minuten nachquellen lassen. Mit Salz und Pfeffer abschmecken. Den Parmesan untermischen, auf 4 tiefe Teller verteilen und sofort servieren.

Zutaten für 4 Personen

1 große Zwiebel
2 Knoblauchzehen
100 g Karotten
1 Stange Staudensellerie
500 g grüner Spargel
1 Tomate
1 Bund Petersilie
4 EL Olivenöl
200 g Rundkorn-Naturreis
700 ml Gemüsebrühe
1 Lorbeerblatt
1/2 TL abgeriebene Schale von 1 unbehandelten Zitrone
4 EL trockener Weißwein
Salz, Pfeffer aus der Mühle
60 g frisch geriebener Parmesan

Zubereitungszeit
1 Stunde 10 Minuten

Grüner Kartoffel-Spargel-Salat

1 Reichlich Salzwasser zum Kochen bringen. Den Spargel putzen, die Stangen nur unten schälen und schräg in etwa 4 Zentimeter lange Stücke schneiden. Die Zuckerschoten waschen, putzen und je nach Größe halbieren.

2 Zuckerschoten im kochenden Salzwasser 2 Minuten blanchieren. Herausheben, in kaltem Wasser abschrecken und abtropfen lassen. Den Spargel in den Topf geben und ca. 5 Minuten garen. Abgießen, dabei 2 Esslöffel von dem Spargelsud auffangen.

3 Die Kräuter waschen, trockenschütteln und grob hacken. Mit Essig, dem Spargelsud, Senf, Salz und Pfeffer pürieren. Das Öl unterschlagen.

4 Die Kartoffeln pellen und in Scheiben schneiden. Mit den Zuckerschoten und dem Spargel unter das Dressing mischen.

Inhaltsstoffe Dieser Salat sollte bei Ihrer nächsten Frühjahrskur auf keinen Fall fehlen, denn sowohl Kartoffeln als auch Spargel und Zuckerschoten liefern jede Menge Kalium, das beim Entwässern des Körpers hilft. Die Kräuter regen den Stoffwechsel an und vertreiben so die Frühjahrsmüdigkeit.

Zutaten für 4 Personen

Salz
500 g grüner Spargel
150 g Zuckerschoten
1/2 Bund Petersilie
1 Handvoll Kerbel
10 Blätter Basilikum
3 EL Weißweinessig
1/2 TL scharfer Senf
Pfeffer aus der Mühle
4 EL kalt gepresstes Olivenöl
400 g Pellkartoffeln

Zubereitungszeit
30 Minuten

Spinat

Spinatcrêpes

Zutaten für 6 Personen

Für die Crêpes
200 g Weizenvollkornmehl
4 Eier
400 ml Milch
Salz
2–3 EL Öl zum Backen

Für die Sauce
30 g Butter
30 g Mehl
1/2 l heiße Milch
1 Prise geriebene Muskatnuss
Salz, Pfeffer aus der Mühle

Für die Füllung
1 kg TK-Blattspinat
4 Frühlingszwiebeln
150 g geriebener Emmentaler
Pfeffer aus der Mühle
1 EL Butter

Zubereitungszeit
1 Stunde

1 Für die Crêpes Mehl, Eier, Milch und Salz zu einem glatten Teig verrühren. Eine beschichtete Pfanne dünn mit Öl ausfetten. Etwas Teig darin verteilen und auf beiden Seiten goldbraun backen. Aus dem übrigen Teig weitere Crêpes backen. Zwischendurch die Pfanne mit Öl ausstreichen.

2 Für die Sauce die Butter zerlassen. Mehl dazugeben und unter Rühren anrösten, bis die Mehlschwitze sich hellgelb verfärbt und ein angenehmer Duft aufsteigt. Die heiße Milch mit dem Schneebesen darunter ziehen. Alles mit Muskat, Salz und Pfeffer würzen und 5 Minuten unter Rühren kochen lassen.

3 Für die Füllung den Spinat zugedeckt in einem Siebeinsatz über Wasserdampf auftauen und hacken. Die Frühlingszwiebeln waschen, putzen, längs halbieren und fein schneiden. Mit 100 Gramm Käse und dem Spinat mischen. Die Füllung salzen und pfeffern.

4 Eine flache ofenfeste Form mit 1/2 Esslöffel Butter ausfetten. Spinat auf die Crêpes geben. Crêpes aufrollen, in die Form legen und mit der Sauce übergießen. Übrigen Käse und die Butter in Flöckchen daraufstreuen. Die Crêpes im vorgeheizten Backofen bei 200 °C (Umluft 180 °C, Gas Stufe 3–4) 15 Minuten überbacken.

Spinatlasagne

1 Zwiebel und Knoblauch abziehen und hacken. In einer beschichteten Pfanne 1 Esslöffel Olivenöl erhitzen. Das Hackfleisch darin anbraten und mit der Gabel fein zerkleinern.

2 Zwiebel und die Hälfte des Knoblauchs zugeben und mitbraten. Tomaten in Stücke schneiden. Mit dem Saft zur Fleischmischung geben. Oregano, Lorbeerblatt, Salz und Pfeffer zufügen. Alles zugedeckt 30 Minuten kochen.

3 Spinat waschen, putzen und hacken. Spinat mit übrigem Knoblauch in 1 Esslöffel Olivenöl unter Rühren andünsten, bis alle Flüssigkeit verdampft ist. Salzen und pfeffern.

4 Ricotta, Quark, Eier und 50 Gramm Parmesan verrühren. Mit Salz und Muskat würzen. Basilikum waschen, trockenschütteln und in Streifen schneiden. Unter die Käsecreme rühren. Eine rechteckige ofenfeste Form ausfetten und mit 4 bis 6 Lasagnenudeln auslegen. Darauf nacheinander jeweils etwas Hackfleischsauce, Spinat und Käsecreme verteilen.

5 Übrige Füllung abwechselnd mit den Nudeln in mehreren Schichten in die Form geben. Dabei mit Hackfleischsauce abschließen. Brühe angießen, übrigen Käse darüberstreuen. Butter in Stücken darauf verteilen. Lasagne im vorgeheizten Backofen bei 200 °C (Umluft 180 °C, Gas Stufe 2–3) 40 Minuten garen.

Zutaten für 6 Personen
1 Zwiebel
3 Knoblauchzehen
2 EL Olivenöl
500 g Rinderhackfleisch
1 große Dose Tomaten (800 g)
1 TL getrockneter Oregano
1 Lorbeerblatt
Salz, Pfeffer aus der Mühle
750 g Spinat
250 g cremiger Ricotta
250 g Magerquark
2 Eier
80 g frisch geriebener Parmesan
1 Prise geriebene Muskatnuss
2 Bund Basilikum
Fett für die Form
500 g Lasagnenudeln
1/8 l Gemüsebrühe
20 g Butter

Zubereitungszeit
1 Stunde 40 Minuten

Süßkartoffel

Süßkartoffelgratin

Zutaten für 4 Personen
800 g Süßkartoffeln
400 g Karotten
10 g Butter
300 ml fettarme Milch
100 ml trockener Weißwein
100 g Crème fraîche
2 Eier
Kräutersalz
Pfeffer aus der Mühle
1 Bund glatte Petersilie
100 g geriebener Appenzeller
2 EL Kürbiskerne
1 TL Thymianblättchen

Zubereitungszeit
1 Stunde 15 Minuten

1 Süßkartoffeln und Karotten schälen und auf dem Gemüsehobel in Scheiben schneiden. Eine flache ofenfeste Form mit Butter einfetten. Karotten- und Kartoffelscheiben dachziegelartig hineinschichten.

2 Die Milch mit dem Wein, der Crème fraîche und den Eiern kräftig aufschlagen. Mit Kräutersalz und Pfeffer würzen. Die Petersilie waschen, trockenschütteln und die Blättchen fein hacken. Mit 50 Gramm Appenzeller unter die Eiermilch rühren.

3 Eiermilch über das Gemüse gießen. Restlichen Käse und die Kürbiskerne darüberstreuen. Süßkartoffelgratin im vorgeheizten Backofen bei 180 °C (Umluft 160 °C, Gas Stufe 2–3) 50 Minuten garen. Mit den Thymianblättchen bestreuen.

 Gesundheitstipp Für glänzendes Haar, schöne Haut und feste Fingernägel sorgt Biotin. Das Vitamin steckt u. a. in Milch, Milchprodukten und in Eiern. Weil diese Produkte sehr vielseitig beim Kochen verwendet werden können, ist es kein Problem, genügend Biotin aufzunehmen.

Gefüllte Süßkartoffeln

1 Die Süßkartoffeln waschen. Mit der Schale in wenig Wasser 20 Minuten garen. Abgießen und ausdämpfen lassen.

2 Für die Füllung die Zwiebel abziehen und fein würfeln. Die Petersilie waschen, trockenschütteln und fein zerkleinern. Die Tomaten überbrühen, abziehen, putzen und würfeln. Den Mozzarella in kleine Würfel schneiden.

3 Die Zwiebel im Öl bei schwacher Hitze glasig braten. Petersilie und Tomaten zugeben und alles bei starker Hitze dick einkochen. Tomatenmark unterrühren. Die Mischung in eine Schüssel geben und abkühlen lassen.

4 Die Süßkartoffeln längs halbieren und bis auf einen 2 Zentimeter breiten Rand aushöhlen. Kartoffelfleisch mit einer Gabel zerdrücken und mit der Hälfte des Mozzarellas zur Tomatenmischung geben. Mit Salz, Cayennepfeffer und Zitronensaft würzen.

5 Süßkartoffeln damit füllen, auf ein Backblech legen und mit dem übrigen Mozzarella belegen. Süßkartoffeln im vorgeheizten Backofen bei 250 °C (Umluft 230 °C, Gas Stufe 6) ca. 15 Minuten überbacken und auf 4 Tellern anrichten.

Zutaten für 4 Personen
4 Süßkartoffeln (ca. 1,2 kg)
1 Zwiebel
4 Stängel Petersilie
2 Tomaten
250 g Mozzarella
2 EL Erdnussöl
2 EL Tomatenmark
Salz
Cayennepfeffer
1 EL Zitronensaft

Zubereitungszeit
50 Minuten

 Inhaltsstoffe Das orangefarbene Fruchtfleisch der Süßkartoffeln enthält zellschützende Karotinoide, die dem Körper allerdings nur in Verbindung mit Fett zugutekommen.

Tomate

Überbackene Tomaten mit Ziegenkäse

Zutaten für 4 Personen
8 mittelgroße Tomaten
150 g nicht zu weicher Ziegencamembert
3 Stängel Estragon
2 EL Olivenöl
1 EL Aceto balsamico
Salz
grob geschroteter schwarzer Pfeffer

Zubereitungszeit
30 Minuten

1 Die Tomaten waschen und trockenreiben. Die Stielansätze keilförmig herausschneiden. Die Tomaten kreuzförmig einschneiden und mit einem Teelöffel aushöhlen.

2 Den Elektro- oder Holzkohlegrill vorheizen. Den Käse in kleine Würfel schneiden und in eine Schüssel geben. Den Estragon waschen, trockenschütteln und grob hacken. Mit dem Olivenöl und dem Essig zum Käse geben. Alles vermischen und mit Salz und Pfeffer würzen.

3 Die Tomaten mit der Käsemischung füllen und auf ein Blech setzen. Unter oder auf dem Grill 12 bis 15 Minuten garen und servieren.

Variante Zucchini lassen sich ebenso zubereiten. Diese längs halbieren, Fruchtfleisch herauslösen, hacken und unter die Käsecreme mischen. Zucchini damit füllen, 12 bis 15 Minuten grillen.

Inhaltsstoffe Das Karotinoid Lycopin, der rote Farbstoff der Tomate, senkt das Risiko, an Bauchspeicheldrüsen-, Darm-, Prostata- oder Brustkrebs zu erkranken. Das belegen wissenschaftliche Studien.

Tomatensuppe mit Reis

Zutaten für 4 Personen

4 Fleischtomaten
1 Zwiebel
2 Knoblauchzehen
2 EL Olivenöl
700 ml Gemüsebrühe
1 Bund Basilikum
150 g gegarter Reis
Salz, Pfeffer aus der Mühle
1 Prise geriebene Muskatnuss
100 g Sahne

Zubereitungszeit
30 Minuten

1 Die Fleischtomaten mit sprudelnd kochendem Wasser überbrühen, häuten, putzen und entkernen. Das Fruchtfleisch grob würfeln.

2 Zwiebel und Knoblauch abziehen. Die Zwiebel fein hacken. Das Olivenöl erhitzen, die Zwiebel darin andünsten und die Knoblauchzehen dazupressen.

3 Die Tomatenwürfel hinzufügen und alles 5 Minuten offen dünsten. Die Gemüsebrühe angießen und die Tomatensuppe etwa 10 Minuten bei mittlerer Hitze kochen lassen.

4 Das Basilikum waschen und trockenschütteln. Die Blättchen abzupfen. 8 Blättchen beiseitelegen, die restlichen in feine Streifen schneiden und unter die Tomatensuppe mischen. Den Reis hinzufügen und kurz erwärmen.

5 Die Suppe mit Salz, Pfeffer und Muskat abschmecken. Die Sahne unterrühren. Die Tomatensuppe auf 4 Suppenteller verteilen und mit den beiseitegelegten Basilikumblättchen garnieren. Sofort servieren.

Tomatenmix

1 Die Tomaten waschen, putzen und in Stücke schneiden. Die Petersilie und das Basilikum waschen, trockenschütteln und fein hacken.

2 Die Tomaten mit dem Zitronensaft, den Hefeflocken und dem Weizenkeimöl im Mixer fein pürieren und durch ein Sieb streichen.

3 Den Tomatenmix mit Petersilie und Basilikum vermischen, mit Salz und Chilipulver abschmecken. Auf 4 langstielige Gläser verteilen und sofort servieren.

 Variante Mit erntereifen Feldgurken und grünen Paprikaschoten wird aus dem Ein-Gemüse-Mix ein Drei-Gemüse-Mix. Dafür 400 Gramm Gurke schälen, die Kerne entfernen und die Gurke in kleine Stücke schneiden. 1 grüne Paprikaschote halbieren und putzen. Dann waschen und in Stückchen schneiden. Die Gurke, die Paprika, 400 Gramm in Stücke geschnittene Tomaten, Salz und Pfeffer mit 200 Milliliter eiskaltem Wasser im Mixer fein pürieren. Wer es noch pikanter mag, fügt zusätzlich 1 geschälte, gehackte Schalotte hinzu.

Zutaten für 4 Personen

800 g Tomaten
2 kleine Stängel Petersilie
2 kleine Stängel Basilikum
2 EL Zitronensaft
2 EL Hefeflocken
1 EL Weizenkeimöl
Salz
1 Prise Chilipulver

Zubereitungszeit
10 Minuten

Topinambur

Topinambur-Rucola-Salat

Zutaten für 4 Personen

750 g Topinambur
1/2 l Gemüsebrühe
300 g Tomaten
200 g junger Rucola
1/2 Bund Schnittlauch
4 EL Olivenöl
Saft von 1 Zitrone
1 TL milder Senf
Salz, Pfeffer aus der Mühle
edelsüßes Paprikapulver
4 EL Sonnenblumenkerne

Zubereitungszeit
30 Minuten

1 Topinambur waschen, schälen und würfeln. Mit Gemüsebrühe in einem Topf aufkochen und etwa 20 Minuten bissfest garen.

2 Tomaten waschen, putzen und in kleine Stücke schneiden. Den Rucola waschen und grobe Stiele entfernen. Schnittlauch waschen, trockenschütteln und in Röllchen schneiden.

3 Topinambur abgießen, etwas abkühlen lassen. Mit den Tomatenwürfeln und dem Rucola in eine Schüssel geben und locker miteinander vermischen.

4 Für das Dressing Olivenöl, Zitronensaft, Senf, Salz, Pfeffer und Paprikapulver verrühren. Die Sauce über den Salat gießen, die Sonnenblumenkerne darüberstreuen und alles noch mal gründlich miteinander vermengen. Auf 4 Tellern anrichten und sofort servieren.

Topinambursuppe mit Pilzen

1 Topinambur waschen, schälen und würfeln. Mit Gemüsebrühe und Sahne aufkochen und etwa 10 Minuten kochen lassen.

2 Die Pilze putzen und in dünne Streifen schneiden. Knoblauch abziehen und klein schneiden. Den Speck in Streifen schneiden. Knoblauch und Speck in der Butter 2 bis 3 Minuten anbraten. Die Pilze dazugeben und 5 Minuten bei schwacher Hitze unter Rühren mitbraten.

3 Die Petersilie waschen, trockenschütteln, die Blätter abzupfen, fein hacken und unter die Pilze mischen.

4 Die Suppe mit dem Pürierstab pürieren und mit Salz und Muskatnuss abschmecken. Die Pilz-Speck-Mischung darunterrühren, auf 4 tiefe Teller verteilen und sofort servieren.

 Inhaltsstoffe Topinamburknollen enthalten reichlich Inulin. Das Kohlenhydrat wird im Magen-Darm-Trakt in Fruktosebausteine zerlegt. Dieser Zucker benötigt für seine Verwertung im Stoffwechsel kein Insulin. Das macht Topinambur zu einem idealen Energiespender für Diabetiker.

Zutaten für 4 Personen

400 g Topinambur
3/4 l Gemüsebrühe
200 g Sahne
100 g Austernpilze
1 Knoblauchzehe
50 g Schinkenspeck
1 EL Butter
1 Bund Petersilie
Salz
1 Prise geriebene Muskatnuss

Zubereitungszeit
35 Minuten

Weißkohl

Gemüse-Fleisch-Eintopf

Zutaten für 4 Personen

je 200 g Rinder-, Schweine- und Kalbsschulter
Salz, Pfeffer aus der Mühle
1 große Zwiebel
500 g festkochende Kartoffeln
1 Stange Porree
300 g Weißkohl
200 g Knollensellerie
300 g Karotten
1 Petersilienwurzel
1 EL Öl
getrockneter Majoran
geriebene Muskatnuss
1/2 l Fleischbrühe
1/2 Bund Petersilie

Zubereitungszeit
2 Stunden

1 Die drei Fleischsorten kalt waschen, trockentupfen und in 2 Zentimeter große Würfel schneiden. Rundherum salzen und pfeffern.

2 Die Zwiebel abziehen und würfeln. Die Kartoffeln schälen und in Scheiben schneiden. Den Porree längs halbieren, waschen, putzen und in Ringe schneiden. Den Weißkohl waschen, putzen und hobeln oder in Streifen schneiden. Sellerie, Karotten und Petersilienwurzel schälen und würfeln.

3 Das Öl in einem Bräter erhitzen. Die Zwiebelwürfel darin glasig werden lassen.

4 Die übrigen vorbereiteten Zutaten in den Bräter schichten. Dabei jede Schicht salzen und pfeffern sowie mit etwas Majoran und Muskat bestreuen. Die Brühe dazugießen. Den Bräter mit dem Deckel verschließen und in den vorgeheizten Backofen bei 170 °C (Umluft 150 °C, Gas Stufe 2) stellen. Den Eintopf etwa 1 Stunde 30 Minuten garen.

5 Den Gemüse-Fleisch-Eintopf noch einmal umrühren und mit Salz und Pfeffer abschmecken.

6 Die Petersilie waschen und trockenschütteln. Einige Blättchen abzupfen. Die übrigen hacken und unter den Eintopf rühren. Den Eintopf in tiefe Teller füllen und mit den Petersilienblättchen garnieren.

Kohlrouladen mit Tofu und Sprossen

Zutaten für 4 Personen
250 g Tofu
2 EL Sojasauce
4 EL passierte Tomaten
3 EL Sherry medium dry
1 TL frisch geriebener Ingwer
Chilipulver
12 große Weißkohlblätter
2 Schalotten
1 Knoblauchzehe
100 g Karotten
1 Stange Staudensellerie
100 g Sojabohnensprossen
2 EL Sonnenblumenkerne
Salz
Zahnstocher
2 EL Öl
300 ml Gemüsebrühe

Zubereitungszeit
50 Minuten plus
1 Stunde Marinierzeit

1 Den Tofu abspülen, trockentupfen und klein würfeln. Sojasauce, Tomaten, Sherry, Ingwer und 1 Prise Chilipulver verrühren. Den Tofu 1 Stunde in der Sauce marinieren. Tofu abtropfen lassen und die Marinade auffangen.

2 Kohlblätter waschen und zugedeckt über Wasserdampf 1 Minute erhitzen. Kalt abschrecken und abtropfen lassen. Schalotten und Knoblauch abziehen und fein hacken.

3 Für die Füllung die Karotten und Sellerie waschen, putzen und klein schneiden. Die Sprossen waschen und abtropfen lassen. Die Sonnenblumenkerne grob hacken.

4 Tofuwürfel mit Schalotten, Karotten, Sellerie, Sprossen und Sonnenblumenkernen vermischen. Mit Salz und Chili abschmecken. Auf jedes Kohlblatt etwas Füllung geben. Die Kohlblätter einschlagen, aufrollen und mit Zahnstochern feststecken.

5 In einer flachen ofenfesten Form das Öl erhitzen. Rouladen nebeneinander hineinlegen, auf dem Herd kurz anbraten. Mit der Gemüsebrühe und der Marinade aufgießen. Kohlrouladen im vorgeheizten Backofen bei 200 °C (Umluft 180 °C, Gas Stufe 3) 25 Minuten backen. Bei Bedarf noch etwas Gemüsebrühe angießen. Sofort servieren.

Weißkohlsalat mit Karotten

1 Für den Salat den Weißkohl waschen, die äußeren Blätter und den Strunk entfernen. Die Kohlhälfte halbieren und die Viertel quer in schmale Streifen schneiden. In eine große Schüssel geben und mit den Händen kräftig kneten.

2 Die Karotten waschen, schälen und raspeln. Die Zwiebel abziehen und fein hacken. Alles zu den Kohlstreifen in die Schüssel geben und gut vermischen.

3 Für das Dressing in einer kleinen Schüssel die saure Sahne, den Apfelessig, den Senf, den Zitronensaft, Salz und Pfeffer gut miteinander verrühren.

4 Das Dressing über das Gemüse geben und alles gründlich durchmischen. Vor dem Servieren mit Petersilie garnieren und auf 4 Tellern anrichten.

 Tipp Eine nussige Note erhält der Salat, wenn man Mandelblättchen oder gehobelte Haselnüsse in einer Pfanne ohne zusätzliches Fett röstet und diese vor dem Servieren über den Salat streut.

Zutaten für 4 Personen
1/2 Weißkohl (400 g)
2 Karotten
1 Zwiebel
4 EL saure Sahne
3 EL Apfelessig
1 TL Dijonsenf
1 EL Zitronensaft
Salz, Pfeffer aus der Mühle
Petersilie zum Garnieren

Zubereitungszeit
20 Minuten

Zucchini

Pasta mit Zucchini und Kräuterpesto

Zutaten für 4 Personen

Für das Pesto

4 Knoblauchzehen
je 1/2 Bund Petersilie und Basilikum
80 ml Olivenöl
40 g Sonnenblumenkerne
50 g geriebener Parmesan
2 TL Zitronensaft
Salz, Pfeffer aus der Mühle

Für die Nudeln

500 g Zucchini
400 g Fusilli
Salz
1 EL Olivenöl
Pfeffer aus der Mühle

Zubereitungszeit
30 Minuten

1 Für das Pesto den Knoblauch abziehen. Die Kräuter abbrausen, trocknen und mit dem Knoblauch fein zerkleinern.

2 Öl und Sonnenblumenkerne mit dem Stabmixer fein pürieren. Käse, Knoblauch, Kräuter und den Zitronensaft darunter rühren. Das Pesto mit Salz und Pfeffer abschmecken.

3 Für die Nudeln die Zucchini waschen, putzen und in kleine Würfel schneiden. Nudeln nach Packungsanleitung in Salzwasser bissfest kochen und abtropfen lassen. Pesto mit 4 Esslöffeln Nudelkochwasser glatt rühren.

4 Das Olivenöl erhitzen, die Zucchini darin 1 Minute unter Rühren braten, leicht salzen. Die Nudeln mit Pesto und den Zucchiniwürfeln vermischen. Mit Salz und Pfeffer abschmecken und auf 4 tiefe Teller verteilen.

 Tipp Greifen Sie auf dem Wochenmarkt oder im Supermarkt gerade im Sommer zu den jungen, kleinen Zucchini. Sie sind fest und enthalten nicht so viel Wasser wie die großen Exemplare. Teilweise bekommt man auch ganz junge Zucchini, an denen noch die Zucchiniblüte hängt – eine Delikatesse!

Zucchinicremesuppe

1 Die Zucchini waschen, putzen und in Scheiben schneiden. Die Schalotte und den Knoblauch abziehen. Beides in feine Würfel schneiden.

2 Das Öl erhitzen. Die Schalotten und den Knoblauch darin andünsten. Zucchini dazugeben und 1/2 Liter Wasser angießen. Die Suppe zugedeckt 20 Minuten kochen lassen.

3 Den Speck von Schwarte und Knorpeln befreien, in kleine Würfel schneiden und in einer Pfanne ohne Fett knusprig braten. Die Suppe mit einem Stabmixer fein pürieren und die Sahne unterrühren. Die Zucchinicremesuppe mit Salz und Pfeffer abschmecken.

4 Die Zucchinicremesuppe in 4 vorgewärmte tiefe Teller füllen und mit den Speckwürfeln bestreuen.

Gesundheitstipp Zucchini bringen den Säure-Basen-Haushalt in Balance und entwässern. Ihre Inhaltsstoffe entgiften den Darm und bringen die Verdauung in Schwung.

Zutaten für 4 Personen

500 g kleine Zucchini
1 Schalotte
1 Knoblauchzehe
2 EL Olivenöl
100 g durchwachsener geräucherter Speck
200 g Sahne
Salz, Pfeffer aus der Mühle

Zubereitungszeit
40 Minuten

Karotten-Zucchini-Puffer

1 Karotten schälen. Zucchini waschen und putzen. Mit den Karotten grob reiben. Eier und Mehl in einer Schüssel verrühren und unter das Gemüse mischen.

2 Dill waschen und trockenschütteln. Die Spitzen abzupfen und fein hacken. Unter das Gemüse rühren und alles mit Salz, Pfeffer, Cayennepfeffer und Koriander herzhaft würzen.

3 In einer beschichteten Pfanne 2 Esslöffel Öl erhitzen. Mit einem Esslöffel kleine Portionen Gemüseteig in die Pfanne setzen, glatt streichen. Die Gemüsepuffer von beiden Seiten goldgelb backen.

4 Den Käse im Blitzhacker fein zerkleinern. Je 1 Teelöffel davon auf jeden Puffer geben und schmelzen lassen. Mit etwas Pfeffer bestreuen. Die Karotten-Zucchini-Puffer zum Entfetten auf Küchenpapier setzen und warm stellen, bis die übrigen Puffer im restlichen Öl gebacken sind.

 Gesundheitstipp Bereiten Sie Gemüse immer mit etwas Fett zu, damit die Karotinoide, wie Beta-Karotin und andere fettlösliche Vitamine gut vom Körper verwertet werden können. Übrigens: Ein Tropfen Öl genügt schon!

Zutaten für 4 Personen

500 g dicke Karotten
300 g Zucchini
2 Eier
3 EL Mehl
1 Bund Dill
Salz, Pfeffer aus der Mühle
1 Prise Cayennepfeffer
1/4 TL gemahlener Koriander
6 EL Sonnenblumenöl
150 g Raclettekäse

Zubereitungszeit
30 Minuten

Zwiebel

Italienisches Paprika-Zwiebel-Gemüse

Zutaten für 4 Personen

50 g Rosinen
1 weiße Zwiebel
2 Knoblauchzehen
je 2 grüne, rote und gelbe Paprikaschoten
3 große Tomaten
3 EL Olivenöl
50 g Pinienkerne
3 EL Aceto balsamico
1/2 TL Zucker
Salz, Pfeffer aus der Mühle

Zubereitungszeit
35 Minuten

1 Rosinen in warmem Wasser einweichen. Zwiebel und Knoblauch abziehen. Zwiebel in Würfel, Knoblauch in Stifte schneiden. Paprikaschoten waschen, putzen und in schmale Streifen schneiden. Tomaten waschen, putzen und würfeln.

2 Olivenöl in einer großen Pfanne mit Deckel erhitzen. Pinienkerne, Zwiebel, Knoblauch, Paprika und Tomaten darin unter ständigem Rühren 5 Minuten anbraten. Gemüse zugedeckt bei mittlerer Hitze 7 bis 10 Minuten schmoren. Nach Bedarf etwas Wasser unter das Gemüse rühren.

3 Rosinen abgießen und zum Paprikagemüse geben. Alles mit Aceto balsamico, Zucker, Salz und Pfeffer würzen und zugedeckt garen, bis das Gemüse bissfest ist. Warm oder lauwarm zu gebratenem Fleisch oder Fisch servieren.

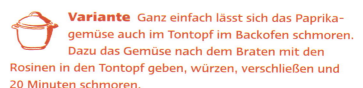

Variante Ganz einfach lässt sich das Paprikagemüse auch im Tontopf im Backofen schmoren. Dazu das Gemüse nach dem Braten mit den Rosinen in den Tontopf geben, würzen, verschließen und 20 Minuten schmoren.

Tipp Gut schmeckt das Paprikagemüse auch mit frisch aufgebackenem Toskanabrot als Vorspeise oder kleine Mahlzeit.

Gegrillte Puten-Zwiebel-Spieße

1 Die Kartoffeln waschen und zugedeckt in wenig Wasser aufkochen und bei schwacher Hitze etwa 20 Minuten garen.

2 Die Zwiebeln im Ganzen abziehen und in kochendem Salzwasser 5 Minuten kochen lassen. Herausheben, kalt abschrecken und abtropfen lassen. In Spalten schneiden. Die Kräuter waschen, trockenschütteln und hacken.

3 Die Kartoffeln abgießen, kurz ausdampfen lassen und pellen. Größere Kartoffeln halbieren, sodass 24 gleich große Stücke entstehen.

4 Die Putenbrust kalt abspülen, trockentupfen und in 24 Stücke schneiden. Kartoffeln, Zwiebeln und Putenstücke abwechselnd auf die Holzspieße stecken.

5 Eine Marinade aus Öl, Salz, Pfeffer und Kräutern anrühren. Die Spieße in der Marinade wenden.

6 Die Putenspieße in einer leicht geölten Grillpfanne oder auf dem heißen Grill 8-10 Minuten grillen, bis das Fleisch gar ist. Dazu schmeckt ein grüner Salat.

Zutaten für 4 Personen

800 g festkochende Kartoffeln
2 rote Zwiebeln
Salz
1 Bund Petersilie
1 Bund Basilikum
500 g Putenbrust
3 EL Öl
schwarzer Pfeffer
etwas Öl zum Einfetten
8 Holzspieße

Zubereitungszeit
1 Stunde

Register

Rezeptregister

Obstrezepte

Ananas-Chutney 72
Ananasmousse mit Heidelbeermark 115
Ananas-Trauben-Salat mit frischen Datteln 99
Apfel-Joghurt-Eis 76
Aprikosencrumble 81
Aprikosenknödel mit Hagebuttensauce 110
Aprikosen-Mandel-Creme 80
Avocado-Papaya-Sandwich 143

Birnen mit pikanter Erdnusscreme 88
Bratäpfel mit Cranberrys 96
Bunter Obstsalat mit Minzejoghurt 162
Bunter Reissalat mit Avocado 85
Bunter Salat mit Grapefruit 108
Buttermilchmousse mit Brombeergrütze 95

Entenbrust mit Pfirsichen 147
Erdbeersalat mit Limettenschaum 102
Erdbeertörtchen 104
Erfrischende Kirschkaltschale 126

Feigencarpaccio 107
Feigen mit Roquefort-Obatztem 106
Forellen mit Stachelbeeren 157
Forellenmousse auf Melone 137
Frischkornmüsli mit Brombeeren 92

Früchte mit Bananen-Kokos-Schaum 86
Früchtemüsli mit Birnencreme 91

Gebratene Bananen mit Mangosauce 87
Gefüllte Birnen 90
Gefüllte Crêpes mit Kirschsauce 124
Gratinierte Pfirsiche 145
Grießflammeri mit Grapefruit 109

Hagebutten-Kefir-Shake 111
Hähnchenpfanne mit Cranberrys 97
Heidelbeerpfannkuchen 112
Heidelbeersorbet mit Zitronenjoghurt 114
Heilbutt auf Orangen-Fenchel-Gemüse 139
Himbeer-Buttermilch-Flip 117
Himbeer-Clafoutis 119
Himbeersalat auf Orangenquark 116
Hollerkoch 120
Holundersuppe 121

Johannisbeerküchlein mit Zimtjoghurt 122

Kalte Gemüsesuppe mit Avocadocreme 82
Karotten-Aprikosen-Vitaminschocker 78
Karottensalat mit Mango 130
Kiwidrink 129
Kräuter-Zitronen-Risotto 167

Mandeldrink mit Datteln 98
Mangococktail 133
Mangocreme mit Erdbeersauce 132
Marinierte Erdbeeren 103

Matjes mit Apfel-Meerrettich-Quark 77
Meerrettich-Trauben-Creme auf Nektarinen 163
Melonensalat mit Mandelcreme 135

Papayas mit Beerensauce 142
Pfirsichbecher mit Pinienkerncreme 144
Pfirsich-Brombeer-Salat mit Krokant 93
Power-Obstsalat mit Kiwi 128
Putenschnitzel mit Zitronensauce 165

Quarkgratin mit Kirschen 127
Quarkklößchen mit Pflaumenkompott 148

Radicchio mit Trauben und Pilzen 160
Rehfilets mit Wacholdersauce 158
Romana-Sprossen-Salat mit Melone 134

Sanddornsorbet mit Pinienkernkrokant 150
Sanddorn-Soja-Shake 153
Scharfe Hähnchenkeulen mit Papayasauce 140
Schwarzer-Johannisbeer-Cobbler 123
Schweinefleisch in Pflaumensauce 149
Schweinemedaillons mit Avocadosauce 83
Seeteufelspieße mit Ananassalsa 74
Spanischer Spinatsalat mit Orangen 138

Stachelbeersülze mit Mohnsauce 154
Stachelbeertarte 155

Tomatensuppe mit Wacholderrahm 159
Trockenfrüchteschnitten 101

Wokgemüse mit Ananas 73

Zitronen-Limetten-Mousse 164
Zitrusfrüchte mit Sanddorn-Dickmilch 152

Gemüserezepte

Bandnudeln mit Mais und Porree 228
Blumenkohl mit Gemüsebröseln 176
Bohnensalat mit Gazpachodressing 181
Brokkoli-Paprika-Salat 183
Buchweizen-Gewürzwaffeln 187
Buchweizenpfanne mit Feta 186
Bulgursalat mit Tomaten und Oliven 235

Champignon-Oliven-Salat auf Rucola 234

Duftende Sellerie-Mandel-Suppe 270

Erdbeerstern im Aprikosenhimmel 170

Feine Rote-Bete-Suppe 254
Feldsalat mit Hähnchenbrust 197

Feldsalat mit Käsecroûtons und Sprossen 194
Fenchel in Orangensauce 199
Fenchel mit Mandelplätzchen 198
Fruchtiger Sauerkrautsalat 265

Gefüllte Paprika mit Sauerkraut 264
Gefüllte Paprikaröllchen 238
Gefüllte Süßkartoffeln 283
Gegrillte Makrelen mit Maissalat 229
Gegrillte Puten-Zwiebel-Spieße 299
Gemischter Fisch auf Feldsalat 195
Gemüse-Fleisch-Eintopf 290
Gemüse mit Knoblauchöl 213
Gemüse mit Tofu aus dem Wok 272
Glasierte Karotten mit Kerbelschaum 209
Grüner Kartoffel-Spargel-Salat 279
Grünkohl mit Kalbsbrät 200
Gurkenhappen mit Käsecreme 205

Hackbällchen mit Rhabarbersauce 249
Hähnchenspieße auf Rucolasalat 260
Herbstlicher Kürbissalat 223
Hirse-Brokkoli-Auflauf 182

Indische Gemüsepfanne 177
Indische Linsensuppe 225
Insalata italiana 174
Italienisches Paprika-Zwiebel-Gemüse 298

Kalbsragout mit Schwarzwurzeln 266
Karotten mit Eier-Kresse-Vinaigrette 206
Karotten-Zucchini-Puffer 297
Kartoffelsuppe mit Shiitakepilzen 211
Kartoffel-Zuckerschoten-Salat mit Radieschen 243
Knoblauch-Erbsen-Suppe 192
Kohlrabi-Kartoffel-Puffer mit Gorgonzoladip 214
Kohlrabi mit Petersiliensauce 216
Kohlrouladen mit Tofu und Sprossen 292
Kräuterkartoffeln mit Quark 210
Kürbis süß-sauer 222

Lachs mit Brokkoli und Garnelen 185
Lammgeschnetzeltes mit Mangold 230
Linseneintopf mit Grünkohl 201

Mangoldquiche 233
Mangoldröllchen mit Buchweizen 231
Marinierte Paprikaschoten 236
Mexikanische Bohnensuppe mit Avocado 178

Nussiger Endiviensalat 190

Paprika mit Linsen- und Gorgonzoladip 226
Paprikapfanne mit Feta 237
Pasta mit Zucchini und Kräuterpesto 294

Pikante Joghurtkaltschale mit Gurke 202
Pikanter Tofuaufstrich 274
Pikantes Porree-Kartoffel-Curry 241
Porreelasagne mit Heilbutt 240

Radieschentürme mit Apfeljoghurt 242
Reisauflauf mit roten Linsen 224
Reis mit Erbsen 193
Rettich-Karotten-Salat 244
Rhabarber-Joghurt-Creme 248
Rhabarber-Mandel-Kuchen 246
Rindfleischsalat mit Gurkendressing 204
Risotto mit jungen Artischocken 175
Rohkost mit Sourcreamdip 217
Rosenkohleintopf mit Chorizo 250
Rosenkohl in Meerrettichsauce 252
Rosenkohlspieße 253
Rotbarsch mit Chicorée 189
Rote-Bete-Carpaccio 257
Rote-Bete-Salat mit Walnussdressing 255
Rote Bohnenpfanne mit Hähnchen 180
Rotkohlpäckchen mit Pute und Reis 259
Rotkohlsalat mit Kefir-Apfel-Dressing 258

Salat mit Lachs und Zitronendressing 219
Salat mit Tofu und Salsa verde 221

Salatrollen mit Kichererbsendip 218
Scharfe Knoblauchspaghetti 212
Scharfes Rettichcarpaccio 245
Schwarze Johannisbeerwürfel 171
Schwarzwurzeln in Zitronensauce 267
Schwarzwurzeln mit Käsesauce 269
Shrimps-Rucola-Salat mit Avocado 262
Sommersalat mit rohen Artischocken 172
Spargel mit Kerbelsauce 276
Spargelrisotto 277
Spinatcrêpes 280
Spinatlasagne 281
Süßkartoffelgratin 282

Thailändischer Tofusalat 275
Tomatenmix 287
Tomatensuppe mit Reis 286
Topinambur-Rucola-Salat 288
Topinambursuppe mit Pilzen 289

Überbackene Sellerieplinsen 271
Überbackene Tomaten mit Ziegenkäse 284
Überbackener Chicorée 188

Weißkohlsalat mit Karotten 293
Wildkräutersalat mit Ziegencamembert 261
Wirsing-Karotten-Gratin 207

Zucchinicremesuppe 295

Sachregister

Adipositas 6
Allantoin 269
Allergien 11, 17, 61
Allicin 35
Aminosäuren ▶ Eiweiß
Ananas 13f., 16, **42, 46,** 58
Anthozyan 258
Anthranoide 249
Antioxidanzien 12
Äpfel 7, 13ff., **35, 46,** 52, 65
Aprikosen 10, 12, 15f., **36f., 46**
Arteriosklerose 6
Artischocken 7, 12, 15f. **46**
Athenol 199
Auberginen 9, 13f., 16, **46,** 65
Avocados 7, 12f., 16, 19, 21, 26, **46,** 67

B1 (Thiamin) **12,** 68, 193
B12 (Cobalamin) 13
B2 (Riboflavin) **12**
B3 (Niacin) 11, **12f.,** 216
B6 (Pyridoxin) **13,** 68, 211, 216
Bakterien 7, 17, 52
Ballaststoffe 10, 91f., 102, 107, 122, 142, 180
Bananen 13ff., **42, 46**
Beta-Karotin12, 81, 111f., 130, 133, 137, 201, 207, 219, 223, 297
Betanidin 255
Bioflavonoide 9f.
Biogütesiegel **54**
Bioprodukte **52ff.**
Biotin **13,** 216, 282
Birnen 10, 13ff., **35,** 46, 65
Blumenkohl 12f., 16, **32, 46**
Blutgerinnung 12, 14f.
Bluthochdruck 7, 10, 17, 23f., 27

Blutzucker(spiegel) **20f.**
Brokkoli 12f., 15f., **32, 47**
Brombeeren 14, 16, **39, 47**
Bromelain 42, 72
B-Vitamine 11, **12f.,** 82, 85, 99, 127, 140, 153, 200, 216, 267

Chicorée 11ff., 16, **31, 47**
Chinakohl 12f., 16, **47**
Chlor 14, **15**
Chlorophyll 185
Cholesterin 6, 10, 17, 19, 23f., 27, 162, 212, 236, 258
Chrom 11, **15,** 52
Cranberrys 13, **47**
Cynarin 174

Datteln 13, 15f., **41, 47**
Dendriten 27
Diabetes mellitus 6
Dopamin 22

Eberesche 36
Eichblattsalat 12, 15, **47**
Eier 12f., 15
Einfrieren **58ff., 69**
Einkochen **61ff.**
Eisen 11, 14, **15,** 17, 99, 126, 140, 142, 183, 194, 225, 276
Eiweiß 10, 12ff., 17, **22ff.**
Eiweißirrtum 25
Ellagsäure 116
Endivien 12f., 16, **31, 47**
Erbsen 13, 16f., **29f., 47,** 66
Erdbeeren 10, 12f., **38, 47,** 67
Erdnüsse 9
EU-Biosiegel **53**

Feigen 14ff., **41, 47**
Feldsalat 12f., 15f., **31, 47,** 66

Fenchel 10, 12ff., 19, **34, 47**
Fenchon 199
Fett(e) 10, 12, **26f.**
Fettsäuren, ungesättigte 14, **26f.,** 85, 236
Fisch 12f., 15f., 57
Flavonoide 18
Fleisch 12f., 15f., 23, 57
Fluor 14, **15,** 182, 185
Folsäure 11, **13,** 85, 127, 174, 197, 257, 276
Freie Radikale 16f., 27, 77, 81, 111, 115, 133
Frühlingszwiebeln 12f., 15, **35, 48**

Geflügel 13, 15, 57
Gemüse allgemein 7, 10f., 14f., 17, 21, 26, 46ff., 52ff., 64ff.
Getreide 12f., 15f.
Giersch 45
Glukose **20f.,** 22
Gluten 145, 186, 228
Grapefruits 13, **44, 48**
Grüne Bohnen 12f., 16, **30, 46**
Grünkohl 12f., 15, **32f., 48**
Grüntee 19
Guave 13
Gurke **28, 48,** 58

Hagebutten 11ff., **38, 48**
Hauterkrankungen 7
HDL-Cholesterin 85
Heidelbeeren **39, 48**
Heilkräfte der Natur 6f.
Himbeeren **38, 48**
Holunder 12, **38f., 48**
Hülsenfrüchte 7, 12f., 15ff., 26
Hyperaktivität 6

Immunsystem 6f., 11, 22, 52, 77, 205, 211, 265
Inulin 175, 267, 289

Jod 14, **16,** 17, 185, 189
Johannisbeeren 13, 16, **39, 48,** 69

Kaempferol 103
Kakis 12, **41, 48**
Kaktusfeige **41**
Kalium **14,** 17, 23, 87, 126, 142, 209f., 267, 271, 276, 279
Kalzium 7, 11, **14f.,** 52, 95, 99, 106, 126, 137, 183, 209f., 248, 254, 267, 275
Kardone **45**
Karotin 183, 244
Karotinoide 81, 133, 135, 201, 283, 297
Karotten 11f., **33, 48,** 53
Kartoffeln 10, 13, 16f., **48,** 52, 58, 65
Kieselsäure 81, 126
Kirschen 13, 26, **37, 48**
Kiwis 12ff., **40, 49**
Knoblauch 15ff., 19, **35, 49**
Kohlenhydrate 10, 12, 14, **20f.,** 50
Kohlrabi 10, 13ff., 17, **33, 49,** 52
Kopfsalat **31, 49**
Kopfschmerzen 7
Kräuter 9f., 22, 57, **67**
Krebsschutz 12, 18
Kühlschrank, Aufbewahrung im 57f.
Kupfer 14, **16,** 242
Kürbis 12, **30, 49**

LDL-Cholesterin 85
Limette **44**
Linsen 16f.
Lipolyse 11

302

Löwenzahn **45**
Lycopin 81, 133, 284

Magnesium 11, 14, **15**, 52, 109, 126, 186, 209
Mais 12ff., **49**
Mandarinen 12f., **44, 49**
Mangan 11, 14, **16**, 17
Mangold 12, 15, 26, **30f., 49**
Mangos 12f., **42, 49**, 58, 65
Maracuja **42f.**
Meerrettich **34**
Melatonin 22
Melonen 12f., 16f., 23, **40, 49**, 58
Milch(produkte) 12f., 15f., 57
Milchsäurebakterien 98
Mindesthaltbarkeitsdatum (MHD) **58**
Mineralstoffe 10, **14ff.**
Mirabellen 11, 13, 49
Mispel **36**
Myrtillin 112

Natrium **14**, 87
Nektarinen 13, **37, 49**
Neurodermitis 6
Neurotransmitter 22
Niacin → B3
Nickel 225
Noradrenalin 22
Nüsse 12, 15, 26
▸ Erdnüsse

Obst allgemein 7, 10f., 14f., 17, 21, 26, 46ff., 52ff., 64ff.
Obstsorten, exotische 56
Omega-3-Fettsäuren 98, 195
Orangen 10, 13ff., **43f., 49**, 52
Osteoporose 19
Oxalsäure 254

Pantothensäure 11, **13**, 81, 216
Papaya **43, 50,** 58
Paprika 10, 12f., 26, **28ff., 50,** 58, 65
Pektin 171
Petersilie 12
Pfirsiche 13, **37, 50,** 65
Pflanzenstoffe, sekundäre 10, **17ff.**
Pflaumen 12, 16, 26, **37, 50,** 69
Phenolsäuren 18
Phospholipide 27
Phosphor 11, 14, **15**, 126, 267
Phytin 18
Phytohormone 19
Phytosterone 19
Pilze (Erkrankung) 7, 17, 52, 61
Pilze (Nahrungsmittel) 12f., 16, 67
Polyphenole 19
Porree 13, 16f., 26, **35, 50**
Portulak **45**
Preiselbeeren 13
Produkte, regionale 54ff., 64
Prostaglandine 27
Proteasen 25
Provitamin A 130, 138, 276

Quercetin 77
Quitten **35**

Radicchio 12f., **31f., 50**
Radieschen 10, 13, 16, 19, **33, 50**
Reis 12f.
Rettich 14, 16, **33, 50**
Rhabarber 12, 16, **50**
Rohkost 10, 17
Rosenkohl 12f., 15, **32, 50**
Rosmarin 7

Rote Bete 13, 16, **34, 50**
Rotkohl **32, 50**
Rucola 12, 15, **31, 50**
Rutin 255

Salat 7, 10, 12, 15, 19
Salbei 7
Salicylsäure 123
Samen 12, 17, 19
Sanddorn 12f., **38, 50**
Sauerampfer 12f.
Sauerkraut 13
Säure-Basen-Gleichgewicht 90, 295
Schimmelbildung **60f.**
Schlafstörungen 6, 18
Schlehen **37f.**
Schnittlauch 12
Schwarzwurzel **34, 50**
Schwefel 14, **15**
Selen 14, **16**, 52, 185f.
Sellerie 7, 12ff., **33f., 50**
Serotonin 22
Silizium 14, **16**
Soja(produkte) 12f., 16
Spargel 10, 13, 16f., 19, **50**, 65, 69
Spinat 7, 12, 15ff., 26, **30, 50,** 66
Spurenelemente 10, **16**
Stachelbeeren 7, **39, 50**
Stoffwechselerkrankungen 10
Sulfide 18
Süßkartoffeln 12, 16, **45, 50**

Thymian 7
Tiefkühlgemüse 55, **66**
Tofu 15, 17, 19, 22f., **24**
Tomaten 7, 14f., 17, 23, 26, **28, 50,** 52, 58
Topinambur **45, 50**
Triglyzeride 22f., 26f.

Trockenfrüchte 13ff., 63

Übergewicht 6, 11, 24

Vanillin 121
Verdauungsstörungen 7, 10, 23, 25
Verstimmungen, depressive 6, 11, 18
Viren 7, 17, 52
Vitamin A (Retinol) 11, **12**, 135, 137f., 217, 236
Vitamin C 11, 15, 17, 52, 68, 98, 103, 111f., 120, 122, 129, 135, 140, 150, 152, 163, 165, 183, 200, 217, 219, 237, 252, 264f., 276
Vitamin D 11, **12**
Vitamin E 11, **12**, 85, 117, 185, 217, 236, 276
Vitamin K 11, **12**, 253
Vitamine 10, **11ff.**, 17, 52, 55, 67, 69
Vollkornprodukte 12f., 15f.
Vorratshaltung **57ff.**

Warenkunde **28ff.**
Wasser 10, 14f., 23, 37
Weintrauben 14, 19, 23, **40, 50**
Weiße Rübe **45**
Weißkohl **32, 50**
Weizenkleie 12
Wirsing 15f., **32, 50**

Zink 14, **16**, 17, 140, 186
Zitronen 9f., **44, 50,** 58
Zubereitung, schonende **64ff., 68**
Zucchini **29, 50,** 65
Zwiebeln 14f., 17, **34f., 50**

Impressum

Über die Autoren
Klaus Oberbeil machte sich einen Namen als Medizinjournalist und Fachautor für Gesundheits- und Ernährungsthemen. Er ist bekannt aus Fernsehen, Hörfunk und den Printmedien. Der Spezialist für Molekularbiologie und Genforschung veröffentlichte bereits viele erfolgreiche Gesundheitsratgeber. Seine Bücher wurden in 19 Sprachen übersetzt und haben sich weltweit mehr als zwei Millionen Mal verkauft.
Der **Einführungstext** stammt von Regina Rautenberg, die **Rezepte** stammen von Elisabeth Fischer, Martina Kittler, Peter Cornelius, Sarah Klein, Claudia Amann, Petra Casparek, Veronika Paulmann, Henriette Freitag, Hanna Jakob, Johanna Handschmann, Friederike Burblies.

Impressum
© 2011 by Südwest Verlag, einem Unternehmen der Verlagsgruppe Random House GmbH, 81673 München
Die Verwertung der Texte und Bilder, auch auszugsweise, ist ohne Zustimmung des Verlags urheberrechtswidrig und strafbar. Dies gilt auch für Vervielfältigungen, Übersetzungen, Mikroverfilmung und für die Verarbeitung mit elektronischen Systemen.

Hinweis
Die Ratschläge/Informationen in diesem Buch sind von Autor und Verlag sorgfältig erwogen und geprüft, dennoch kann eine Garantie nicht übernommen werden. Eine Haftung des Autors bzw. des Verlags und seiner Beauftragten für Personen, Sach- und Vermögensschäden ist ausgeschlossen.

Bildnachweis
Foodfotografie: Klaus Arras, Köln
Mit Ausnahme von: iStockphoto: 10 o. (Franck Olivier Grondin), 11 (Robert Simon), 25 (Vladimir Vladimirov), 26 (Angelika Schwarz), 34 (Hamiza Bakirci), 36 (Rusudan Mchedlishvili), 43 (Jack Puccio), 46 (Ruan Boezaart), 52 (Ilias Strachinis), 56 (DHuss), 160 (Kelly Cline), 172 (Liza McCorkle), 192 (Roman Ivaschenko), 198 (TommylX), 200 (juicybits), 210 (Wojtek Kryczka), 212 (Prill Mediendesign & Fotografie), 224 (Magdalena Kucova), 254 (foodandwinephotography), 258 (Lilyana Vynogradova), 266 (Floortje), 270 (Bruce Block), 272 (Diane Labombarbe); Shutterstock: 4 (Stefan Fierros), 5, 21, 260 (sarsmis), 8 (Elina Manninen), 10 u. (Dusan Zidar), 14 (Egypix), 19 (Torsten Schon), 20 (Gleb Semenjuk), 22 (bramalia), 28 (Joy Brown), 29 (Morgan Lane Photography), 33 (All32), 39 (Darryl Brooks), 41 (marco mayer), 57 (Jacek Chabraszewski), 64 (Liv friis-larsen), 69 (picamaniac), 72 (Circumnavigation), 76 (Stanislaw Tokarski), 78 (Wiktory), 82 (Gamaliel Rios), 86 (Marcio Jose Bastos Silva), 88 (Viktor1), 92, 222 (Marie C. Fields), 96 (1231), 98 (M. Rosley Omar), 102 (Gyukli Gyula), 106 (Moiseeva Galina Gavrilovna), 108 (Michael C. Gray), 110 (Jovan Nikolic), 112, 122 (Drozdowski), 116 (anna1311), 120, 214 (Brzostowska), 124 (Tobik), 128 (MountainHardcore), 130 (Feng Yu), 134 (fotohunter), 138 (Studio 1231), 140 (erkanupan), 144 (Olga Miltsova), 148 (Ina Schoenrock), 150 (ra3rn), 154 (AGorohov), 158 (Wijnand Loven), 164 (jean morrison), 170 (tonobalaguerf), 176 (Baloncici), 178 (LionLight Photography), 182 (tacar), 188 (a9photo), 190 (Pack-Shot), 194 (Silvia Bogdanski), 202 (johnfoto18), 206 (Vasil Vasilev), 218 (Richard Peterson), 228 (miskolin), 230 (aspen rock), 234 (yamix), 236 (Andrea Skjold), 240 (dominique landau), 242 (Annavee), 244 (mypokcik), 246 (Baloncici), 250 (lantapix), 264 (Elzbieta Sekowska), 276 (Joerg Beuge), 280 (Elena Elisseeva), 282 (Kevin M. Kerfoot), 284 (Juri), 288 (Monkey Business Images), 290 (LianeM), 294 (Richard Thornton), 298 (Lasse Kristensen); Südwest Verlag, München: 62 (Maike Jessen), 186 (Christian Kargl, Ute Schoenenburg)

Redaktionsleitung
Susanne Kirstein

Projektleitung Eva Wagner

Layout, DTP, Gesamtproducing
v*büro – Jan-Dirk Hansen, München

Redaktion
Anja Fleischhauer, Stuttgart

Korrektorat Susanne Langer

Bildredaktion Tanja Nerger

Umschlaggestaltung und -konzeption
R.M.E. Eschlbeck/Kreuzer/Botzenhardt

Reproduktion
Artilitho snc, Lavis (Trento)

Druck und Bindung
Polygraf Print, Presov

Printed in Slovakia

Verlagsgruppe Random House
FSC-DEU-0100

Das für diesen Titel verwendete FSC®-zertifizierte Papier *Prestobulk* wurde produziert von Sappi Biberist.

ISBN 978-3-517-08666-8
817 2635 4453 6271